随文扫码 学习更多
入眼·入脑·入手
易教·乐学

特 殊 教 育 专 业 应 用 型 系 列 教 材

融合幼儿园
教学活动设计与指导

丛书主编：邓　猛
主　　编：王琳琳
参　　编（排名不分先后）：
邓春燕　杜灵宇　郭　丽　黄桂仁　陆文深
梅　越　孙云峰　王春丽　王琳琳　王蓉蓉
王玉兰　魏秋雨

Ronghe You'eryuan
Jiaoxue Huodong Sheji Yu Zhidao

北京师范大学出版集团
BEIJING NORMAL UNIVERSITY PUBLISHING GROUP
北京师范大学出版社

图书在版编目（CIP）数据

融合幼儿园教学活动设计与指导/王琳琳主编. —北京：北京师范大学出版社，2023.8（2025.7重印）
（特殊教育应用型教材系列丛书）
ISBN 978-7-303-28605-8

Ⅰ.①融… Ⅱ.①王… Ⅲ.①幼儿园－教学活动－教学设计 Ⅳ.①G612

中国国家版本馆CIP数据核字（2023）第001980号

出版发行：北京师范大学出版社 www.bnup.com
北京市西城区新街口外大街12-3号
邮政编码：100088
印　刷：北京溢漾印刷有限公司
经　销：全国新华书店
开　本：787 mm × 1092 mm 1/16
印　张：18.25
字　数：317千字
版　次：2023年8月第1版
印　次：2025年7月第2次印刷
定　价：49.00元

策划编辑：余娟平　　责任编辑：安　健
美术编辑：焦　丽　　装帧设计：焦　丽
责任校对：包冀萌　　责任印制：陈　涛

读者服务电话：010-58806806
如发现印装质量问题，影响阅读，请联系印制管理部：010-58808284

▶总　序

改革开放以来，党和国家政府十分关心和支持特殊教育的发展，特殊教育迎来了加速发展的春天。尤其是新时代以来，一系列重要的特殊教育政策纷纷出台，明确了特殊教育发展的战略目标和任务。党的十八大报告明确提出要支持特殊教育；党的十九大报告提出要办好特殊教育，“努力让每个孩子都能享有公平而有质量的教育”；党的二十大报告进一步提出了强化特殊教育普惠发展的目标，阐明了特殊教育的基本公共服务性质，强调特殊教育是教育现代化的重要内容。从“支持”“办好”到“强化”，体现了党和政府保障特殊儿童平等教育权利的重大措施，强化对特殊教育的支持和保障，努力使特殊教育发展惠及每一个特殊儿童，促进他们健康成长。

特殊教育要发展，师资须先行。新中国成立70多年以来，我国特殊教育师资培养经历了从无到有、从幼稚到成熟的漫长发展历程。特殊教育师资培养逐步从解放初期的“师傅带徒弟”和“短期培训班”的形式，发展到完整的职前职后相互衔接、互为补充的特殊教育教师培养体系。到目前为止，全国已经有多所高等院校分别开办了专科层次、本科层次、研究生层次的特殊教育专业。我国已经初步构建起了从专科层次到研究生层次相衔接的完整的特殊教育人才培养体系，基本形成了本科层次为主，专科层次为补充，研究生层次逐步扩大的人才培养格局。

专业人才的培养是个复杂的、系统的工程，教材的建设是其中关键的一环。从整体发展的角度看，特殊教育教材建设基础薄弱，发展较慢。改革开放以后主要以不同版本的特殊教育概论或者导论性质的单本教材出版，后来逐步有特殊教育相关系列教材的出版。例如，北京大学出版社、北京师范大学出版社、南京师范大学出版社分别出版了针对特殊教育本科生培养的系列教材。这些教材多以理论知识为主、实践技术为辅，比较适合本科生毕业后的继续深造以及就业后的可持续性专业发展，对于特殊教育第一线急需的应用型人才培养则稍有不足。

在我国教育领域，本专科层次的高等职业院校扮演着重要的角色，它们为国家基础教育培养应用型人才。高等职业教育以适应社会需要为目标，以培养技术应用能力为主线来设计学生的知识、能力、素质结构和培养方案；强调理论教学和实践训练并重，培养学生直接上岗工作的能力。特殊教育的人才培养由20世纪90年代的中等师范教育发展而来，教师教育特色鲜明。中等师范教育的全科培养、特长培育的教学观和贯穿全程的实践观等传统一脉相承，为我国教育发展做出了重要贡献。在特殊教育尚处在初步发展的现在，高等职业院校的特殊教育专业建设尤为重要。特殊教育的人才培养以职业岗位需要为依据，着眼于第一线的特殊教育需求，着重培养高素质技术技能人才，为我国不断加速发展的特殊教育学校贡献新生力量。

目前，国内针对本专科层次的高等职业院校特殊教育专业师范生的教材体系建设相对滞后，还没有一套完整的适合高等职业院校特殊教育专业师范生培养的教材；而针对师范大学特殊教育专业本科生的教材体系无法满足其专注实践、面向应用的价值趋向。2020年以来，在襄阳职业技术学院的具体协助下，应北京师范大学出版社的邀请，我们成立了高等职业院校特殊教育专业师范生教材丛书编写委员会。该委员会汇集了全国特殊教育学术界及部分基层的代表50余人，共编写出版40多本教材，为高等职业院校特殊教育专业及相关专业的本专科生提供一套理论与实操相结合的教学用书。本套丛书的整体设计特点有如下几方面。

第一，面向日益增加的残障类型对特殊教育范围进行扩展。例如，随着一系列与现代文明相关的残疾与适应性障碍不断增加，以精神残疾、孤独症、注意力缺陷及多动症、学习障碍、情绪行为困扰等为特征的残障类型不断出现，特殊教育范围不断扩展，从关注感官障碍，到关注各种发展性障碍，进而扩展到关注更为广泛的特殊教育需要的范畴。

第二，着眼于国际融合教育发展的趋势及国内随班就读的实际，以“拿来主义”的方式审视国外特殊教育各种理论与操作技术，深耕国内特殊教育研究与实践，构建从特殊教育到融合教育演进的专业知识体系。本套丛书涵盖当代特殊教育的基本理念与知识体系，又面向融合教育理论与实践进行全面的介绍与探讨；旨在为培养特殊教育专业化程度较高的实践性创新人才服务，使他们毕业后能够在特殊教育学校（机构）从事特殊教育专业实践，并能够在普通教育环境中实施融合教育教学。

第三，从多学科交叉融合的角度出发，培养特殊教育综合性人才。本套丛书综合运用教育学、心理学、医学、康复学、社会学、管理学等多个学科的知识，融会贯通为教育和康复两个领域。从教育的角度出发，包括特殊教育基本原理、融合教育理论与实践、残障儿童心理及行为特点、特殊教育课程及教学实践等内容。从康复训练的角度看，包括针对各类儿童的康复知识和技能、训练干预技术、支持辅助策略等内容。

第四，基于项目式学习的思路，着重专业应用与实践技术的培养。本套丛书立足建构主义教学观，从实际问题或者案例出发，彰显以学生为中心的设计理念；以活动为基础促进学生主动参与，以情景设计促进师生平等互动；在设计上体现融合教育倡导的通用学习设计理念，以数字技术为基础，通过线上线下混合的方式开展教学活动设计，通过资源优化与扩展带动学生自我学习与成长。

概而言之，本套丛书试图跳出特殊教育学科的理论话语体系，从实践者的视角来构建特殊教育知识与技能，为高等职业院校本专科师范生提供一套操作性强、覆盖面广的基础教材。鉴于该项任务并无前人经验可借鉴，又因为编者水平有所局限，不足之处难以避免，敬请国内同行批评指正。

2022年12月12日于华东师范大学田家炳大楼711室

▶前　言

《第二期特殊教育提升计划（2017—2020年）》中明确提出：“支持普通幼儿园接收残疾儿童。在特殊教育学校和有条件的儿童福利机构、残疾儿童康复机构普遍增加学前部或附设幼儿园。在有条件的地区设置专门招收残疾孩子的特殊幼儿园。”党的二十大报告要求“强化学前教育、特殊教育普惠发展”。有特殊教育需要的幼儿进入幼儿园接受高质量的学前教育已成为特殊教育与学前教育发展的重要趋势。本书作者在学前融合教育发展与普及的背景下，针对幼儿园融合教育教学活动的实施提出了科学的理论指导，并收集了丰富的实践案例，以保障融合幼儿园中包括有特殊教育需要的幼儿在内的全部幼儿都可以享受高质量、快乐的学前融合教育，让幼儿园成为每一名幼儿都能够获得成长与成功的地方！

本书从学前融合教育活动的基础知识出发，分别介绍了学前融合教育的定义、理念、背景、活动特点、理论基础，在此基础上，进行了四个层面的教学活动剖析。第一，在集体教学层面，本书根据学前融合教育基本理念，将幼儿园常规的五大领域教学和特色融合活动教学的基本理论与实践案例进行了全面分析与展示。第二，在个别化教学层面，本书介绍了个别化教育活动的概述性知识以及从个别化教育活动实施到评估的基本流程，为融合幼儿园教师开展多样化的个别化与小组教学活动提供有效的借鉴。第三，在环境创设层面，本书通过区角活动设计与幼儿园整体的环境创设两单元内容的介绍，帮助教师梳理了从多元区角创设、室内环境创设到公共活动区域环境创设，再到心理环境创设，最后到资源教室环境创设的过程，完成环境与幼儿园教育文化、融合文化相结合的实践步骤。第四，从教学评价的层面，本书介绍了如何在融合教育活动中科学、适宜地对全体幼儿进行活动评价，以促进下一阶段的教学质量提升。

本书具有时代性、系统性、操作性和创新性等特点。

第一，适应当前学前融合教育发展的大趋势，符合融合幼儿园教育活动改革与创新的迫切需要。本书内容的编写与组织以融合幼儿园教育活动中普、特幼儿的高质量融合与发展为核心，在融合教育和特殊教育理念的指导下，结合《幼儿园教育指导纲要（试行）》《3—6岁儿童学习与发展指南》以及《幼儿园教师专业标准（试行）》

中对幼儿教育活动的高质量要求，力求深入剖析近年来融合教育、特殊教育与学前教育领域中的理论与优秀实践成果，为学生了解学前融合教育，掌握学前融合教育实践教学技能提供全面的剖析。

第二，本书将学前融合教育领域中的各项工作分为集体教学、个别化教学、环境创设与活动评价四大方面，系统性强。在编写过程中，将四大方面的内容按照理论、原则、方法与实践的编写思路进行层层递进式描述，避免了各领域之间的重复与割裂，帮助学生在学前融合教育的系统工作视野下，理解各部分知识内容。

第三，以学生的知识掌握为中心，由浅入深，实用性和操作性强。本书的每个单元均结合教材内容设计了单元思维导图、学习目标、典型案例、思考与实践等环节，增强教材的实用性，提升学生对知识的掌握度。

第四，本书整合了融合教育、特殊教育和学前教育的基本理念，实现了三大领域整合的创新。本书不仅对有特殊教育需要幼儿的教育教学活动进行了详细剖析，而且本着服务全体幼儿的理念进行知识概括与分析，在服务对象上实现了全面性。使幼儿园常规的教育教学活动实现融合与贯通，是本书每部分内容遵循的原则。

本书共102学时，按一学年每周3课时计算，具体课时可参照下表。

单元	内容	理论课时	实践课时
第一单元	学前融合教育活动设计概述	5	0
第二单元	融合幼儿园五大领域教学活动的设计与指导	15	8
第三单元	特色融合教育活动的设计与指导	12	6
第四单元	融合幼儿园区角活动的设计与指导	10	6
第五单元	融合幼儿园个别化教育活动的设计与指导	8	6
第六单元	融合幼儿园的环境创设	14	6
第七单元	融合幼儿园教育活动评价	4	2
总课时		68	34

本书共分为七个单元，在编写过程中遵循集体讨论、分组编写的方式，具体分工如下：王琳琳负责第一单元，陆文深、杜灵宇、王春丽、王琳琳、魏秋雨负责第二单元，王玉兰、王蓉蓉、黄桂仁、梅越、郭丽负责第三单元，杜灵宇、邓春燕、陆文深负责第四单元，孙云峰、陆文深负责第五单元，魏秋雨、王琳琳负责第六单元，孙云峰、陆文深负责第七单元。全书的统稿工作由主编及其研究生周慧敏、王心悦、郑莎莎、王晓红完成。

本书在编写过程中，得到北京师范大学邓猛教授，陕西师范大学马滢博士，西北师范大学韩文娟博士，北京师范大学出版社，昆明市盘龙区培智学校、新萌学校，昆明市西山区特殊教育学校，厦门市海沧区新阳幼儿园，太原市育蕾幼儿园等个人与单位的大力支持，在此感谢！

由于编者知识水平有限，书中难免存在不当之处，恳请各位同行与读者批评指正！

《融合幼儿园教学活动设计与指导》编写组

2022年11月19日

目录 CONTENTS

第一单元　学前融合教育活动设计概述

单元导入

随着社会经济与文化等方面的加速发展，我国对学前教育阶段特殊教育的需求持续增加。部分幼儿因为先天、早期的环境及教育等因素出现情绪、行为、注意力、发展迟滞等方面的问题。我国幼儿园教育对象的异质化和多样化成为其主要特点。早期干预、早期融合，对处境不利的幼儿至关重要。伴随融合教育的发展，将有特殊需要的幼儿安置在全纳幼儿园中，而不是让他们进入传统的隔离式特殊教育机构中学习，已成为学前教育领域的世界性潮流。

单元思维导图

- 第一单元　学前融合教育活动设计概述
  - 主题一　学前融合教育概述
    - 学前融合教育的定义
    - 学前融合教育的基本理念
    - 国内外学前融合教育发展的政策保障
  - 主题二　融合幼儿园教学活动概述
    - 融合幼儿园教学活动的定义
    - 融合幼儿园教学活动的基本原则
    - 融合幼儿园教学活动的组织形式
    - 融合幼儿园的教学方式
  - 主题三　融合幼儿园教学活动设计与组织的理论基础
    - 建构主义学习观与学前融合教育
    - 多元智能理论与学前融合教育
    - 最近发展区理论与学前融合教育

学习目标

1. 了解学前融合教育的定义以及国内外学前融合教育发展现状。

2. 掌握融合幼儿园教学活动的定义、基本原则、组织形式与教学方式。

3. 理解建构主义学习观、多元智能理论和最近发展区理论对学前融合教育教学活动设计的指导作用。

4. 能完成融合幼儿园游戏活动设计。

|典型案例|

飞飞，一个有着闪亮眼睛的小朋友。他在幼儿园里总是哭闹，不喜欢和其他小朋友一块儿玩，嘴巴总会不停地发出奇怪的声音；他挑食，不跟随集体活动，总会在上课的时候自己乱跑；老师摆放好的物品，他总要重新摆放一遍。妈妈每次看到飞飞这个样子，都感到特别无助。飞飞已经入园三个月了，妈妈总是会和老师们说："会好的，对吗？慢慢都会好的，是吗？"

像飞飞这样的特殊幼儿，教师应该如何对他实施教育呢？什么样的教育对他是有效的呢？

主题一 学前融合教育概述

导入语……

2017年7月，《第二期特殊教育提升计划（2017—2020年）》出台，其中明确提出："支持普通幼儿园接收残疾儿童。在特殊教育学校和有条件的儿童福利机构、残疾儿童康复机构普遍增加学前部或附设幼儿园。"对于特殊幼儿的教育服务形式，2022年1月，教育部等部门联合发布的《"十四五"特殊教育发展提升行动计划》指出："鼓励设置专门招收残疾儿童的特殊教育幼儿园（班），尽早为残疾儿童提供适宜的保育、教育、康复、干预服务。"特殊幼儿进入普通幼儿园就学，已成为学前教育以及特殊教育领域的重要趋势。

一、学前融合教育的定义

从国内外特殊教育研究者对学前融合教育的定义来看，他们主要从学前融合教育理念、专业的服务与支持、特殊幼儿在园所中所占比例、学前教育安置形式等方面来界定学前融合教育。

从为有特殊教育需要的幼儿提供的专业服务与支持上，有研究者认为，学前融合教育是指让3～6岁的特殊幼儿与普通幼儿在同一间教室，即一个正常化的教学环境中，共同接受教育和保育的形式。该融合环境通过为特殊幼儿提供适合其身心发展的特殊教育相关服务措施，使普通教育与特殊幼儿教育融为一体。①

从特殊幼儿在园所中所占比例上，有研究者认为特殊幼儿所占的比例，应反映自然人口数量比例，特殊幼儿应占到教室中总人数的5%～6%。②

从安置形式上，有研究者认为，一切3～6岁特殊幼儿，其部分或全部学习时间进

① Buysse V, Bailey D B, "Behavioral and Developmental Outcomes in Young Children with Disabilities in Integrated and Segregated Settings: A Review of Comparative Studies," *Journal of Special Education*, 1993, 26(4), pp.434-461.

② Filler J, Xu Y, "Including Children with Disabilities in Early Childhood Education Programs: Individualizing Developmentally Appropriate Practices," *Childhood Education*, 2006, 83(2), pp.92-98.

入普通幼儿园就读的形式都视为学前融合教育范畴。[①]

除此之外，有研究者从学前融合教育的工作内容方面进行界定。例如，有研究者认为学前融合教育包括幼儿保育、早期教育和早期干预。[②] 还有的研究者认为学前融合教育应包括以下内容：①在一个自然的典型环境中的安置；②所有幼儿一起进行学习；③支持和修改普通学前教育课程；④归属、平等和接受；⑤协作综合服务；⑥系统哲学；⑦将学前教育与特殊教育整合。[③]

虽然不同的研究者从不同的维度界定了学前融合教育，但在学前融合教育实践中，以上要素均是密切相关且相辅相成的。因此，3～6岁特殊幼儿与普通幼儿在普通幼儿园中共同生活与学习，参与普通幼儿园中的所有教育、保育、早期干预、康复等教育活动均属于学前融合教育范畴。

二、学前融合教育的基本理念

学前融合教育是融合教育在学前教育阶段的延伸，其与融合教育所倡导的公平、接纳与支持等基本理念一致。所有的幼儿都有权利接受高质量的学前教育，普通幼儿园应接纳所有的幼儿，并能根据幼儿的个人特点、兴趣、能力、学习需要等实施教育。

（一）特殊幼儿与普通幼儿一起在普通幼儿园接受高质量的学前教育

融合教育的出发点就是保障每一个教育对象都拥有平等受教育的权利，强调特殊幼儿与普通幼儿都应该是教育中的一员，每一名幼儿原本就应该存在或属于教育体系之中。2009 年，美国特殊儿童委员会学前教育分会和全美幼儿教育协会共同发布了一份声明，指出：学前融合教育的目标是为所有幼儿提供融合教育经验，帮助教育对象在普通学前教育环境中获得归属感、成员感和良好同伴关系；无论幼儿的能力如何，学前融合教育都应保障每一名幼儿的受教育权利，拒绝各种排斥，使其都能作为家

---

① 颜廷睿：《融合幼儿园教师课程决策的质性研究》，博士学位论文，北京师范大学，2018。

② Buysse V，Wesley P W，& Keyes L，"Implementing Early Childhood Inclusion：Barrier and Support Factors，" *Early Childhood Research Quarterly*，1998，13(1)，pp.169-184.

③ Villines M，*Early Childhood Inclusion：Teacher Perception of the Supports Needed to Fully Include Children with Special Needs*，Portland：Portland State University，2011.

庭、社区、社会的一员而参与各种活动。[1] 因此，学前融合教育的对象不仅包括普通幼儿，而且包括各类有特殊教育需要的幼儿，还应包括在社会、经济、文化、家庭等方面处境不利的所有幼儿。融合幼儿园要让所有幼儿在接纳、关爱的团体氛围和精心设计的环境中，通过合适、科学、有效的教学策略获得发展。

（二）特殊幼儿应与普通幼儿一样在普通学前教育环境中获得充分发展

《特殊需要教育行动纲领》明确指出：融合教育必须认识到和照顾到学生之间的不同需要，顺应不同的学习类型和学习速度，通过适宜的课程、组织安排、教学策略、资源利用及社区合作，确保全体学生的教育质量。[2] 因此，融合教育不仅要求给予每个幼儿入学的机会，而且要求为教育对象提供促进其充分发展的高质量教育。在学前融合教育环境中，幼儿园应平等接纳所有的幼儿，并根据幼儿的学习特点调整或改进课程设置、教学目标、教学方法、教育内容等，倡导让教育去适应幼儿的需要。幼儿园应通过个性化、差异化的教育，让所有的幼儿获得满足其需要的教育和相关服务，帮助每一名幼儿在融合教育环境中发挥潜能、获得成长。

（三）学前融合教育强调学习活动中每个幼儿的差异与充分参与

特殊幼儿在学前教育阶段获得的教育机会与保教质量，不仅决定了其在该阶段的身心发展水平，而且会持续影响其未来的终身学习与发展质量。融合教育强调，幼儿均是拥有独特个性、兴趣、能力、爱好的个体。在融合教育活动中，依据幼儿身心发展的差异化特点与个性化需要进行教育，幼儿才能获得充分发展。其中有一个重要的前提，即特殊幼儿在融合教育活动中充分参与。特殊幼儿只有充分参与到活动中，才能获得展示自我、与同伴交往、探究学习、合作学习等机会，才能确保在最近发展区中获得提升。因此，确保包括特殊幼儿在内的所有幼儿都参与到高质量的学前教育活动中，是学前融合教育最基本的原则与实践方式。

特教故事

① 胡恒波：《美国学前全纳教育的内涵、策略及启示：基于〈学前全纳教育联合声明〉的探索》，载《世界教育信息》，2016（17）。

② 邓猛：《融合教育理论指南》，17页，北京，北京大学出版社，2017。

（四）学前融合教育需要多方参与、合作与支持

融合教育需要每一个人的积极参与，任何跟融合教育利益相关的人，如教师、家庭成员、社区成员、社会工作者等，都应该积极参与和投入融合教育的活动与实践中，认识到社会中每一个人对融合教育的责任，为融合教育的开展提供充分的支持与帮助。融合教育跟社会中的每一个人都休戚相关：对特殊幼儿而言，学前融合教育为其提供了融合、高质量的学习环境；对普通幼儿来说，他们通过融合教育学会理解、接纳与尊重，深刻地领悟到学习的目的与意义；对教师来说，融合教育是教师实现教育理想，促进自身专业化发展的重要途径；对社会中的成员来说，融合教育是实现社会融合、打造公平的社会环境的有效途径。因此，在学前融合教育过程中，教师与教师之间、教师与幼儿之间、幼儿与幼儿之间、幼儿园与家庭和社会之间，乃至地区与国家之间的合作和多方参与都是高质量学前融合教育的重要组成部分。

三、国内外学前融合教育发展的政策保障

（一）国外学前融合教育政策

从国际范围来看，多数国家的教育者及其政策制定者已较早地关注到了特殊幼儿接受学前教育的迫切需要。美国于1968年通过“公法90-538”，20世纪70年代，相继出台《康复法》《所有残疾儿童教育法》等，作为实施特殊幼儿融合教育的重要法律依据。其中，1975年颁布的《所有残疾儿童教育法》，强调要为所有3～21岁的残疾儿童和青少年提供免费与合适的公立教育。该法案成为美国融合教育史上具有划时代意义的法案，为残疾儿童融入普通学校提供了总体构想和具体方案。[①] 随着对残疾人教育关注的不断加强，美国于1990年通过了《障碍者教育法》，将教育对象的年龄范围扩大到了0～21岁，为低龄特殊儿童提供了学前融合教育的保障。

1991年，美国联邦政府颁布了《美国2000：教育战略》，要求包括残疾儿童在内的所有儿童均要接受高质量的、适应儿童身心发展需要的幼儿园教育。在此基础上，1994年颁布的《2000年教育目标法》进一步把改革学前教育放在教育目标之首，提出“要为所有儿童提供高质量的学前教育”，明确了学前融合教育发展中“公平与优

---

① 郑伟、张茂聪、侯洁：《美国融合教育的政策特点与实施效果》，载《比较教育研究》，2019（7）。

质”的发展目标。[①] 1994年《萨拉曼卡宣言》的问世使融合教育成为全球关注的热点，美国在1997年通过了《障碍者教育法修正案》，开始强调所有残疾儿童教育的成效问题，注重学业成就的提升。[②] 进入21世纪之后，残疾幼儿的学前融合教育依旧备受重视，教育公平与教育质量是这一时期联邦政府教育工作的重中之重。其中2002年《不让一个孩子掉队法》明确表示，必须保证所有的儿童均能够受到高质量的教育，为实现公平和优质的教育目标确定了非常全面、具体且易于操作的策略。[③] 为了进一步提升学校融合教育的质量，美国卫生和公众服务部、教育部于2015年9月共同发布了《残疾儿童融入早期儿童项目政策声明》，强调要进一步提高全美学前融合教育质量，扩大全体儿童的早期融合学习机会，满足所有儿童的个性化发展需要，在全国范围内构建良好的学前融合教育环境。[④]

在英国，自20世纪70年代以来，学前融合教育一直是其早期教育发展的重点。1971年《为智力障碍儿童提供更优质服务》白皮书的颁布，首次体现了全纳教育意识。从1976年发布的《政府报告》到1978年发布的《沃诺克报告书》，再到1981年颁布的《1981年教育法》，都对学前融合教育的发展尤为重视，明确规定各地教育机构应该尽可能地确保特殊幼儿与普通幼儿一样，在普通教育环境中接受优质的教育服务。1997年，在《为了所有儿童的优秀发展：满足特殊教育需要》绿皮书中声明要提高所有学生包括有特殊教育需要学生的教育标准，这些举措将英国的“形式”融合转向“实质”融合。21世纪以来，为了进一步推动学前融合教育事业发展，英国相继实施了“早期支持领航计划”“一起开端计划”等众多学前融合教育项目，为残疾幼儿及其家庭提供全面的服务和支持。2015年《特殊教育需要实施章程：0～25岁》要求为0～25岁有特殊教

英国学前融合教育
“部门间合作模式”
简介

---

① 张宇：《美国联邦政府干预学前教育的历史演进研究》，博士学位论文，东北师范大学，2010。

② 于素红：《美国个别化教育计划的立法演进与发展》，载《中国特殊教育》，2011（2）。

③ 龚兵：《美国全国教育协会与〈不让一个儿童掉队〉法案》，载《外国教育研究》，2019（9）。

④ 魏秋雨、王琳琳：《美国〈残疾儿童融入早期儿童项目政策声明〉分析及启示》，载《现代特殊教育》，2022（3）。

育需要的学生的学习与转衔提供EHC计划，即特殊教育需要学生拥有教育、卫生和保健计划。[①] 这些政策旨在帮助特殊儿童避免受歧视，倡导学前融合教育的公平和正义。

芬兰在1921年颁布了《义务教育法》，提出芬兰儿童享有义务教育的机会，但只服务于普通儿童，仅有少数残疾儿童能进入私人和慈善组织机构接受教育。此后，残疾儿童也只能进入特殊学校接受单独教学，在一定程度上阻碍了教育公平的发展。[②] 直到1973年颁布《儿童日间照顾法案》，规定不论幼儿的背景如何，每一名幼儿都有权利在公立日托机构成长和学习，地方政府应该提供足够的日托机构为每一名幼儿服务。20世纪90年代中期，越来越多的残疾幼儿进入幼儿园寻求融合教育的帮助。为此，芬兰研究者提出了早期特殊教育的新模式，即特殊教师模式。在这种模式下，特殊教师的工作分为一般活动、特殊活动、小组磋商、个人工作、同行交流和其他活动，以促进特殊幼儿能够真正融合，并获得特殊需要支持。[③] 2007年制定的《特殊教育战略》也阐述了特殊教育的发展需求，鼓励和支持发展全纳教育，为今后学前融合教育的发展奠定了良好基础。2011年正式实施的《基础教育法》修正案补充了对学前和基础教育阶段儿童学习支持的相关规定，进一步保障了儿童获得早期、预防性和渐进性学习支持的权利，确保了残疾幼儿在幼儿园可以获得一般支持、密集支持和特殊支持等早期支持和干预。[④] 2019年发布的《学习权——在学习道路上平等开始》旨在促进幼儿教育和基础教育的公平和质量提升，减少因经济、移民背景、性别等因素造成的学习差异，促进融合教育的均衡发展。具体实施措施在2021年发布的《发展和学习支助与包容性幼儿教育研究》中进一步得以体现，提出“幼儿应有机会获得她/他为实现学习、发展、成长、福利和包容所需的支助措施”。由此可见，随着时代的发展，芬兰的学前融合教育逐步从“隔离”走向“融合”，让每个残疾幼儿获得越来越多公平的受教育机会，确保学前融合教育的持续推进。

---

① 郑伟、张茂聪：《英国融合教育的政策特点及其成效研究》，载《外国教育研究》，2020（5）。

② 辛菱霞：《从特殊教育到全纳教育的发展历程及对中国的启示》，硕士学位论文，宁夏大学，2018。

③ 孙玉梅：《芬兰的幼儿融合教育》，载《现代特殊教育》，2008（3）。

④ 张文秀、彭婵娟、王雁：《融合教育背景下芬兰特殊需要学生的支持模式》，载《比较教育研究》，2021（1）。

（二）国内学前融合教育的政策

早在20世纪80年代末，我国政府就已关注残疾幼儿在普通幼儿园的就读情况，将学前融合教育作为特殊幼儿的安置形式之一。1985年，《中共中央关于教育体制改革的决定》要求同时重视发展幼儿教育和盲、聋、哑以及智力障碍儿童的教育，为融合教育的发展做了铺垫。1989年颁布的《幼儿园工作规程（试行）》和1996年颁布的《幼儿园工作规程》均明确要求对体弱或有残疾的幼儿予以特殊照顾。1996年，《残疾儿童少年义务教育“九五”实施方案》提出“普通幼儿教育机构和普通小学附设的学前班，积极招收残疾儿童随班就读，并根据需要开设残疾儿童班，特教学校、儿童福利院开设学前班”，促进残疾幼儿学前融合教育事业的发展。1990年颁布的《中华人民共和国残疾人保障法》提出，对于“能适应其生活”的特殊幼儿，普通教育机构应予以接收。1994年国务院颁布的《残疾人教育条例》，再次规定并确定了，“普通幼儿教育机构”是残疾幼儿五种教育安置形式之一。

进入21世纪以来，为进一步落实《国务院关于基础教育改革与发展的决定》，推进幼儿园实施素质教育，全面提高幼儿园教育质量，《幼儿园教育指导纲要（试行）》指出：“关注幼儿的特殊需要，包括各种发展潜能和不同发展障碍，与家庭密切配合，共同促进幼儿健康成长。”在特殊教育领域，2014年颁布的《特殊教育提升计划（2014—2016年）》规定“全面推进全纳教育，使每一个残疾孩子都能接受合适的教育”。自此，学前融合教育的发展进入了一个新阶段。2017年7月，教育部等七部门发布了《第二期特殊教育提升计划（2017—2020年）》，再次提出加大力度发展面向残疾儿童的学前教育。10月，党的十九大召开，提出要办好特殊教育，并强调“幼有所育”“弱有所扶”，体现了国家对学前残疾儿童教育的重视。2018年发布的《中共中央 国务院关于学前教育深化改革规范发展的若干意见》，对新时代学前教育深化改革规范发展作出重大决策部署，进一步明确了学前教育改革发展的前进方向和重大举措。2022年发布的《“十四五”特殊教育发展提升行动计划》提出“积极发展学前特殊教育，鼓励普通幼儿园接收具有接受普通教育能力的残疾儿童就近入园随班就读”，为我国学前融合教育高质量发展提供政策保障。10月，党的二十大召开，明确要求“强化学前教育、特殊教育普惠发展”。

思考与实践

1. 简述学前融合教育范畴。
2. 简述学前融合教育的基本理念。
3. 简述学前融合教育对所有幼儿发展的意义。
4. 列举促进美国学前融合教育发展的政策并简述各项政策的核心要点。
5. 简述《不让一个孩子掉队法》对美国学前融合教育发展的意义。
6. 简述芬兰融合教育发展中的特殊教师模式。
7. 简述我国两期特殊教育提升计划中关于学前融合教育的相关规定。

主题二
融合幼儿园教学活动概述

导入语

特殊幼儿进入融合教育环境后，在有目的、有计划的多元教学活动中可获得认知、语言、科学、艺术、社会五大领域能力的发展。教师能否设计促进普通幼儿与特殊幼儿共同成长的有效教育教学活动是衡量学前融合教育质量高低的重要指标。因此，幼儿园教师必须充分理解学前融合教育的理念与内涵，全面掌握学前融合教育中教学活动设计的原则与方法，为所有幼儿获得适合的、全面的、高质量的学前教育提供保障。

一、融合幼儿园教学活动的定义

（一）幼儿园教学活动的定义

幼儿园教学活动是教师在幼儿的身心发展特点与学习兴趣的基础上，根据幼儿园的教育目标，有目的、有计划地组织和指导幼儿主动、快乐地学习，以增进幼儿对环境的认知，培养学习兴趣，帮助幼儿获得有利于其身心发展的经验的活动。

幼儿园教学活动的类型丰富多样，活动的构成要素与目标各不相同，这就决定了幼儿园教学活动具有多元化的特点。例如：从教学组织形式来看，幼儿园教学活动有集体教学活动、小组教学活动和个别化教学活动；从活动领域来看，幼儿园教学活动又可统整为健康领域教学活动、科学领域教学活动、语言领域教学活动、社会领域教学活动和艺术领域教学活动；从教学活动的类型来看，幼儿园教学活动又可以分为学习活动、游戏活动和生活活动等。

无论如何划分幼儿园教学活动，其均具有以下三个方面的特点：第一，教学活动都是在教师有计划、有目的的安排下进行的；第二，教学活动形式根据主题目标与教学安排的不同而具有丰富性、趣味性和多元性的特点；第三，幼儿园教学活动遵循“以幼儿为中心”的实践原则。

（二）融合幼儿园教学活动的定义

融合幼儿园教学活动是指在满足每一名在园幼儿多方面需要的基础上，为促进全体幼儿得到适宜的发展，教师以《幼儿园工作规程》和《幼儿园教育指导纲要（试行）》中所提出的各领域目标为指导，结合该地区及本班普通幼儿和特殊幼儿的现有水平、现实需要、学习特点、认识规律等实际情况，有目的、有计划地引导幼儿主动活动的教育教学过程，也是教师创造性开展教学工作的过程。

第一，融合幼儿园教学活动的目标具有适切性。融合幼儿园中有普通幼儿和特殊幼儿两类教育对象。普通幼儿与特殊幼儿的个体差异性较大，而特殊幼儿之间的个体差异性也很大，因此融合幼儿园教学活动的目标因教育对象的复杂性而应该具有适切性和差异性，不能“一刀切”“一锅炖”，应该让每一名在园幼儿都能够得到适宜的发展。

第二，融合幼儿园教学活动的过程具有融合性。融合幼儿园教学活动关注每一名在园幼儿，包括普通幼儿和特殊幼儿。在融合幼儿园教学活动的设计中，教师必须考虑到教育对象的融合性，将普通幼儿与特殊幼儿在教育教学活动中融合起来，促使他们一同参与活动，避免出现普通幼儿与特殊幼儿在教学活动过程中分离与隔绝的情况。

第三，融合幼儿园教学活动的形式具有独特性。融合幼儿园的教师在设计教学活动时，应该考虑到特殊幼儿身心发展的特殊性，秉持潜能优先、缺陷其次的原则去衡量特殊幼儿的教育需要，据此需要结合个别化教育计划、结构化教学理念、早期干预方法等特殊教育手段，促进特殊幼儿全面发展。

第四，融合幼儿园教学活动的内容具有合作性。为了帮助特殊幼儿在融合幼儿园中得到较好的发展，融合幼儿园应该注重调用自然环境资源、家庭资源和社区资源，将这些可利用的资源融入教育教学活动中来，构建家庭与学校、社区与学校合作育人的方式，帮助特殊幼儿获得发展，促使他们更好地融入学校、融入社区、融入社会。

第五，融合幼儿园教学活动是师生共同参与、相互作用的活动。融合幼儿园应以学生为主体、教师为主导，通过创设适应性教育环境，为幼儿提供丰富多样的教育活动，使其获得表现能力的机会与条件。教师应该成为幼儿学习活动的支持者、合作者和引导者，以接纳、关怀、尊重的态度与幼儿进行交往，鼓励他们大胆表达自己的想法及情感，探索周遭环境，与之建立良好的互动与联系。

第六，融合幼儿园教学活动是贴近生活、丰富多彩的活动。在《民主主义与教育》一书中，杜威提出了教育源于生活的观念，提倡教育即生活。我国著名教育家陶行知先生在对杜威思想理解的基础上，提出了生活即教育的观念，认为教育与生活之间有着密不可分的关系。对于特殊幼儿而言，适应生活本就是其教育的重要目标，因此融合幼儿园应该贴近生活，以丰富多彩的形式开展多种多样的教学活动，以促进在园幼儿健康成长与全面发展。

二、融合幼儿园教学活动的基本原则

学前融合教育的过程既是鼓励差异的过程又是消除障碍的过程。其关键在于将特殊教育相关支持与服务融入普通教育之中。融合教育的价值只有依靠正确的指导原则与合理的内容，才能得到充分发挥。融合幼儿园的教学活动应该强调和贯彻平等性原则、个别化教育原则、积极行为支持原则、活动本位原则、发展适应性原则。

（一）平等性原则

平等权是融合教育哲学的核心理念之一。无论身体状况、经济状况等是否存在不同，每个人都有平等接受教育的权利，每个人的固有尊严和内在价值都应当得到尊重。平等性原则是指在融合幼儿园的教育活动中特殊幼儿与普通幼儿具有相同的地位和同等的接受教育的基本权利。融合教育主张人人都有平等的受教育权，教育对象不仅要有平等的入学机会，而且要得到平等对待，满足不同的需求。教师不应该关注一部分幼儿，而排斥或歧视另一部分幼儿。

（二）个别化教育原则

个别化教育原则指根据特殊幼儿身心发展的实际情况和具体需求，本着实事求是的精神，对每一名有特殊教育需求的幼儿进行有针对性的教育，制订个别化的教育与训练计划。个别化教育原则一方面要求融合幼儿园在对特殊幼儿进行评估、鉴定的基础上，根据每个幼儿的不同需求制定教育目标和方法；另一方面要求充分考虑到特殊幼儿与普通幼儿之间以及特殊幼儿之间的差异性，根据他们的学习特点、知识水平进行分层教学和因材施教。在教育活动中，教师要从实际情况出发，依据特殊幼儿的身心发展特点、发展水平和个体差异进行个性化教育，促使特殊幼儿在普通的教育环境中得到最大限度的发展。

（三）积极行为支持原则

积极行为支持原则要求教师根据对幼儿行为的全面评估，在教学过程中为其提供有针对性的行为干预，从而促使幼儿养成良好的社会适应行为。积极行为支持原则主张通过设计并提供安全的、积极的环境来避免幼儿问题行为的发生，促进其适应行为的产生，实现其全面发展的目标。在此项原则中，教师应该关注的并不是如何排除特殊幼儿存在的障碍使之适应课堂教学，而是要从教育活动的环境着手，寻找并创设在现有基础上能够诱发幼儿适应行为发生的条件。

（四）活动本位原则

活动本位原则是一种提倡由幼儿主导的互动式教学原则，它要求以幼儿为教学活动的主体，在各类教学活动中将个体发展的个别化目标融入其中，合理安排活动的整体过程并预测可能达到的实际效果，以培养幼儿的功能性和生成性技能。活动本位原则包含三层含义：一是在教学活动设计过程中，教师要将所有幼儿作为整体考虑，无论他们是特殊幼儿还是普通幼儿，教师设计的教学活动都必须是面向所有幼儿的；二是强调教师应当给幼儿充分的活动机会，激发其主动活动，并对他们主动参与活动给予积极的回应；三是要将幼儿生活中的常规性和自我主导性的活动作为教学活动的重点，关注幼儿在日常教学活动过程中的成长和发展。

（五）发展适应性原则

发展适应性原则要求教师在学前融合教育活动中综合分析幼儿身心发展的适应性。在教育活动实施的过程中，教师要根据幼儿不同时期的发展需求设置教学内容、创设教育环境、关注特殊幼儿身心发展中的差异性，为其个别化能力的培养与发展提供相应的支持，切实使教育活动做到满足每一名幼儿的发展需要。发展适应性原则将个别化适应与发展的理念融入学前融合教育活动之中，强调幼儿的发展遵循一定可预见的规律性，但也存在个体差异。在融合教育活动中教师要本着对幼儿个体差异理解与尊重的原则，充分考虑不同幼儿的不同特性，开展多样化的教育活动，满足不同幼儿的差异化需求。

三、融合幼儿园教学活动的组织形式

融合幼儿园中的教学活动主要有集体教学活动、小组教学活动和个别化教学活动三种组织形式。这三种组织形式并不冲突，可以结合使用，也可以单独使用。

（一）集体教学活动

集体教学活动是指教师设计并组织全班幼儿共同进行的活动。在这种组织形式的活动中，教师关注所有的幼儿。幼儿在集体教学活动中遵循共同的规则，获得共同的经验。教师对幼儿的有效支持、幼儿之间的合作与互动，有利于每名幼儿的成长。

集体教学活动包括课堂中的教学活动和区角活动。课堂中的教学活动是以教师为主导，教师传授固定的知识经验，以促进幼儿各方面发展的活动。区角活动是以幼儿为主体，教师根据幼儿的能力水平给予相应的指导，幼儿通过自由的游戏体验，获得直接经验的活动。

（二）小组教学活动

小组教学活动是指教师创设环境，根据幼儿的能力水平、兴趣爱好等将其分成不同的小组而开展的个性化活动。小组教学活动可增强幼儿的团体归属感，使其从以自我为中心转向以他人和集体为中心。每名幼儿在互动的环境中都能得到充分学习和展示自我的机会。高质量的小组教学活动可以帮助幼儿学会沟通与合作，习得技能。在每个小组的活动过程中，教师能够关注个别幼儿，发现问题，进行指导。

（三）个别化教学活动

个别化教学活动立足于幼儿的需要、兴趣、能力和学习进度，是对有特殊教育需要的幼儿进行的单独的、专门的教学活动。其教育对象可以是个体也可以是小团体。每名幼儿都具有自身的独特性，特殊幼儿在认知发展或者社会性发展的某方面比其他个体差异更大。因此，开展个别化教学活动满足其独特的身心发展需要是非常重要的。该活动能够充分尊重每名幼儿的发展特点，并最大限度地适应幼儿的差异化发展。那些无法在集体教学活动和小组教学活动中达到的目标，通过教师的个别化指导或教育训练都能够达到，而且能够真正对特殊幼儿因材施教，从而促进其全面发展。

四、融合幼儿园的教学方式

（一）直观式教学

特殊幼儿在身心发展以及学习方面存在局限性，教师进行知识传授时需要采用直观式教学为其建立基本的、形象的知识逻辑体系，让幼儿直接感知认知对象。常用的直观式教学主要有演示、示范、观察等。直观式教学具有直观性、直接性、便于交流等优点。

选择直观式教学要注意以下四个问题：一是要符合活动目标和活动内容的特点；二是要符合参与教育活动的幼儿的身心发展特点；三是运用直观式教学时，教师的讲解必不可少，且教师要注意讲解艺术；四是选择合适的直观教具数量和类别。

认识水果（一）

（二）游戏式教学

游戏是幼儿学习的主要途径和方法之一，符合所有幼儿的身心发展规律。游戏的目的在于引起幼儿注意、激发幼儿学习的兴趣。对特殊幼儿而言，游戏是普通幼儿与特殊幼儿融合的重要渠道。

我在哪儿

在进行游戏教学时教师要注意以下四个问题：一是确保游戏环节的安全性和适应性；二是活动开始前要向所有幼儿说清游戏规则和游戏流程；三是活动过程要密切关注特殊幼儿的游戏参与状况，同时要根据幼儿的交往状况，鼓励普通幼儿为特殊幼儿提供必要的同伴支持；四是活动结束前要有总结和交流环节。

（三）操作式教学

操作式教学是教师根据活动目标和内容提供操作材料，引导幼儿在实际操作的过程中手、脑充分配合，从而获得经验的方法。每位幼儿获得充足的材料（常见的自然物品或玩具等），在教师的指导下，自主操作，独立学习，充分激发学习热情和主动性。

吵架的气球

教师开展操作式教学时要注意以下五个问题：一是创造安全、

舒适、轻松、愉悦的活动氛围，提供充足的操作材料；二是在活动开始之前须明确注意事项和活动流程；三是给幼儿充足的操作、探索的时间；四是活动过程中要时刻观察幼儿的操作情况并在适当的时间启发幼儿；五是活动要有讨论的环节，培养幼儿总结、归纳的能力。

（四）情境式教学

情境式教学指教师在教学过程中为幼儿创设具体、生动、形象的学习情境，并选择恰当的方式引导幼儿完全融入情境，在连续不断的启发下有效学习。特殊幼儿本就缺乏对情境的理解，教师注重教学的情境性，有助于特殊幼儿的环境适应与知识理解。

在实施中，教师要注意以下四个问题：第一，要让幼儿有身临其境的体验，在情境中感知、实践、观察，获得一定的经验，在具体情境的感染下产生不同的情感；第二，要为幼儿创设形式新颖的模拟情境，新奇的刺激容易引起幼儿的注意，从而激发幼儿的学习动机；第三，创设的情境要贴近幼儿的生活且能有效地贴合活动目标；第四，要发挥主导作用，通过适时的启发、总结，引导幼儿对情境中的直观经验进行概括、总结。

赶小羊

（五）分层式教学

分层式教学是在学生认知水平、智力因素和非智力因素存在明显差异的情况下，教师为达到不同层次的教学目标而实施的有针对性的教学。在融合幼儿园中，特殊幼儿和普通幼儿在学习的各个领域中都存在个体差异，因而教师将幼儿分为不同层次，设计不同层次的目标，有针对地进行教学，可帮助所有幼儿在认知、技能等方面得到普遍提高。分层式教学给予每个层次的幼儿获得成功的体验的机会，同时也提升了教育活动的有效性。

图形在哪里

运用分层式教学时应注意以下四个问题：一是尊重幼儿，给予所有幼儿公平、公正的机会；二是制定科学的依据对幼儿分层；三是为每个层次的幼儿制定合适的、有针对性的活动目标；四是在给予幼儿充分自主学习的空间和时间的同时，要根据每个层次幼儿的特点给予不同程度的辅助。

思考与实践 ……▶

1. 融合幼儿园集体教学活动的价值何在?

2. 如何分析教学活动的基本特点?从哪些方面进行分析?

3. 简述融合幼儿园教学活动的基本特点。

4. 举例说明融合幼儿园教学活动的基本原则。

5. 通过搜索融合幼儿园各类活动案例，分析不同教学活动组织形式的特点与目标。

6. 通过收集融合幼儿园教学活动设计，分析不同的教学方式对普通幼儿与特殊幼儿的作用。

7. 简述融合幼儿园集体教学活动。

8. 简述活动本位原则的内涵。

9. 简述个别化教育原则的内涵。

10. 简述融合幼儿园教学活动的定义。

▶ 主题三 融合幼儿园教学活动设计与组织的理论基础

导入语……▶

融合幼儿园教学活动的设计与组织，需要考虑普通幼儿的身心发展，同时也要根据特殊幼儿的差异化特点促进其在融合环境中社会、语言、认知等能力的提升。这就对学前教育教师的教学活动设计与组织提出了更高的学科要求，需要教师在一定的理论基础上，对幼儿的学习内容、活动组织方式、教学方法等进行全面的分析、调整与创新。教师对相关教育理论的掌握程度，将直接影响其对学前融合教育教学活动的设计、组织与实施。

一、建构主义学习观与学前融合教育

建构主义学习观是20世纪90年代以来在建构主义哲学思潮影响下提出的一种解释学习的理论。该理论强调学习活动应始终坚持以学习者为中心，知识不是通过教师传授得到的，而是学习者在一定的情境即社会文化背景下，借助其他人（包括教师和学习伙伴）的帮助，利用必要的学习资料，通过意义建构的方式获得的。其中，“学习环境和真实的任务的情境性”“学习者之间的协作性”“学习者之间协作的会话性”和“学习者对知识的意义建构性”是学习环境的四大要素。

（一）建构主义学习观的主要观点

1. 知识观

建构主义者认为，知识是在不断变化的社会情境中形成的，它会随着社会的进步、人类认知或思维能力的提升而不断被替换、更新。因此，知识是对现实的一种解释和假设，并非对现实问题的准确表征或“标准答案”，也不能精确地概括世界的法则。[①]当处于具体的学习环境中时，学习者需要根据具体的问题与情境进行具体分析和再创造。同时，虽然知识通过人类的语言符号被赋予了一定的外在形式，但它并不意味着不同的学习者会对知识产生同样的理解，因为学习者对知识的理解需要建立在个体的经验背景之上。因此，学习者对新知识的学习不是简单套用或权威者向其直接灌输的过程，而是需要个体在对知识的理解基础之上，从原有经验出发，结合问题情境进行分析、检验或批判，从而生长（建构）起新的经验的过程。

2. 活动观

学习是学习者个体自己建构知识的过程。学习者不是简单、被动地接收信息，而是根据自己的经验背景去主动地建构知识的意义。在建构知识的过程中，学习者需要对外部信息进行主动选择、加工和处理，对所接收到的新知识进行解释，从而建构起自己对知识的理解。[②]由于学习者个体已有的知识经验与背景不同，其调动知识经验的能力或效果就会存在差异，所以学习者的学习应该建立在体验与活动的基础之上。学习者应关注内在的学习兴趣，并通过体验与活动，将身体、情感与情境融为一体，促进新旧知识经验间反复的、双向的相互作用。同时，学习者参与活动的过程，也是其与他人互动、协作的过程。其中，学习者在沟通和社会参与的过程中与他人的“交互作用”等对学习具有重要的意义。

---

① 温彭年、贾国英：《建构主义理论与教学改革：建构主义学习理论综述》，载《教育理论与实践》，2002（5）。

② 钟启泉：《建构主义“学习观”与“档案袋评价”》，载《课程·教材·教法》，2004（10）。

3. 学生观

建构主义强调，学习者并非空着脑袋、一无所知地进入学习情境中，他们在以往的生活、社会、学习的经历中，已经形成了丰富的经验储备。[①] 即便有些问题他们尚未接触，但当学习者处于问题情境中时，他们会主动将新旧知识进行联系，依靠个体的能力、经验背景与知识储备，对问题形成自己的看法或合乎逻辑的独到解释。因此，教师在教学的过程中，不能无视学习者个体的原有知识经验，对活动的设计与组织应该建立在学习者原有知识经验的基础上，引导学习者从原有的经验中“生长出”新的知识经验。教师不是教学中知识的传递者，而是帮助学习者进行知识处理和转换的支持者。教师要重视学习者自己对各种现象的理解与看法，洞察他们对问题解释的由来，以此为根据，引导学习者针对某些问题进行探索，并在此过程中交流和质疑，了解彼此的想法，彼此作出某些调整，共同建构知识。[②]

（二）建构主义学习观对学前融合教育教学活动设计与组织的启示

1. 注重创设多元化的教学情境

残疾在本质上是残疾人与环境限制之间相互作用所产生的结果。学前融合教育一方面促进特殊幼儿与普通幼儿彼此接纳和融入；另一方面帮助特殊幼儿提高适应与控制外部环境的能力，为将来生活质量和生活能力的提高奠定基础。建构主义学习观提出，知识是在情境中产生的，情境也是学习者发挥自我能动性获得知识、建构丰富的知识经验的重要途径。因此，创设多元化情境，能帮助特殊幼儿更好地达到学习的目的，同时是特殊幼儿了解生活世界、增进与周围环境互动的重要途径。在融合教育教学活动设计与实施中，教师应熟悉幼儿和教材，根据不同的内容，选用不同的形式，精心创设结构化的、生活化的、儿童友好型的教学情境，将家庭、学校、社区范围内真实的生活情境与片段纳入教学过程中，达到以境触情、情境交融的目标，在真实的多元情境中将幼儿带入知识的探索中，真正体现幼儿的主体性。

2. 垂直传递式教学向师生共同建构的互动式教学转变

建构主义学习观认为，学习者不是被动的信息接收者，其知识的获得过程是在

---

① 陈琦、张建伟：《建构主义学习观要义评析》，载《华东师范大学学报（教育科学版）》，1998（1）。

② 温彭年、贾国英：《建构主义理论与教学改革：建构主义学习理论综述》，载《教育理论与实践》，2002（5）。

自己原有的知识经验基础上主动建构意义的过程，意义建构不能由他人代替或权威直接给予。因此，在提高学习者的学习质量的目标之下，教师的教学不应该是对学习者进行知识的单向传递或给予的过程，而应该是师生平等参与和共同经历、学习者自主探索的知识生成与发现的过程。因此，在学前融合教育活动中，教师虽然是知识权威，但应以学生为中心，打破教师绝对的知识权威与垄断地位，设计以平等、参与、互动、探索为特征的参与式教学活动。其中教师应与幼儿讨论和互动，注重倾听幼儿的声音，善于分享不同的知识与信息。教师在教学范式上从垂直传递式教学向师生共同建构的互动式教学转变，引导幼儿通过创造性的实验和反思来共同学习。为了做到这一点，教师需要担任不同的角色，他不是简单地当一个知道答案去给予幼儿答案的人，而是用正确的方式提问和引导的人。通过教学范式的改变，在互动性的课堂中，特殊幼儿与普通幼儿在一个充满信任感、安全感的教育环境中，彼此接纳，相互理解，共同受益 。

3. 强调活动中幼儿的探究性

建构主义学习观认为，在进入学习场域之前，学习者已拥有各自独特的见解与视野，新知识的学习必须建立在学习者原有的知识经验和见解之上。对于特殊幼儿来说，由于身心发展功能的限制，他们在认知、语言、感知觉等多个方面的信息欠缺，他们难以像普通幼儿一样通过教师提供的基本概念与规律快速开展学习。特殊幼儿更需要教师为其提供各种与知识相关的感性信息与材料，以便更好地建立知识的逻辑体系。因此，学前融合教育活动必须建立在典型的、真实的事件或问题驱动之下，教师必须带领幼儿走出传统教室的范围，到现实世界的真实环境中去体验、探究。教师应将对现实生活中真实事件和问题的体验、分析作为动力或驱动源，来增强特殊幼儿在活动中的参与性，推进普通幼儿与特殊幼儿的互动与合作，增进普通幼儿与特殊幼儿彼此接纳。

二、多元智能理论与学前融合教育

（一）多元智能理论

多元智能理论由美国哈佛大学教育研究院的心理发展学家霍华德·加德纳（Howard Gardner）在1983年提出。加德纳通过研究脑部受创伤的病人在学习能力上的差异，从而提出本理论。加德纳认为，过去对智能的定义过于狭窄，未能正确反映一个人的真实能力。他认为，人的智能应该是解决问题能力的综合性指标。根据这个定义，他在《心智的架构》（*Frames of Mind*）这本书里提出，人类的智能可以分成逻辑数学智能、空间智能、音乐智能、语言智能、人际智能、内省智能、自然探索智能、肢体运动智能（图1-1）。

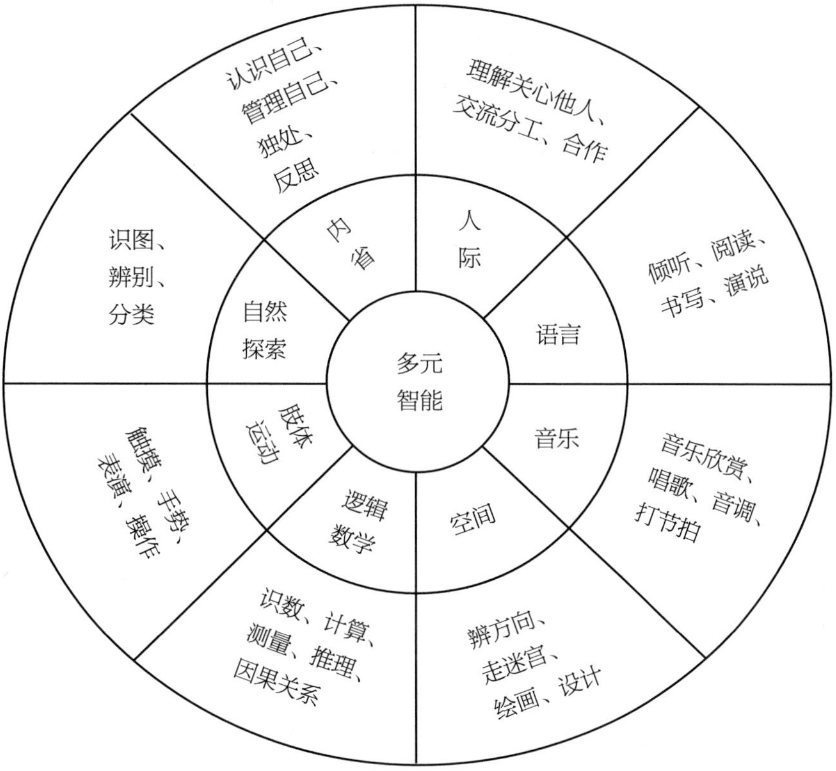

图1-1　多元智能理论

该理论的要点如下。

第一，每一种智能代表着不同于其他智能的独特思维模式，它们彼此之间并非独立运行，而是有着自己独特的智能组合，同时并存、相互补充且统合运作。例如，一名优秀的舞蹈家，既要有优秀的音乐理解与表达能力，还要具有精准的节奏掌控力、肢体控制力、肢体创作力和良好的沟通能力等。

第二，每一种智能还包括数种次类智能，如语言智能包含倾听、阅读、书写、演说等多项次类智能。同时，智能并不是与生俱来的，每个人都有能力改进且扩展自己的智能。然而，大部分人只能在某些特定的领域进行创作和延伸，在有些领域也会存在发展较弱的情况。

第三，每一个健全人均拥有上述八种智能，但由于遗传、环境、个体认知等多方面的影响，每个人在各种智能的发展程度上有所不同，表现在个体身上就是其显现出来的能力存在差异。

第四，文化是影响智能发展的重要因素。如果文化或社会需要对不同智能的评价不同，个体在各种智能领域的发展动机上就有所不同，这会使得在每一种文化或社会场域中，人类的某一种智能发展具有不同水平。

（二）多元智能理论对学前融合教育教学活动设计与组织的启示

1. 尊重教育公平性原则，对所有幼儿一视同仁

多元智能理论提出，人的智能至少可以分为八类，每种智能之间既相互独立，同时又以一定的方式组成一个整体而相互依存地运行。每个人都有自己的优势领域和弱势领域，不同的个体会因生长环境、遗传等方面的差异而表现出不同的智能组合，从而导致人与人之间的认知、思维等能力表现出一定的差异性。在学前融合教育中，特殊幼儿虽然在认知、语言、思维、交往等多个方面发展迟缓，但依据多元智能理论，每名幼儿均具备各自的优势领域，幼儿之间没有优劣之分。因此，教师应改变传统的教育观念，树立新的教育平等观，在尊重每名幼儿全面发展的前提下，秉承教育公平的原则，平等地看待幼儿的发展，促进所有幼儿健康、快乐地发展。

2. 尊重个体差异，优先关注幼儿的潜能发展

在学前教育阶段，由于生长环境、家长教养方式、遗传基因等方面的差异性，幼儿表现出不同的发展水平。特殊幼儿由于身心发展的特殊性，让幼儿之间本就较大的差异性特征变得更为明显。结合多元智能理论，学前融合教育教师应秉持潜能优先、缺陷其次的教育理念，在日常的集体融合教育活动和个别化教育活动中注意观察特殊幼儿在认知特点、思维速度、行为表现、学习风格等方面的独特之处。教师应善于倾听幼儿，多为特殊幼儿提供展示自我、表达想法的机会，尊重特殊幼儿的特殊性和差异性，注重开发特殊幼儿的智能优势领域，通过有目的、有计划、有组织的教育活动促进其智力潜能得到最大发展。同时，教师要善于将特殊幼儿在其优势领域中表现出来的行为、意志等特点，采用不同模式的多元课程和活动方式，运用不同的途径迁移到其弱势领域，促进不同智能领域的多元结合。

3. 改革传统评价方式，建立多元化的动态评价体系

多元智能理论认为，智能的发展并非固定或静态的实体，人类在所有智能中均有被强化与创造的可能。传统教育总是将培养的重点放在数理逻辑和语言表达能力方面，以及与这两种能力相关的领域中。多元智能理论提出，所有的智能领域对于个体的发展均具有重要作用，而且它们彼此互补、统整运作，仅对有限的智能领域的培养不足以让个体有效应对未来生活、交往、学习等方面的挑战。因此，在教育中，评价学习者的智能，应该全面考虑被评价者的综合素养。在学前融合教育过程中，对于特殊幼儿和普通幼儿，教师同样要改变单一的以语言、认知、社会等传统领域为主的评价体系，应采取多种多样的评价方式。考查内容应尽可能包括与幼儿日常生活密切相关的动手能力、解决问题的综合性能力，如幼儿的行为、活动过程、作品、成长记录档案以及对个别幼儿根据其身心发展的独特性制定的个别化、动态化的评价内容等，为每一名幼儿感受、获得成功提供良好的机会。

三、最近发展区理论与学前融合教育

（一）最近发展区理论

最近发展区理论是由著名的心理学家维果茨基提出的。该理论认为，儿童有两种发展水平：一种是儿童现在已经完成的发展周期和已经形成的心理机能，即现有发展水平（已经具备的能力）；另一种是儿童尚未形成的心理机能，但是其在他人的帮助和指导下能够达到，即潜在发展水平（自己不能独立达到的水平）。儿童已经具备的现有发展水平与在他人帮助和指导下能够达到的潜在发展水平之间的差距，即最近发展区（图1-2）。

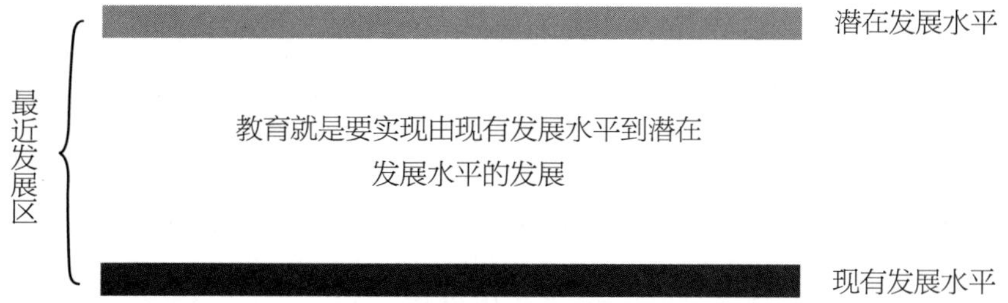

图1-2　最近发展区

在实际教学中，教师不能只看到学习者当下已形成或达到的发展程度，而是要善于发现学习者正在形成或发展的过程，通过适合的教育帮助学习者实现由现有发展水

平到潜在发展水平的发展。因此，教学应着眼于学习者的最近发展区，为学习者提供带有难度的内容，调动学习者的积极性，发挥其潜能，超越其最近发展区而达到下一发展阶段的水平，然后在此基础上进行下一个最近发展区的发展。

（二）最近发展区理论对学前融合教育教学活动设计与组织的启示

1. 正确把握幼儿的最近发展区，制定科学、合理的教学目标

最近发展区理论提出，所有的幼儿均具有现有发展水平和潜在发展水平，如果幼儿在最近发展区进行新的学习，并能得到充分支持与辅助，就能比较容易地掌握单靠自己无法认知与理解的内容，其发展会获得更高层次的成果。在学前融合教育活动中，教师要对幼儿进行全面的观察并准确地评估其各个方面的发展现状，科学地把握幼儿的最近发展区，同时还要了解特殊幼儿与普通幼儿的最近发展区的差别。教师在设置教学目标时，针对普通幼儿与特殊幼儿，不能过分降低教学目标的要求，而要有适当的难度。同时要科学地安排融合教育活动，不断地创设适合所有幼儿发展的处于其最近发展区的教学情境，让所有的幼儿通过同伴的帮助或教师的支持都能够努力达到教学目标。

此外，要尤其重视特殊幼儿的潜在发展水平。教师不能武断地认定特殊幼儿对某些知识“学不会”“不必学”，从而在教学中“不必教”，并由此减少特殊幼儿参与多样化学习与活动以及发挥自我潜能的机会。特殊幼儿在身心发展上遵循与普通幼儿同样的规律，都要经历由简单到复杂、由低级到高级的发展过程。特殊幼儿发展潜力的发挥，需要教育者提供足够的支持。因此，教师不能只看到特殊幼儿已经达到的水平和已经形成的能力，而要善于发现他们正在形成或发展的能力。

2. 融合教育活动中同伴支持对特殊幼儿的促进作用

最近发展区理论认为，儿童的发展主要是通过与成人或更有经验的同伴的社会交往而获得的。通过他人提供的支持，幼儿可以从现有发展水平达到潜在发展水平。在学前融合教育教学活动中，教师可以从知识的发展方面为特殊幼儿提供教育辅助，但是其同伴的支持是成人无法替代的。幼儿与幼儿之间有着独特的相处方式、语言体系以及交往文化，同伴之间的交流与支持，相比成人为特殊幼儿提供的支持，更加直接和有效。特殊幼儿通过观察和模仿同伴能够更容易地达到既定目标。尤其是在游戏过程中，特殊幼儿与普通幼儿之间的发展水平本就具有一定的差距，普通幼儿的现有发展水平，在某种程度上是特殊幼儿的潜在发展水平。在同伴互动中，特殊幼儿可以对

普通幼儿的行为、语言进行观察学习，这对于特殊幼儿的发展具有促进作用。特殊幼儿潜在的能力发展可以在潜移默化中得以实现。

因此，教师在学前融合教育教学活动设计与组织中，要善于设计增进同伴之间合作、接触的多元化趣味活动，积极营造促进合作学习、相互学习、社会互动的学习氛围。在组织形式上教师为幼儿创设异质小组学习、集体学习等活动形式，增强不同幼儿之间的影响与互动，鼓励异质发展水平的幼儿成为合作学习或游戏伙伴。在多元化的教育活动与游戏中，普通幼儿对特殊幼儿产生“润物细无声”的影响，对于促进特殊幼儿社会性发展也具有积极的作用。

3. 注重多元化、趣味性教学方式的开发

依据最近发展区理论，好的教学应处于学习者的“教学最佳期”，它是由最近发展区决定的。在学前融合教育中，教师应正确把握“教学最佳期”，利用自身丰富的教育教学经验，在幼儿的现有发展水平之上，结合学前教育的传统教学方式，积极开发和创新多元化、趣味性的教学方式、方法、策略，运用多种资源与现代教育技术主动探索有效的教学方式。教师要在教学实践中形成自己独特的教学风格与艺术，提升教学效率，激发幼儿学习的主动性。同时，在幼儿的“教学最佳期”内促进普通幼儿与特殊幼儿均获得全面发展，增强学前融合教育的有效性。

思考与实践 ……▶

1. 简述建构主义学习观的主要观点。
2. 简述多元智能理论的主要观点。
3. 请简要说明最近发展区的内涵。
4. 简述最近发展区对学前融合教育的启示。
5. 简述建构主义学习观对学前融合教育的启示。
6. 结合本主题探讨建构主义学习观对学前融合教育教学活动设计与组织的启示。
7. 结合本主题谈谈多元智能理论对学前融合教育教学活动设计与组织的启示。
8. 结合本主题的三大理论，谈谈对潜能的认识。
9. 谈谈在融合幼儿园如何开发学生的潜能。
10. 请结合本主题的某一理论谈谈对学前融合教育的看法。

拓展阅读

1. 邓猛. 融合教育理论指南［M］. 北京：北京大学出版社，2017.

2. 雷江华，刘慧丽. 学前融合教育［M］. 北京：北京大学出版社，2015.

3. 卡洛琳·爱德华兹，莱拉·甘第尼，乔治·福尔曼. 儿童的一百种语言［M］. 罗雅芬，连英式，金乃琪，译. 南京：南京师范大学出版社，2006.

4. 苏珊·R. 桑德尔，艾琳·S. 施瓦茨. 学前特殊需要儿童融合教育实用手册（第二版）［M］. 王燕华，曾松添，赵红梅，等译. 北京：北京大学出版社，2018.

5. 王俏华. 学前儿童发展［M］. 北京：北京大学出版社，2018.

6. 劳拉·贝尔克，亚当·温斯勒. 鹰架儿童的学习：维果斯基与幼儿教育［M］. 谷瑞勉，译. 南京：南京师范大学出版社，2007.

7. 陈杰琦，埃米勒·艾斯贝格，玛拉·克瑞克维斯基. 多元智能理论与儿童的学习活动［M］. 何敏，李季湄，译. 北京：北京师范大学出版社，2015.

8. 阿德勒. 儿童教育心理学［M］. 王童童，译. 北京：中华工商联合出版社，2017.

9. 王维，王维娅，孙岩. 学前教育理论与实践教程［M］. 北京：北京大学出版社，2015.

基础练习

一、选择题

1. （单选题）《第二期特殊教育提升计划（2017—2020年）》对特殊幼儿接受学前教育进行了明确规定：“（　　）普通幼儿园接收残疾儿童。在特殊教育学校和有条件的儿童福利机构、残疾儿童康复机构普遍增加（　　）。”（　　）

A. 鼓励、幼儿园　　B. 支持、学前部

C. 帮助、学前部或附设幼儿园　　D. 支持、学前部或附设幼儿园

2. （单选题）3~6岁特殊幼儿与普通幼儿在普通幼儿园中共同生活与学习，参与普通幼儿园中的所有（　　）、康复等教育活动均属于学前融合教育范畴。（　　）

A. 教育、游戏、保育　　B. 教育、保育、早期干预

C. 教育、游戏、早期康复　　D. 个别化、教育、保育

3. （多选题）学前融合教育的基本理念包括哪些？（　　）

A. 普通幼儿与特殊幼儿一起在普通幼儿园接受高质量的学前教育

B. 普通幼儿与特殊幼儿均在普通教育环境中获得充分发展

C. 强调学习活动中每个幼儿的差异与充分参与

D. 需要多方参与、合作与支持

4. （多选题）融合幼儿园教学活动的基本原则包括哪几项？（　　）

A. 平等性原则　　B. 个别化教育原则

C. 发展适应性原则　　D. 康复性原则

5. （多选题）融合幼儿园教学活动的组织形式包括哪些？（　　）

A. 集体教学活动　　B. 游戏活动

C. 个别化教学活动　　D. 小组教学活动

6. （多选题）建构主义知识观的内容包括哪些？（　　）

A. 知识会随着人类与社会的进步而不断被替换、更新

B. 知识对现实具有固定性解释

C. 不同的学习者会对知识产生同样的理解

D. 学习者对于新知识的学习不是简单套用或者权威向其直接灌输

7. （多选题）多元智能理论的观点包括哪些？（　　）

A. 人的智能应该是解决问题能力的综合性指标

B. 每一个正常人均拥有八种智能，但由于遗传、环境等多方面的影响而表现出差异

C. 每一种智能代表着不同的独特思维模式，它们彼此间并非独立运行，而是相互补充且统合运作的

D. 对于大部分人来说，只能在某些特定的领域进行创作和延伸，并在某些领域存在弱势

二、简答题

1. 简述融合幼儿园的教学方式。

2. 简述多元智能理论对学前融合教育教学活动设计与组织的启示。

3. 简述我国学前融合教育的政策。

4. 简述我国情境式教学实施中注意的问题。

三、论述题

1. 试论学前融合教育的理论基础。

2. 试论学前融合教育的基本理念。

实践训练

1. 根据学前融合教育的基本原则，设计一份教学活动方案。

2. 分组到学校或社会中调研社会大众对学前融合教育的看法与态度，并分析其原因。

学习评价与反思

1. 学前融合教育的基本理念：____

____

2. 国内外学前融合教育的政策保障：__________________________________

____

3. 学前融合教学活动的基本原则与组织形式：__________________________

____

4. 学前融合教育的理论基础：____

____

5. 其他评价与反思：____

____

第二单元　融合幼儿园五大领域教学活动的设计与指导

单元导入

幼儿园五大领域指的是健康、语言、社会、科学、艺术。五大领域教学活动是幼儿一日活动中非常重要的内容，也是教师在把握幼儿年龄特点、掌握幼儿学习方式的基础上，帮助幼儿获取信息、丰富经验、提高能力的重要途径。《幼儿园教师专业标准（试行）》在幼儿发展知识这一维度中明确指出，教师要了解有特殊需要的幼儿的身心发展特点及教育策略与方法。在学前融合教育背景下，五大领域的集体教学活动面向的是包括特殊幼儿在内的全体幼儿。特殊幼儿与普通幼儿心理发展的本质规律是相同的，即都是从低级到高级、从简单到复杂。但由于中枢神经系统器质或功能性障碍，特殊幼儿在感知、运动、语言及社会交往等方面存在障碍。融合幼儿园教师该如何根据特殊幼儿的生理、心理和学习特点进行五大领域教学活动的设计呢？

单元思维导图

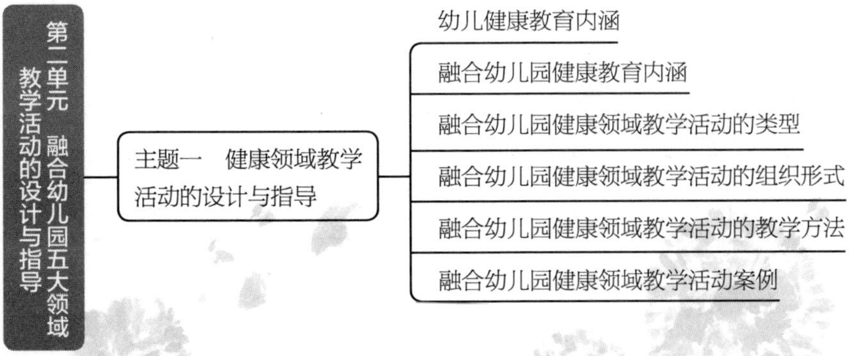

第二单元　融合幼儿园五大领域教学活动的设计与指导

- 主题二　语言领域教学活动的设计与指导
  - 幼儿语言教育内涵
  - 融合幼儿园语言教育内涵
  - 融合幼儿园语言领域教学活动的类型
  - 融合幼儿园语言领域教学活动的组织形式
  - 融合幼儿园语言领域教学活动的教学方法
  - 融合幼儿园语言领域教学活动案例
- 主题三　社会领域教学活动的设计与指导
  - 幼儿社会教育内涵
  - 融合幼儿园社会教育内涵
  - 融合幼儿园社会领域教学活动的类型
  - 融合幼儿园社会领域教学活动的组织形式
  - 融合幼儿园社会领域教学活动的教学方法
  - 融合幼儿园社会领域教学活动案例
- 主题四　科学领域教学活动的设计与指导
  - 幼儿科学教育内涵
  - 融合幼儿园科学教育内涵
  - 融合幼儿园科学领域教学活动的类型
  - 融合幼儿园科学领域教学活动的组织形式
  - 融合幼儿园科学领域教学活动的教学方法
  - 融合幼儿园科学领域教学活动案例
- 主题五　艺术领域教学活动的设计与指导
  - 幼儿艺术教育内涵
  - 融合幼儿园艺术教育内涵
  - 融合幼儿园艺术领域教学活动的类型
  - 融合幼儿园艺术领域教学活动的组织形式
  - 融合幼儿园艺术领域教学活动的教学方法
  - 融合幼儿园艺术领域教学活动案例

学习目标

1. 理解融合幼儿园五大领域教育的内涵。
2. 掌握融合幼儿园五大领域教学活动的组织形式。
3. 掌握融合幼儿园五大领域教学活动的教学方法。
4. 能针对幼儿园的五大领域分别设计一份融合教育的教学活动方案。

|典型案例|

小希，一个十分可爱的小女孩，3岁10个月，就读于X幼儿园小班。在幼儿园，小希总是跟其他小朋友“不一样”。晨间活动时，其他小朋友都在滑滑梯、骑双人车等，小希只是站在一旁，并没有参与；课间休息时间，其他小朋友在嬉戏打闹，小希坐在座位上，眼睛看着窗外；午休时，其他小朋友在午睡，小希一个人自言自语；搭积木游戏时，小希总是独自一人去建构区搭积木，她会将积木不断垒高，而且每次只是垒高，从来不会有其他的搭法。当游戏结束时，教师与其他幼儿在分享、交流的时候，小希仍然独自在建构区搭积木，不断重复着“垒高积木—推倒—垒高积木—推倒”的动作。在多次尝试将小希拉入集体，却无一例外地遭到反抗和拒绝后，教师只能任由她玩积木……

小希好像永远游离在群体之外。对于像小希这样的特殊幼儿，教师该如何设计适合他们的教育活动呢？教师在进行教育活动时，该采取何种教学方法来提高他们的参与度呢？

▶ 主题一 健康领域教学活动的设计与指导

导入语……▶

在幼儿园的五大领域——健康、语言、社会、科学、艺术中，健康领域处于最前列。幼儿园是承担幼儿保育和教育双重任务的教育机构，健康教育在幼儿园课程中具有特殊的意义，为幼儿养成健康的体魄奠定重要的基础。对于特殊幼儿来说，他们身心发展具有迟滞性甚至存在肢体发育方面的异常，更加需要融合幼儿园加强肢体康复、营养健康等方面的教育。那么，如何理解融合幼儿园的健康教育呢？如何在学前融合教育背景下开展健康教育呢？本部分将针对上述问题给出详细解答。

一、幼儿健康教育内涵

（一）健康教育内涵

健康教育是通过有计划、有组织、有系统的社会教育活动，使人们自觉地采纳有益于健康的行为和生活方式，消除或减少影响健康的危险因素，预防疾病，促进健康，提高生活质量。健康教育的核心是教育人们树立健康意识，促使人们改变不健康的行为和生活方式，养成良好的行为和生活方式，以减少或消除危害个体身心健康的不良因素。健康教育能帮助人们了解哪些行为是影响健康的，并能自觉地选择有益于健康的行为和生活方式。[①]

（二）幼儿健康教育内涵

幼儿园的健康教育活动，是指以保护和促进幼儿的健康为主要目标，以身体锻炼和身体保健的有关知识、技能为主要内容而实施的多种形式的教育活动。幼儿健康教育是根据幼儿身心发展的特点，以提高幼儿健康认识、端正幼儿健康态度、培养幼儿健康行为、维护和促进幼儿健康为核心目标而开展的有组织、有计划、有目的的一系

① 贺伟：《健康教育》2版，1～2页，北京，科学出版社，2008。

列教育教学活动，是幼儿园教育的重要组成部分。[①]

二、融合幼儿园健康教育内涵

融合幼儿园健康教育除了具备上述幼儿健康教育的内涵之外，由于融合幼儿园特殊幼儿这一教育对象身心发展的特殊性，其还要更加关注特殊幼儿的肢体康复、感觉统合康复等方面。因此，融合幼儿园健康教育以《幼儿园工作规程》和《幼儿园教育指导纲要（试行）》中所提出的健康领域目标为指导，既应包括以保护和促进全部幼儿的健康为主要目标的教育内容，还应涵盖针对有特殊需要幼儿的个性化肢体康复与训练。

融合幼儿园健康教育具有以下特点。

（一）复杂性

在幼儿现有的经验和思维发展水平的基础上，很多健康教育的内容不一定是他们能够理解的，而且普通幼儿和特殊幼儿的身心发展存在较大的差异。这就要求教师努力通过幼儿能够理解的方式，帮助其养成健康行为。对某些理解起来有困难的健康教育内容，教师要通过直观的形式，如图片、视频、音乐、参观、模型等来帮助不同类型、不同发展程度的幼儿学习并掌握，从而培养他们的健康行为。

（二）反复性

由于行为的形成是循序渐进的，加之学前儿童对健康的认识、态度往往不一致，因此，健康行为的养成不是一蹴而就的，健康教育的实施应进行适当的反复。学前儿童健康行为的养成需要一个长期努力的过程，只有把学前儿童健康教育当成一项长期的工作，常抓不懈，健康教育的效果才能真正得到体现。

（三）渗透性

陈鹤琴先生认为："儿童离不开生活，生活离不开健康教育；儿童的生活是丰富多彩的，健康教育也应把握时机。"[②]幼儿园健康教育的出发点与归宿是培养幼儿的健康行为，帮助其养成健康的生活方式，提高幼儿的生活乃至生命质量，健康教育的内

---

① 庞建萍、柳倩：《学前儿童健康教育与活动指导》2版，4页，上海，华东师范大学出版社，2014。

② 教育部基础教育司：《〈幼儿园教育指导纲要（试行）〉解读》，145页，南京，江苏凤凰教育出版社，2017。

容涉及幼儿生活的全部范畴。因此，融合幼儿园健康教育必须考虑全体幼儿身心发展的特点，应在盥洗、进餐、清洁、睡眠、锻炼、游戏等日常生活的各环节渗透健康教育理念，实施健康教育策略。

（四）整合性

《幼儿园教育指导纲要（试行）》明确要求："教育活动内容的组织应充分考虑幼儿的学习特点和认知规律，各领域的内容要有机联系，相互渗透，注重综合性、趣味性、活动性，寓教育于生活、游戏之中。"一方面，各领域教育可以帮助实现幼儿健康教育的某些目标。例如，在认知领域中引导幼儿了解各种蔬菜的种类和营养价值，有利于在健康领域活动中引导幼儿养成爱吃蔬菜的健康生活方式。另一方面，健康知识的有效学习需要其他领域的多元配合，这将有助于幼儿强化知识，提升兴趣。例如，幼儿健身操的学习离不开艺术领域中舞蹈、律动、音乐等活动元素的有效参与。

（五）合作性

幼儿健康教育不能只局限于学前教育机构内，它需要家庭和社会各方面力量的共同关注和积极参与。园、家、社发挥各自的优势和特点，共同为幼儿营造健康、安全、优美的园所环境、家庭环境和社区环境，全方位发挥健康教育的功能，最终促进幼儿的健康成长。

（六）康复性

融合幼儿园中的特殊幼儿，尤其是发展障碍幼儿，普遍存在肢体运动方面的障碍。例如，智力障碍儿童群体虽然在身体发育中遵循与普通幼儿一样的阶段性和顺序性规律，但是他们肢体的发展起点低、速度缓慢，加之身心整体发育方面重点领域迟缓，如视觉、触觉、动觉的滞后使其运动能力的习得存在困难，运动水平低导致肌力发育滞后、关节活动受限、肢体平衡差等问题。[①]因此，融合幼儿园健康领域的活动除了要涵盖普通幼儿一般性的健康教育活动，还要从运动康复的视角深化健康教育领域内容，成为集保育、教育、康复于一体的健康教育体系。

① 张福娟、杨福义：《特殊儿童早期干预》，84页，上海，华东师范大学出版社，2011。

三、融合幼儿园健康领域教学活动的类型

融合幼儿园健康领域教学活动内容遵循《幼儿园教育指导纲要（试行）》与《3—6岁儿童学习与发展指南》的相关规定，在现代“生理—心理—社会”医学模式的指导下可分为身体健康和心理健康两大方面。

（一）身体健康类教学活动

1. 幼儿的生活常规教育

良好的生活常规教育有利于幼儿养成良好的生活习惯，帮助幼儿自觉遵守作息时间和生活制度。幼儿园的生活常规教育有助于培养幼儿的基本技能和生活自理能力，日常行为习惯教育包括吃饭、穿衣、洗脸、刷牙、铺床、收拾玩具和书本等生活技能培养。生活卫生习惯是在生活常规教育中形成的，包括生活自理习惯、作息习惯、清洁卫生习惯、学习卫生习惯、关心周围环境的卫生习惯等。

讲卫生的好宝宝（小班）

2. 人体的认识与保护的教育

幼儿园健康教育中关于人体认识与保护的内容主要包括：人体主要器官的形态、结构特点及主要功能，保护器官及身体的基本知识和技能；预防接种的有关知识；常见疾病的预防知识，常见外伤的简单处理知识和办法；异物入体的预防方法；视力保护、预防龋齿及换牙的有关知识；观察身体由小到大的变化，体验身体功能的完善；健康的早期性启蒙教育。

认识身体（小班）

3. 饮食与营养教育

在幼儿园健康类教学活动过程中，教师引导幼儿认识常见食物，平衡和合理膳食，养成不偏食、不挑食、不过食的良好饮食习惯，尤其要了解多吃富含粗纤维的蔬菜等食物对身体的好处，养成多锻炼、少吃零食、主动饮水的健康生活方式。此外，饮食与营养健康教育活动的主要内容还应包括饭前洗手，进食定时、定量，正确使用餐具，保持桌面和地面清洁，不乱吃零食和过多喝冷饮，进餐时细嚼慢咽、不边吃边说笑等。

不挑食，身体棒（中班）

4. 安全生活教育

在走廊和楼梯上（中班）

幼儿通过安全生活教育应达到如下目标：了解并遵守日常生活中的安全常识与规则；认识有关的安全标志，遵守交通规则，初步形成自我保护意识；了解应对意外事故和伤害的常识，具有基本的求生技能；知道初步的自救和向成人求救的方法。

5. 体育锻炼教育

幼儿园体育锻炼教育活动主要包括如下内容。

有趣的脚印（小班）

基本动作练习和游戏：基本动作练习包括走步、跑步、跳跃、投掷、攀登、钻爬等；基本动作游戏包括走、跑、跳、投掷和钻爬游戏，力量游戏，灵敏性游戏，速度游戏和平衡游戏等。

基本体操和队列队形练习：徒手体操、器械体操、队列队形以及表演性基本体操。

器械类活动和游戏：大中型固定性运动器械活动和游戏，如用滑梯、攀登架、游泳池进行的活动和游戏；中小型可移动运动器械活动和游戏，如用轮子、垫子、小车进行的活动和游戏；手持小型运动器械活动和游戏，如用球、沙袋进行的活动和游戏等。

除上述体育锻炼教育活动的主要内容外，幼儿园的体育锻炼教育还可以因时、因地制宜地开展丰富的、有特色的体育锻炼活动。

（二）心理健康类教学活动

好心情（大班）

幼儿心理健康类教学活动主要从以下几个方面开展。

①表达和调节自己情绪的方法。

②独立生活和学习的能力。

③社会交往能力。

④懂文明、讲礼貌、热爱集体、与同伴友好相处、爱护环境等习惯和情感。

⑤性启蒙教育。

⑥心理障碍和行为异常的预防。

四、融合幼儿园健康领域教学活动的组织形式

融合幼儿园的健康教育与普通幼儿园一样，主要通过独立设置的健康领域教学活动、主题式健康领域教学活动、领域整合式的教学活动等来开展。

（一）独立设置的健康领域教学活动

幼儿园开展的早操、体育活动、运动会、心理健康教育活动等都是在一日活动安排中独立设置的健康领域教学活动。融合幼儿园在进行独立设置的健康领域教学活动时，既要考虑幼儿的身心发展特点，还要根据幼儿的身心发展需要以及一日活动的科学性安排来开展健康领域教学活动。

（二）主题式健康领域教学活动

主题式健康领域教学活动是教师有目的、有计划、有组织地对幼儿实施各种能够促进其身心健康的活动。该类活动能够使幼儿对于健康领域中的某一主题形成较为完整的经验与体验。例如，开展“爱卫生的好宝宝”主题活动，可以根据幼儿的身心发展特点和学习经验从幼儿日常生活的实际出发，让幼儿主动参与到教育活动中来。活动可以从幼儿自身卫生、园所环境卫生、讲卫生的优点、不讲卫生的缺点以及如何做一个讲卫生的好孩子等几个方面入手，设计系列主题活动，以达到对幼儿进行健康教育的目的。教师应注意，在开展主题活动时，要考虑各个活动之间的内在联系和价值关联，切勿将主题活动做成“拼盘式”活动。

（三）领域整合式的教学活动

幼儿园的健康教育可以结合语言、社会、科学、艺术等领域的活动来进行。例如，教师将枯燥单调的健康知识编成幼儿喜欢的童谣和儿歌，通过让幼儿到田间认识蔬菜来培养他们爱吃蔬菜的习惯，等等。这种将幼儿的健康教育与语言、艺术和科学等方面的教学活动相结合的方式，不仅增强了活动实施的趣味性，而且容易让幼儿将健康知识与日常生活相结合，从而提升健康领域教学活动的质量。除此之外，社会、语言教学活动中的参观，艺术活动中的舞蹈、律动等本身就是幼儿锻炼身体的良好途径。

感冒了（小班）

（四）一日活动的渗透性健康教育

幼儿园的健康教育活动目标与幼儿园一日生活各环节密切联系，同时，幼儿园的一日活动均体现对幼儿健康生活的要求，因而，教师要善于利用幼儿园日常生活中的每个环节对幼儿实施健康教育，将健康教育的理念贯穿于幼儿园生活与教学活动中。例如，午饭后幼儿的散步活动作为幼儿一日生活中一种经常性的活动，便是幼儿锻炼身体的重要方式。此外，生活、卫生习惯的培养，如盥洗的顺序、方法和技能，穿、脱衣服的知识和技能等的学习，结合幼儿的日常生活来进行，能够帮助幼儿实现健康教育与日常生活相结合的目标。

因此，幼儿园应当创设健康的物质环境。在开展健康领域教学活动时，幼儿园可以根据教育目标、教学需要和幼儿的身心发展特点创设相应的教学环境、生活环境，如玩具架的归类标识、洗手台旁的“七步洗手法” 图示、上下楼梯的小脚印及各种标识等，利用环境育人的作用使幼儿逐步形成良好的生活习惯。幼儿园在开展健康领域教学活动时应该充分重视幼儿心理环境的构建，营造相互理解与尊重的和谐氛围，创设师幼之间、幼幼之间关爱的情感环境，尊重各类幼儿的发展特点、学习特点以及个别化需要，以健康目标渗透进环境的方式开展高质量教育。

此外，健康教育内容对于不同年龄班的幼儿的具体要求常常是不一样的，教育者应注意幼儿的年龄特点和个体差异，选择适宜的教育内容。

（五）个别化/小组的肢体干预活动

宣泄小屋（小班）

针对不同发展水平、障碍程度的特殊幼儿，除了让其接受常规的健康教育之外，教师还应根据其评估结果，制订个别化的运动康复、感统训练等干预计划，按照干预周期或者主题活动科学地安排个性化的肢体康复活动。通常，肢体干预活动的对象以特殊幼儿为主。教师可以根据特殊幼儿的康复需要和现有发展程度进行一对一或者一对小组的肢体干预活动。这些干预活动包括大运动与精细动作训练、运动康复、感觉统合游戏等。视力障碍幼儿还可增加定向行走训练等。

五、融合幼儿园健康领域教学活动的教学方法

在组织幼儿健康领域教学活动时，教师可以根据不同发展水平的幼儿的身心发展特点、学习规律以及健康教育的目标来选择不同的教学方法。融合幼儿园健康领域教学活动常用的方法有以下几种。

（一）讲解演示法

讲解演示法是指借助身体动作、实物、模型、图片，具体而形象地向幼儿讲解浅显易懂的保健知识，使其养成良好卫生习惯及获得基本生活技能的方法，如讲解并演示洗手、刷牙的步骤。教师在运用讲解演示法时应注意以下几点。

①讲解时语言清楚、正确且通俗易懂，便于幼儿理解。

②讲解要突出重点和难点，注意做到少而精。

③讲解要注意语言的启发性，可结合提问引导幼儿积极思考。

④演示要正确，姿态要优美。

⑤讲解和演示要合理结合。

认识人体消化系统（大班）

（二）动作与行为练习法

幼儿要经过反复练习才能形成稳定的健康行为习惯和生活技能，如正确的洗手方法、衣物的穿脱与整理、使用筷子的方法等。尤其对于身心发展相对缓慢的特殊幼儿来说，教师与家长的反复指导、结合动作与行为的示范与练习，能帮助他们快速形成和掌握健康行为习惯和生活技能。在进行行为练习时，教师与家长应采用幼儿喜爱的趣味性的方式。

（三）感知体验法

幼儿学习以直接经验学习为主。感知体验法是指引导幼儿运用视、听、嗅、味、触等不同感觉器官进行知识的认知，帮助幼儿获得有利于身心健康的直接经验。幼儿感官参与、亲身体验、实际操作，可以使教育活动生动有趣，提高幼儿参与的积极性。例如，在关于营养的教育教学活动中，教师可以让幼儿参与制作食物的过程。在教师或家长的指导下，幼儿可适当参与择菜、洗菜等活动。同时，在食物制作过程中引导幼儿调动视、嗅、味等感觉器官，增强幼儿对食物色、香、味的认知和喜爱，可极大丰富幼儿对于食品的经验。

（四）游戏法

游戏是幼儿园活动的基本形式，在幼儿教育中占有极为重要的地位。教师在开展幼儿健康领域教学活动时，将健康教育内容融入游戏中更易于幼儿接受和理解，可以最大限度地调动幼儿的积极性，发挥幼儿的主动性，优化教育效果。例如，在幼儿感觉统合训练活动中，以“手眼协调”为目标的教学可以通过开展同伴抛接球、向上拍气球、纸盒迷宫等游戏，帮助幼儿在轻松愉悦的氛围中完成手眼协调任务。

放鞭炮（小班）

（五）情境表演法

情境表演法是指教师根据健康领域教学活动的目标和内容，创设与此相关的、真实的生活情境，在该情境中利用角色表演、听故事和念儿歌等幼儿喜爱的活动形式，教授幼儿健康知识，引导幼儿观察和分析情境中所涉及的健康问题，使其了解健康生活的重要意义。情境表演的主题源于幼儿的现实生活，同时，幼儿生来就有爱扮演的天性，因而可以很好地激发幼儿的兴趣。在情境中模仿、表演相关主题，还可以帮助幼儿将同类问题和冲突迁移到现实生活中，帮助其树立正确的健康态度。

（六）讨论评议法

讨论是教学活动中经常使用的方法。该方法是指，在某一主导问题统领之下，通过教师与幼儿之间的问答或者同伴之间的讨论，引导幼儿发现问题、分析问题、解决问题。讨论评议法作为可以让幼儿充分表达自我的方法，可以激发幼儿围绕健康问题进行积极思考，加深幼儿对健康问题的理解与反思。此外，在倾听中，幼儿可以学会尊重他人。例如，在安全教育活动“陌生人来了怎么办”中，教师可以组织幼儿以集体教学活动的形式讨论自我保护问题，引导幼儿发表不同的观点，让幼儿在讨论中学习、总结不同的观点与做法，丰富生活经验。

综上所述，融合幼儿园健康领域教学活动的教学方法是多种多样的。在开展具体活动时，教师应注意综合运用多种方法，并根据幼儿的学习特点、活动的不同内容和组织形式、幼儿不同的活动方式，以及环境、器材等条件的具体情况灵活运用。

六、融合幼儿园健康领域教学活动案例

蔬菜营养多

班级	小班	课型	融合
主班教师		配班教师	
领域	健康领域	课程时长	25分钟
（一）设计思路			
此次活动选自周主题“蔬菜营养多”。通过观察日常生活中幼儿的进餐情况，教师发现班里许多幼儿有挑食的问题，经常只吃喜欢的饭菜，如肉、鸡蛋、大米等，他们对营养丰富的蔬菜一点儿也不感兴趣。他们会将不爱吃的蔬菜摆在餐桌上或者全部倒掉。这样不仅浪费，而且会影响身体健康。为了让幼儿了解蔬菜、爱吃蔬菜，养成不挑食的良好习惯，教师组织了这次活动。			

续表

（二）学生情况

本班共18名幼儿，其中男生14名，女生4名，普通幼儿11名，特殊幼儿7名。根据幼儿的综合能力表现、课堂常规表现及本节课教学内容的难度，将幼儿分为3组。

分组	幼儿	课堂参与	常见情绪、行为问题	备注
A组	普通幼儿	能积极参与课堂活动，根据活动内容进行课堂互动。	无明显情绪、行为问题。	
B组	圆圆、果果、乐乐	圆圆能参与课堂活动，进行简单的课堂互动。果果、乐乐能够理解简单的多步指令，课堂参与度较高。	圆圆在活动过程中能保持情绪稳定。果果、乐乐能在感兴趣的情况下参与活动，偶尔与同伴互动和玩耍。	
C组	盈盈、旭旭、小凯、冬冬	能在一步指令下参与课堂活动，能在语言提示下参与课堂互动。	盈盈、旭旭上课时常常发呆或关注其他事情，配班教师应及时给予辅助，提高其课堂参与度。 小凯比较害羞，其语言表达能力较弱，他在教师单独提问时不开口，配班教师可以在他尝试回答时及时给予引导或强化。 冬冬规则意识弱，常常不能遵守课堂秩序，需要教师及时引导回到课堂内容中来。	

（三）环境设置

续表

（四）学习目标	
A组	语言目标：能清晰地向教师、同伴介绍自己喜欢吃的蔬菜。 认知目标：认识几种常见的蔬菜，并了解其特征。 情感目标：初步了解蔬菜的营养价值，养成不挑食的良好饮食习惯。
B组	语言目标：能在教师的帮助下向同伴介绍几种常见的蔬菜。 认知目标：能够认识两种或两种以上常见的蔬菜，并了解其特征。 情感目标：初步了解蔬菜的营养价值，努力养成不挑食的良好饮食习惯。
C组	语言目标：能够在手势或语言提示下说出常见蔬菜的名称。 认知目标：能够认识一种或一种以上的蔬菜，并了解其特征。 情感目标：活动过程中能保持情绪稳定，乐于参与活动。

（五）教学重难点
重点：认识常见的蔬菜，并了解其特征。 难点：能够说出自己喜欢吃的蔬菜的营养价值。

（六）活动准备
经验准备：认识多种蔬菜，对蔬菜有基本的概念。 物质准备：多媒体课件，芹菜、萝卜、香菇、大蒜的实物，布置小兔的“菜园”、小兔头饰，红色、黄色、白色、绿色的篮子各一个，玩具锅。 环境准备：空旷场地，小椅子排成半圆形，操作桌四张。

（七）活动过程	设计意图
1．课前准备 秩序整顿： 师：“小手放好，小脚并拢，大眼睛看老师，竖起耳朵仔细听。”	课前准备及课堂常规的养成，培养良好的学习习惯。 采用儿歌的形式让幼儿理解课堂规则。
2．导入部分 教师与幼儿相互问好。 ①教师微笑着向幼儿问好。 师：“小朋友们大家好！” 幼（部分辅助）：“老师好！” ②教师与个别幼儿握手打招呼。 师：“xx你好！” 幼：“老师你好！”	先复习平时打招呼的方式，然后引入今天的教学内容。 可以先选择A组幼儿，起到示范作用，以便于特殊幼儿进行社会性模仿，再选择一次A组幼儿，起到重复示范作用，然后顺次选择B组、C组的幼儿，C组幼儿需要辅助。

续表

3．教学部分 （1）情境导入 师［播放课件（哭的声音）］：“是谁在哭呢？它为什么会哭？” 引出前半段儿歌：“小黑小黑真爱吃，爱吃肉骨头，爱吃火腿肠，就是不爱吃蔬菜。吃得太饱了，肚子胀胀的，小黑真是好难受。哎呀呀，怎么办？” 引导幼儿讨论。 （2）认识几种常见蔬菜 师：“小黑（小黑狗）这么难受，该怎么办呢？（引导幼儿主动帮助别人）听说小白（小白兔）的身体很健康，从来都不生病，咱们去问问小白吧！” 小白（由另一名教师戴头饰扮演）：“小黑只吃肉不吃菜，肉不好消化，过量食用当然会肚子疼。我呀，爱吃蔬菜，什么样的蔬菜我都爱吃，所以，我的身体棒棒的，从来都不生病。我还自己种了好多新鲜的蔬菜呢，带你们到我的菜园参观一下吧！” 出示小白的“菜园”（摆上许多芹菜、胡萝卜、香菇、大蒜的实物）。 师：“哇！小白种的菜真多呀，让我们来看一下都有哪些菜吧。” （引导幼儿说出以下四种蔬菜的名称并通过多种感官感知蔬菜的外形及特征。） 师（出示芹菜）：“看一看它的颜色（绿绿的），摸一摸它的身体（软软的）。” 师（出示胡萝卜）：“看一看它的形状（长长的），摸一摸它的身体（光光的），看一看它的颜色（黄黄的）。” 师（出示香菇）：“看一看它的形状（像雨伞），闻一闻它的味道（香香的），摸一摸它的身体（软软的）。” 师（出示大蒜）：“看一看它的形状（圆圆的），闻一闻它的味道（辣辣的），掰开看一看（一瓣一瓣的）。” （3）了解蔬菜的营养价值 师（疑惑的口气）：“吃这些小小的蔬菜，身体就会棒棒的吗？” 小白：“别看它们长得不起眼，它们的本领可大了！” 芹菜：“芹菜助消化，小朋友多吃就不会像小黑一样肚子疼了。” 胡萝卜：“小朋友多吃胡萝卜，眼睛就会变得更亮。” 香菇：“香菇营养丰富，可以补充维生素，吃了香菇，小朋友的身体会变得更健康。” 大蒜：“大蒜的味道闻着有点儿辣，我们可以炒着吃、拌着吃。吃大蒜可以帮助小朋友把身体里的病菌杀死，增强抵抗力，少生病。”	通过视听结合的方法提高幼儿课堂活动的参与度。 A组幼儿能够认真观看课件，并根据教师的指引讨论小黑为什么哭？ B组、C组幼儿能在辅助下完成教学目标。 利用角色扮演法，向幼儿介绍几种常见的蔬菜，有助于引发幼儿兴趣。

续表

（4）帮小黑摘蔬菜 师："蔬菜这么有营养，咱们赶紧摘一些送给小黑吧！请把能帮助小朋友消化的蔬菜放在绿色篮子里，把对眼睛好的蔬菜放在红色篮子里，把补充维生素的蔬菜放在白色篮子里，把能帮助小朋友杀死病菌的蔬菜放在黄色篮子里。"（巩固对蔬菜营养价值的了解。） （5）给小黑送蔬菜 师："咱们现在和小白一起把摘来的蔬菜送给小黑吧。（引出后半段儿歌）我和小白来帮忙，拿了芹菜、胡萝卜，拿了香菇和大蒜，绿色蔬菜助消化，常吃它们才健康。" 请不同的幼儿上前介绍他/她送给小黑的是什么蔬菜，有什么样的作用和营养价值，教师辅助完成。 （6）为小黑做菜（巩固记忆四种蔬菜的名称及外形特征） 师："现在我们和小白一起来给小黑做一道好吃的菜吧！" 师："请把芹菜（胡萝卜、香菇、大蒜）放进锅里来。炒、炒、炒芹菜（胡萝卜、香菇、大蒜），炒好芹菜（胡萝卜、香菇、大蒜）出锅了！" 小黑："你们做的菜真好吃，我已经全部吃光了，谢谢你们！" 小结："小朋友们，蔬菜这么有营养，本领这么大，你们一定要多吃蔬菜呀，这样你们的身体就会棒棒的。"	
4．活动延伸 现在让我们和小黑、小白一起到外面做游戏，边做游戏边说出芹菜、胡萝卜、香菇、大蒜的营养价值。	

（八）课后评价

姓　名	能按教师指令完成任务	尝试倾听音乐，根据音乐完成任务	课堂常规（安静地听指令、关注教师、情绪稳定）

注：0分，不能完成任务；1分，在肢体协助下完成任务；2分，在口头提示下完成任务；3分，独立完成任务。

续表

（九）课后反思

（资料来源：上海宛南实验幼儿园　杨月红）

思考与实践

1. 融合幼儿园健康教育的内涵是什么？
2. 融合幼儿园健康教育的特点有哪些？
3. 融合幼儿园健康领域教学活动的类型有哪些？
4. 融合幼儿园健康领域教学活动的组织形式有哪些？
5. 融合幼儿园健康领域教学活动中常用的教学方法有哪些？
6. 何为讲解演示法？其操作和实施要注意什么？
7. 动作与行为练习法主要应用在融合幼儿园健康领域教学的哪些方面？
8. 情境表演法在融合幼儿园健康领域教学活动中如何运用？
9. 在融合幼儿园开展个别化肢体干预活动的过程中我们应该注意什么？

主题二 语言领域教学活动的设计与指导

导入语

语言作为一门学科，有其独特的逻辑结构和教育功能。幼儿学习语言有其特殊的规律，因此，教师设计融合幼儿园语言领域教学活动时需要尊重不同发展水平幼儿的语言发展特点和心理学习特点。如何结合语言的学科性质及其教育价值，设计出符合幼儿语言学习特点的语言教学活动呢？

一、幼儿语言教育内涵

（一）语言教育内涵

人类通过语言互相了解和沟通，语言是创造力、人格发展的重要因素，同时语言为智力发展奠定了基础。一般而言，语言教育指与语言表达、理解、书写等有关的教育行为与学习方式，内容涵盖了文字形态、语音、词汇、语法、阅读与写作等方面。

（二）幼儿语言教育内涵

幼儿语言教育是指促进幼儿语言理解和表达能力成长变化、发展提升的教育过程。学前阶段是幼儿口头语言发展的关键期。抓住语言发展关键期，促进幼儿语言能力的提升，对于幼儿未来全面发展具有重要作用。①

二、融合幼儿园语言教育内涵

融合幼儿园语言教育是教师在遵循幼儿语言发展规律及特点的前提下，在一日生活中运用适宜的教育内容及方法开展的一系列语言教育、语言与言语康复等活动的总和。融合幼儿园语言教育可以提高幼儿倾听、讲述、阅读、书写及运用肢体语言的综合能力，促进其与周围环境的互动。

融合幼儿园语言教育有以下特点。

（一）趣味多样性

幼儿对游戏的喜爱是与生俱来的。融合幼儿园语言教育应抓住幼儿的这一特性，寓教于乐，在趣味游戏中充分调动不同发展水平的幼儿参与语言学习活动的积极性。语言教育活动的趣味性具体体现在三个方面：一是教育内容生动有趣，具备正向积极的教育意义；二是教育方法趣味多样，使得课堂张弛有度；三是课堂氛围轻松愉悦，鼓励幼儿勇于表达自我观点，激情有趣。

（二）综合实践性

语言的习得往往需要大量的练习及实践运用。融合幼儿园注重在一日生活中为普通幼儿与特殊幼儿的语言学习搭建起练习与实践的桥梁。教师可以通过情景模拟、角

---

① 李季湄、冯晓霞：《〈3—6岁儿童学习与发展指南〉解读》，76页，北京，人民教育出版社，2013。

色扮演、主题会话、生活实践等多种方式帮助幼儿学会倾听和理解他人的话语，使其能够综合运用口头语言或肢体语言来表达自我，更好地与他人进行互动。

（三）互助合作性

教师、普通幼儿及特殊幼儿家长是最常与特殊幼儿交往的三类群体。在融合幼儿园语言教学活动中，教师应注重引导普通幼儿与特殊幼儿进行合作学习，以不同的方式促进特殊幼儿与普通幼儿、教师等的互动与交流。除此之外，教师在融合幼儿园语言教育中还要注重家园联动，指导家长在家庭生活和社会生活中帮助幼儿习得并运用语言。

（四）反复持续性

语言学习是一个持续性的过程。在这一过程中，教师应针对幼儿的语言学习特点和接受度，对语言学习内容反复教授与练习，以此帮助幼儿熟练掌握。对于存在语言障碍的特殊幼儿，教师不仅要利用集体课和个训课教授语言，还要在一日生活中渗透性地帮助他们练习并掌握语言。

（五）教育康复性

在融合幼儿园中，针对部分特殊幼儿，教师应在其语言发展水平的科学评估基础上，对其进行适当的语言康复训练，帮助其改善或恢复受损害的机体功能。例如，部分特殊幼儿的发音障碍源于其嘴部活动不灵活，教师应针对这一情况，对其进行吹气泡、舔食游戏、口唇操等嘴部活动训练，以此过渡到较难的发音训练，逐渐帮助其习得语言。因此，融合幼儿园的语言教学活动不仅要达到普通幼儿语言发展的目标，还要达到对不同语言发展水平幼儿进行语言康复训练和干预的目标，它具有治疗和补偿的功能。

三、融合幼儿园语言领域教学活动的类型

（一）文学教育活动

幼儿文学作品是与3～6岁幼儿身心发展水平、接受能力和阅读能力相适应的各类文学作品的总称，包括童话、寓言、儿歌、儿童诗、谜语、绕口令、儿童小说、儿童散文等多种体裁。在融合幼儿园的文学教育活动中，教师可以根据不同幼儿的身心发展水平，选择适宜的文学作品，开展朗诵、欣赏、创作等趣味性活动。

儿童诗《我想》
（大班）

（二）讲述活动

故事《不怕冷的大衣》（大班）

讲述是发展幼儿口语表达能力的重要形式之一。融合幼儿园的讲述活动一般有较为正式的语言情境，要求幼儿在教师的启发式提问下，依据特定的情境和讲述物，经过比较完善的构思，完整地说出一段话来。因此，讲述活动必须围绕特定的材料或相关话题进行，教师需要引导不同发展水平的幼儿借助该材料或话题，在相关的语境下有目的、有顺序、有条理地进行讲述或者表达思想。

（三）早期阅读活动

绘本《我喜欢你的颜色》（小班）

幼儿的早期阅读是指3～6岁幼儿凭借色彩、图像、少量文字，来理解以图为主的幼儿图书的过程。幼儿图书主要包括绘本、漫画书等。幼儿早期阅读的图书要求以图为主，色彩鲜明、画面清晰、图文并茂，内容积极、健康，具有一定的趣味性和启发性。早期阅读活动主要有集体阅读、小组阅读和区角自由阅读三种方式。

（四）听说游戏

语言游戏主要分为“听”和“说”两种类型，听说游戏主要有语音游戏、词汇游戏、句子游戏和描述性讲述游戏四种。

1. 语音游戏

语音游戏是在游戏中，帮助幼儿练习正确发音和提高辨音能力的一种实践方式。该方式可以给幼儿提供趣味性的语言学习环境，侧重于练习对特殊幼儿来说比较困难和容易发错的语音。

2. 词汇游戏

词汇游戏
“大风吹”（大班）

词汇游戏的目的是在游戏的促进下，帮助幼儿丰富词汇量，引导幼儿理解词语的实际意义并恰当地运用。

3. 句子游戏

句子游戏是一种以要求幼儿按正确语法规则组词成句，并正确运用各种句式为目的的游戏。例如，“我们有什么”这个游戏主要引导幼儿学习理解并使用“你有……我有……她有……”的句型。

4. 描述性讲述游戏

绘本《我们有什么》（小班）

描述性讲述游戏是幼儿基于语音、词语、句子的训练，使用比较连贯、具体的语言来讲述事件发生过程、事物的基本特性或某一情境的游戏活动。讲述的主题可以来源于绘本、美术作品，也可以是一段视频等。

谈话活动“一起去春游”（中班）

（五）谈话活动

谈话活动是帮助幼儿将语言学习内容与生活实际相结合的一种重要形式，包括个别交谈和集体交谈。谈话在培养不同发展水平幼儿语言交际意识、情感、技能等方面都有特别重要的意义。教师可以在语言活动中，针对某一主题或者问题，引导幼儿进行师幼之间、幼儿之间的谈话。这样的谈话不仅可以锻炼幼儿的语言表达能力，而且能够提升幼儿的语言逻辑思维与自我决定能力等。教师要把握好日常生活活动中出现的随机性谈话契机，利用幼儿和同伴、教师交往的情境，引导幼儿进行语言能力的练习和巩固。

四、融合幼儿园语言领域教学活动的组织形式

（一）语言领域的主题教学

在语言领域的主题教学中，教师可根据主题教学的目标，针对幼儿开展讲述、朗诵、欣赏、创作文学作品等活动。教师可灵活采用谈话讨论、语言讲述、听说游戏等方法，提升幼儿对语言主题教学活动的兴趣。该主题教学活动一般每周安排1～2次，每次时长为小班15～20分钟，中班20～25分钟，大班30分钟左右。

（二）区角阅读

在幼儿园的区角设置中，图书角是一个重要组成部分。在图书角中，教师可以投放适合不同发展水平的幼儿阅读的读物，如绘本、漫画等以图为主的图书。在区角阅读活动中，教师可以采用幼儿集体进区角自由阅读、小组进区角进行有目的的阅读、幼儿之间合作阅读以及个体在区角活动时间的自由选择性阅读等活动方式。在区角阅读活动中，教师要及时关注幼儿的阅读情况，并及时提供阅读支持。帮助幼儿理解图书内容、感受阅读乐趣、养成良好的阅读习惯等，都应成为该活动中教师重点关注的内容。

融合幼儿园的区角阅读活动除了可以安排在主题教育活动中之外，作为其补充或巩固，还可以安排在入园后、用餐后、放学前等零散时间。教师可统一组织，也可请幼儿自主选择。

（三）个别化/小组语言康复训练

融合幼儿园中特殊幼儿的类别多样，听力障碍幼儿、孤独症幼儿、脑瘫幼儿、唐氏综合征幼儿、智力障碍幼儿等在语言和言语发展中的发音功能、语言理解、语言表达等方面均有不同程度的障碍、缺失。除此之外，孤独症幼儿还会出现语言的诸多异化现象，包括代词颠倒使用、模仿性语言和语用方面的损害等。[①]当特殊幼儿的语言和言语障碍难以在集体教学中进行针对性训练时，融合幼儿园的教师需要在科学、标准的语言和言语评估基础之上，制订个别化的语言康复计划，在资源教室或资源中心的课程安排下，根据特殊幼儿的语言发展特点和差异性开展一对一或一对小组的语言干预或康复训练。

五、融合幼儿园语言领域教学活动的教学方法

布娃娃（中班）

绘本阅读《我妈妈》（中班）

儿歌《小白兔》（小班）

（一）多媒体教学法

幼儿获得知识的最有效的途径就是观察。3～6岁幼儿，尤其是身心发展缓慢的特殊幼儿，缺乏生活经验，认知水平较低，思维具有具体、形象性的特点，对语言材料的深层次理解有一定的难度。多媒体教学通过生动、形象的展示，容易引起不同发展水平的幼儿的注意，帮助他们进行深层次的理解和记忆。同时，它有助于幼儿张开想象的翅膀，理解语言材料所表达的情感。

（二）团体讨论法

在某一主题教学或游戏活动中，教师、普通幼儿、特殊幼儿等可围绕一个话题进行团体讨论。在活动中，教师可以将幼儿感兴趣的话题作为讨论的主题，引导幼儿各抒己见，表达自己的所思所想。

（三）体验法

3～6岁幼儿因为年龄小、认知经验较少，难以全面理解抽象的概念。情景体验可以加深他们对语言材料的理解，提高他们的认知水平和逻辑思维能力。例如，在语言活动中，引导幼儿进行角色扮演，让其说出小动物之间的谈话，一定会使他们印象深刻，同时

① 张福娟、杨福义：《特殊儿童早期干预》，165页，上海，华东师范大学出版社，2011。

同伴之间具有趣味性的交谈也将成为他们的美好回忆。

（四）游戏法

游戏法是融合幼儿园教育教学中常用的教学方法之一。一方面，游戏可以吸引幼儿全面参与活动，提高其学习的主动性；另一方面，游戏具有愉悦性的特点，可以帮助特殊幼儿更容易地与普通幼儿融合。教师在游戏中融入语言领域的教学活动，能让语言的学习不再枯燥乏味，提升语言教学质量，让幼儿达到在玩中学的效果，潜移默化地提升其语言发展水平。

山上有个木头人
（小班）

六、融合幼儿园语言领域教学活动案例

《小树叶》

班级	大班	课型	融合
主班教师		配班教师	
领域	语言	课程时长	25分钟

（一）设计思路

通过倾听、欣赏《小树叶》，幼儿能初步感受到这首散文诗的意境美、语言美和韵律美，情感体验得到丰富。同时，能让幼儿自信、大胆地进行自我表达，并尝试创编散文诗。

（二）学生情况

本班共有18名幼儿，其中男生9名，女生9名，普通幼儿14名，特殊幼儿4名。根据幼儿的综合能力表现与课堂常规表现及本节课教学内容的难度，可将幼儿分为3组。

分组	幼儿	课堂参与	常见情绪、行为问题	备注
A组	普通幼儿	能积极参与课堂活动，根据课程需要进行课堂互动。	无明显情绪、行为问题。	
B组	浩浩、西西	能参与课堂活动，进行简单的课堂互动。	浩浩喜欢参与语言活动，在活动过程中能保持情绪稳定。 西西喜欢与同伴互动和玩耍。	
C组	东东、小乐	能在一步指令下参与课堂活动，能在语言提示下参与课堂互动。	东东上课时常常注意力分散，配班教师要及时给予辅助，提高其课堂参与度。 小乐规则意识弱，常常不能遵守课堂秩序，需要教师及时帮助其回到课堂活动中来。	

续表

（三）环境设置	

（四）学习目标	
A组	认知目标：了解散文诗《小树叶》的主要内容。 技能目标：掌握创编散文诗的技巧，能通过大胆想象创编散文诗。 情感目标：通过倾听、欣赏，初步感受散文诗的意境美、语言美和韵律美。
B组	认知目标：了解散文诗《小树叶》的主要内容。 技能目标：在教师的帮助下掌握创编散文诗的技巧，能通过大胆想象创编散文诗。 情感目标：通过倾听、欣赏，在教师的引导下初步感受散文诗的意境美、语言美和韵律美。
C组	认知目标：在教师的帮助下了解散文诗《小树叶》的主要内容。 技能目标：在教师的帮助下能大胆想象，并尝试进行表达。 情感目标：上课时能保持情绪稳定。
（五）教学重难点	
重点：通过倾听、欣赏，初步感受散文诗的意境美、语言美和韵律美。 难点：掌握创编散文诗的技巧，能通过想象创编散文诗。	
（六）活动准备	
经验准备：认识多种树叶。 物质准备： ①多媒体课件。 ②绘画纸、记号笔。	

续表

（七）活动过程	设计意图
1．导入部分 师："今天老师带来了一首非常优美的散文诗——《小树叶》，我们一起来听一听吧！"	播放录音，引起幼儿的兴趣。
2．教学部分 教师引导幼儿分段欣赏，感受散文诗的优美意境。 ①欣赏前半部分。 师："小蜜蜂怎么了呀？为什么跌落在河里了呢？" 师："这只小蜜蜂是什么样的呀？" 师："当小蜜蜂跌落在水面上时，它会怎么想呀？" 师："它好害怕呀，你们有没有办法来帮帮小蜜蜂呀？" ②欣赏后半部分。 师："你知道散文诗里是谁帮助了小蜜蜂吗，怎么帮助的呢？我们再一起来听听吧。" 师："是谁帮助了小蜜蜂，它是怎样帮助小蜜蜂的呀？" 师："小树叶是什么样的呀？" ③再次欣赏。 师："你喜不喜欢这首散文诗呀？请边听边想最喜欢的一句是什么。" 师："说说你最喜欢的一句吧。" ④听录音为散文诗创编动作。 ⑤幼儿听录音表演创编的动作。	通过视、听、动相结合的方法提高课堂的活跃程度和参与度。 A组幼儿自主完成活动，B组幼儿在主班教师的帮助下完成活动，C组幼儿在配班教师的辅助下完成活动。
3．创编散文诗 师："散文诗里的小树叶非常乐于帮助别人，它除了帮助小蜜蜂，还会去帮助很多同伴。请你想一想，如果你是一片小树叶，你会去帮助谁，怎么帮助呢。" 幼儿相互讲述，自由创编。 教师请个别幼儿大胆讲述想法。 教师启发幼儿把自己的想法画出来。 师："你们说得真好，等会儿请把你的想法画下来，并编成一首散文诗吧。" 幼儿自由绘画。 请幼儿尝试把画中的内容编成散文诗并和大家分享。	利用绘画帮助幼儿更好地表达自己的想法。

续表

小树叶 我是一片小小的树叶， 长在河边的大树上。 有一天风吹过来对我说： 一只蜜蜂酿了一天的蜜， 累了，跌落在水面上。 于是，我离开了大树， 飘呀飘呀， 飘到河里， 变成一艘小船， 救起了跌落的小蜜蜂。	

（八）课后评价

姓　名	能按教师指令完成任务	尝试倾听提示，根据提示完成任务	课堂常规（安静地听指令、关注教师、情绪稳定）

注：0分，不能完成任务；1分，在肢体协助下完成任务；2分，在口头提示下完成任务；3分，独立完成任务。

续表

（九）课后反思

思考与实践……▶

1. 简述幼儿语言教育内涵。
2. 列举融合幼儿园语言领域教学活动的类型。
3. 简述融合幼儿园语言领域教学活动的组织形式。
4. 简述融合幼儿园文学教育活动的类型。
5. 简述融合幼儿园早期阅读活动的主要方式。
6. 简述融合幼儿园区角阅读的活动方式。
7. 简述融合幼儿园语言领域教学活动的教学方法。
8. 结合所学，针对融合幼儿园设计一个语言领域教学活动。

▶ 主题三 社会领域教学活动的设计与指导

导入语……▶

幼儿社会领域的学习是提升其社会适应能力并奠定健全人格基础的过程。人际交往和社会适应是幼儿社会学习的主要内容，也是其社会性发展的基本途径。幼儿在与成人和同伴交往的过程中，不仅学习如何与他人友好相处，而且学习如何看待自己、对待他人，不断发展适应社会生活的能力。良好的社会性发展对幼儿身心健康、认知提升、建立同伴友谊等方面的发展都具有重要影响。特殊幼儿由于遗传或环境因素，其社会交往能力缺失，难以建立良好的人际关系。对于不同发展水平的特殊幼儿，教师该如何设计社会领域的教学活动呢？

一、幼儿社会教育内涵

（一）社会教育内涵

20世纪初，“社会教育”这一全新的教育名词由日本传入我国，形成了一种教育思潮，并直接影响了民国教育部社会教育司的成立和后来的各种社会教育实践活动。[①]不同的学者对社会教育有着不同的解释，本书采用顾明远主编的《教育大辞典》中的解释，认为社会教育有广义和狭义之分，广义的社会教育指与学校教育、家庭教育并行的影响个人身心发展的社会教育活动，狭义的社会教育指社会文化教育机构对青少年和人民群众开展的各种文化和生活知识的教育活动。[②]它是学校教育和家庭教育的延续和补充，具有全民性和终身性的特点。

（二）幼儿社会教育内涵

对幼儿社会教育内涵的阐释应该具备幼儿社会教育的主体、基础、内容、目的和途径五个基本要素。据此，本书认为，幼儿社会教育是教师依据幼儿的社会性发展规律和特点，以积极的价值取向为引导，通过环境创设，在一日生活中以形式多样的活动为载体，潜移默化地传播人类社会生活所必需的知识技能、道德品质和行为规范的教育活动。[③④⑤]幼儿社会教育因其教育对象身心发展阶段的特殊性，具有教育目标综合性、教育内容基础性、教育过程持续性和教育手段多样性的特点。

二、融合幼儿园社会教育内涵

融合幼儿园社会教育是教师在了解幼儿社会性发展规律和特点的基础上，以满足每一名幼儿社会性发展需要为前提，促进不同发展水平的幼儿社会性和个性发展的教育活动。

融合幼儿园社会教育具有以下特点。

（一）教育目标的个体差异性

融合幼儿园中普通幼儿与特殊幼儿的社会性发展都具有个体差异性，且特殊幼儿

---

① 王雷：《“社会教育”传入中国考略》，载《河北师范大学学报（教育科学版）》，2000（4）。

② 顾明远：《教育大辞典》增订合编本，1353页，上海，上海教育出版社，1998。

③ 邹晓燕：《学前儿童社会教育》，6页，北京，北京师范大学出版社，2017。

④ 王子恩：《学前儿童社会教育与活动指导》，4页，北京，清华大学出版社，2018。

⑤ 王晓戎：《学前儿童社会教育》，3页，西安，陕西师范大学出版社，2018。

的社会性发展较普通幼儿具有一定的迟滞性。因此，在设定社会领域教育目标时，教师应在考虑全体幼儿社会性发展需要的基础上，考虑不同层次幼儿和个别幼儿社会性发展的差异性目标。教师应通过教育目标的分层设计和个别化设计体现出融合幼儿园社会教育中教育目标的个体差异性。

（二）教育活动的丰富多样性

根据不同的分类标准，融合幼儿园社会教育活动可分为不同的类型，体现出其活动的丰富多样性。例如：按活动组织的方式可分为集体教育活动、小组教育活动和个别化教育活动；按活动场域的安排可分为园内活动和园外活动，而园外活动又可分为社区活动、家庭活动和其他场域活动；按活动内容可分为生活技能活动、人际交往活动和社会规范活动等。丰富的社会教育活动组织形式，是保障所有幼儿全面参与社会教育活动，增强社会教育效果的重要因素。

（三）教育内容的生活情境性

融合幼儿园社会教育的内容是对幼儿日常生活中社会知识技能、道德品质、行为规范等的科学选择与整合。教师在进行社会教育时，要通过情境化的生活实际的呈现，帮助不同发展水平的幼儿掌握该领域的内容，促进不同发展水平的幼儿对所学知识与技能的理解和内化，增进幼儿对所学社会性知识与技能的迁移与运用。

（四）教育方法的综合多元性

融合幼儿园的教师应根据不同教育对象的差异化特点，针对同一教学内容选择多种教育方法综合使用，以满足不同发展水平的教育对象的社会性发展需要。例如，在讲解如何穿和脱裤子时，考虑到班上的特殊幼儿，教师在选择教学方法时不能仅使用常规的讲授法和演示法，还要运用结构化教学法来满足特殊幼儿的学习需求。

（五）教育过程的螺旋上升性

从人的身心发展来看，社会教育具有长期性和持续性特点。幼儿阶段是社会教育的开端，对个人社会适应能力的发展具有奠基作用。幼儿往往难以通过单次教学就掌握相应的社会知识内容。因此，教师在推进社会教育的过程中，必须反复巩固同一教育内容以便不同发展水平的幼儿都能掌握。在实施过程中，教师应合理安排社会教育领域的内容和实践方式，根据社会教育的内容和目标的难易程度、辐射范围等进行螺旋上升性的依次递进和聚焦。

三、融合幼儿园社会领域教学活动的类型

融合幼儿园社会领域教学活动的类型丰富多样，依据不同的分类标准，可将其划分为不同的活动类型。本书参照《幼儿园教育指导纲要（试行）》及《3—6岁儿童学习与发展指南》中对社会教育的目标要求，以社会教育的主要内容为分类依据，将融合幼儿园社会领域教学活动划分为自我意识类教学活动、人际交往类教学活动、社会适应类教学活动和多元文化类教学活动四种类型。

（一）自我意识类教学活动

自我意识是个体对自我生理（身高、体重、体态等），自我心理（兴趣、性格、气质等）以及自我与他人关系的认识与评价。从知、情、意三方面分析，其由自我认知、自我体验和自我调控所构成。融合幼儿园自我意识教育是指教师以促进幼儿自我意识发展为目的，从自我认知、自我体验和自我调控三方面对其开展的教育。

1. 自我认知主题的教学活动

我的五官（中班）

自我认知教育的内容包含自我认识、自我评价及自我接纳。自我认识包括对生理自我和心理自我的认识，二者缺一不可。教师在围绕其内容开展自我认知主题的教学活动时应注意：①可视具体教育需求对自我认识、自我评价及自我接纳作出相应的整合；②应引导幼儿建立性别意识，促进幼儿健康成长；③应引导幼儿进行积极客观的自我评价，正确认识自己，接纳自己与他人的差异，树立自信心。

我可以（小班）

2. 自我体验主题的教学活动

自我体验是自我意识在情感上的表现，有积极和消极之分。积极的自我体验包括自信、自尊、自豪等，消极的自我体验包括自卑、羞耻、内疚等。自我体验主题的教学活动主要是帮助幼儿正确认识、理解和对待消极的自我体验，激发幼儿积极的自我体验，促进幼儿健康茁壮成长的相关教学活动，如培养幼儿自尊心、自信心、自豪感等的教学活动。

我不怕失败（中班）

3. 自我调控主题的教学活动

自我调控主题的教学活动旨在提高幼儿对自身言谈举止的调节与控制。其活动主要涉及对幼儿主动性、坚持性和自制性的培

养。主动性指的是幼儿能够自发地表现出恰当言谈举止的能力，如主动对他人微笑和问好、主动帮助他人等。坚持性指的是幼儿能够不畏困难、不惧失败，坚持达到目的的能力，如玩过障碍物游戏时不因障碍物而放弃挑战。自制性指的是幼儿能够控制自己言谈举止的能力，如不说脏话、不闯红灯等。

（二）人际交往类教学活动

人际交往是幼儿社会化的重要途径之一。幼儿人际交往的主要对象是教师、父母和同伴。融合幼儿园人际交往教育是指教师以促进幼儿人际交往发展为目的，创设适宜的环境，针对不同交往对象的特点，从文明礼仪、交往态度、交往技巧、冲突解决等方面对其开展的教育。

1. 师幼交往主题的教学活动

教师是幼儿人际交往的主要对象之一，幼儿与教师良好关系的建立有助于幼儿的身心发展。师幼交往主题的教学活动指的是在融合幼儿园中教师引导幼儿学会如何与教师交往的相关教育教学活动。在师幼交往主题的教学活动中，教师不仅是参与者，还是引导者。

狐狸和它的老师
（小班）

2. 亲子交往主题的教学活动

父母是孩子的第一任教师。幼儿与父母的人际交往是幼儿最早接触的一种人际交往类型。因此，父母在与孩子的交往活动中要注意自己的言行对孩子的影响，做好孩子人际交往的榜样。亲子交往主题的教学活动指的是教师引导幼儿及其父母学会如何与对方交往的相关教育教学活动。

我爸爸和我
（中班）

3. 同伴交往主题的教学活动

同伴交往对幼儿自我概念、情绪情感、人格及社会适应等诸多方面的发展有着重要影响。同伴交往主题的教学活动指的是教师引导幼儿学会如何与同伴交往的相关教育教学活动。其有助于幼儿提升社会交往技能，与同伴建立高质量的友谊。

如何交到新朋友
（大班）

4. 其他交往主题的教学活动

幼儿人际交往对象的范围会随着年龄的增长而逐渐扩大。因此，幼儿也要学会与父母、教师、同伴之外的人交往。例如，幼儿与祖父母、兄弟姐妹、陌生人等的交往，均可以成为融合幼儿园人

爷爷，奶奶
（中班）

际交往类教学活动的重要主题。

（三）社会适应类教学活动

社会环境指个体生存及活动范围内的物质条件和精神条件的总和，按其所包含的要素可划分为物理社会环境（建筑物、道路、工厂等），生物社会环境（植物、动物）以及心理社会环境（人的行为、风俗习惯等）。[①]幼儿对社会环境的认知主要包括对家庭、社区、幼儿园、家乡、民族、国家的认知。[②]

社会规范是指在人与人交往过程中形成的以习惯、风俗、传统或规定等形式存在的行为标准。[③]幼儿对社会规范的认知主要包括对基本道德行为规范的认知、对文明礼貌行为规范的认知、对家庭生活规则的认知、对公共场所规则的认知等。

幼儿对社会环境和规范的认知是幼儿社会认知的重要内容，对社会环境和规范的良好认知不仅有助于幼儿的身心发展和社会适应，而且有助于整个社会的良性发展。因此，融合幼儿园中的社会环境和规范的认知教学，在幼儿教育体系中占据重要位置。该部分的主要内容如下。

我爱我的幼儿园
（小班）

1. 社会环境认知主题的教学活动

社会环境认知主题的教学活动是教师从幼儿的实际生活需要出发，围绕其所处的社会环境（家庭、幼儿园、社区、家乡等）开展的旨在提高其对所处环境了解程度和适应性的相关教育教学活动。

红灯停，绿灯行
（小班）

2. 社会规范认知主题的教学活动

社会规范认知主题的教学活动是教师从幼儿的实际生活需要出发，围绕基本道德行为规范、文明礼貌行为规范、家庭生活规则、公共场所规则等方面，开展的旨在使幼儿了解和遵守社会规范的相关教育教学活动。

（四）多元文化类教学活动

科技发展加速了文化的传播，人们生活在一个拥有多元文化的社会中。为帮助幼儿应对不同文化的冲击，增强幼儿对不同文化的包容力，促进幼儿的身心健康发展，

① 王晓戎：《学前儿童社会教育》，162页，西安，陕西师范大学出版社，2018。

② 钱文：《学前儿童社会认知教育包含的四个方面》，载《福建教育》，2015（Z7）。

③ 姜敏敏、张积家：《校园不良行为干预的新途径：社会规范方法及其应用》，载《中国特殊教育》，2008（2）。

针对幼儿开展形式多样的多元文化类的教育教学尤为重要。融合幼儿园多元文化教育是指教师以增强幼儿多元文化包容性和民族文化自信为主要目的，从民族文化、世界文化和融合教育文化三方面对其开展的教育。

1. 民族文化主题的教学活动

民族文化主题的教学活动是教师以增进幼儿对民族文化了解与认同，树立幼儿民族文化自信心为目的，从幼儿的实际发展需要出发，围绕中华优秀传统文化、中华特色民间艺术、中华民族伟大成就等方面开展的相关教育教学活动。

2. 世界文化主题的教学活动

世界文化主题的教学活动是教师从教育活动的需要出发，以拓宽幼儿视野、提高幼儿文化接纳度、增强幼儿文化自信心为目的，围绕不同国家文化开展的相关教育教学活动。

3. 融合教育文化主题的教学活动

幼儿对融合教育文化的了解对幼儿园相关教学活动的开展有着重要影响。融合教育文化主题的教学活动是教师为增进幼儿对融合教育的了解和认同，通过开展与特殊幼儿、融合教育、差异与多元文化等主题相关的活动，促进普通幼儿与特殊幼儿融合而开展的相关教育教学活动。

中国节日（中班）　　美国，我知道（大班）　　没有耳朵的兔子（小班）

四、融合幼儿园社会领域教学活动的组织形式

融合幼儿园社会领域教学活动的组织形式与普通幼儿园是一致的。具体可分为两类：一是专门性社会领域教学活动的组织形式，二是渗透性社会领域教学活动的组织形式。

（一）专门性社会领域教学活动的组织形式

1. 参观活动

参观小学（大班）

教师依据教学目标和幼儿的生活经验，选择适宜的参观地点，制定合理的参观目标，做好充分的准备工作，带领幼儿通过观察收

集参观信息，并就参观主题展开针对性的交谈。

2. 实践活动

教师依据教学目标，创造一定的实践条件，组织幼儿亲身参与某项实践，引导幼儿从中感知、体验和学习某项社会技能。

3. 谈话活动

教师有目的、有计划地引导幼儿针对某一社会现象，展开交流、讨论，分享自身感受和想法，进而促进社会认知、深化社会情感或规范社会行为。

4. 讲述活动

教师运用形象生动的语言向幼儿描述具体的社会事物，从而促进幼儿社会认知。

摘草莓（小班）

垃圾要分类（大班）

中秋节的起源和习俗（中班）

5. 表演活动

教师依据教学目标，创设教育情境，引导幼儿通过角色扮演、即兴表演等方式，获得社会性发展。

6. 游戏活动

教师依据教学目标，以游戏为载体，引导幼儿在游戏中增进社会认知、深化社会情感、规范社会行为。

7. 主题教育活动

教师围绕社会教育的某一内容，确立相应的教育主题，围绕这一主题，从不同方面开展形式多样的系列教育活动。

乘坐公交车（小班）

排队滑滑梯（小班）

学雷锋（中班）

（二）渗透性社会领域教学活动的组织形式

1. 日常生活活动

除教师有明确教学目标的集体教学活动和寓于间接教学目标的区域活动以外的其他活动，如饮水活动、如厕活动、午休活动、餐点活动等。[①]

2. 区域活动

教师根据幼儿的社会性发展需要，综合利用各种资源，创设一定的社会教育环境（活动区域），组织幼儿依据自身兴趣自主选择相应区域进行探索和游戏。

3. 家园与社区合作教育

教师整合幼儿家庭及幼儿所在社区资源并将其运用于幼儿社会教学活动之中，促进幼儿的社会性发展。[②]

4. 其他领域活动的渗透

在教学实施过程中，健康、语言、社会、科学与艺术五大领域的目标具有相互渗透性，社会领域教学的目标可渗透在其他领域教学活动之中。

教师应从幼儿生活实际和社会需要出发，依据融合幼儿园社会领域教学活动的目标和内容，选择适宜的组织形式开展相关教育教学活动，注重专门性教育和渗透性教育的结合，最大化地促进幼儿的社会性发展。

如厕活动（小班）　区域活动（中班）　你的身体舒服吗？（大班）　传统剪纸（中班）

五、融合幼儿园社会领域教学活动的教学方法

教学方法是影响教学效果的重要因素之一。融合幼儿园教师必须能够根据社会领域教学活动的目标和内容选择相应的教学方法，以便更好地促进幼儿社会性发展。教师可根据教学活动的实际需要运用一种方法或多种方法相结合的方式开展教学。

---

① 王晓戎：《学前儿童社会教育》，105页，西安，陕西师范大学出版社，2018。

② 曹莉、左彩云：《幼儿园教师资格考试面试指导》，158～160页，北京，北京理工大学出版社，2017。

（一）讨论法

讨论法是使幼儿对特定问题或现象进行深入思考和理解的一种教学方法。教师在设置讨论的社会问题或现象时应注意该主题对幼儿的吸引力，同时在不同发展水平幼儿讨论过程中注意对其进行必要的引导，讨论结束后引导幼儿对讨论内容进行小结。讨论法的优点在于能够较好地发挥不同幼儿的主动性和积极性，同时有利于培养所有幼儿的口语表达能力和逻辑思维能力，深化其对社会问题或现象的认知。

（二）演示法

教师依据教学目的和教学内容，准备相应的教具，如实物、图片、录像等具体的感知材料，在教学时向幼儿展示，使其在观察中获取相关知识。该方法直观、形象、生动，符合幼儿的身心发展规律，有助于不同发展水平的幼儿获得社会性发展。教师应在教学开始前精心准备好相关教具，注意演示的方式和方法，同时避免教具分散幼儿注意力，演示时不能忽视对幼儿的观察和指导。

（三）参观法

教师依据教学目标，组织幼儿到社会特定场所，观察、接触客观事物或现象，以获得新知识、巩固或验证已学的知识。教师运用参观法时应注意：在去之前引导不同发展水平的幼儿明确参观目的，准备好相关的学习计划和工具；活动过程中尤其要注意对特殊幼儿的引导和安全提示；活动后注意对相关学习成果进行总结。

（四）行为练习法

教师组织幼儿按正确的社会行为规范参加各种活动和交往而得到实际锻炼，从而使其养成良好的行为习惯。[①]在该方法的使用中，教师要明确行为的目标和步骤等要素，以贴近幼儿生活实际的方式精心组织活动，将该行为融入趣味性的游戏中，帮助

做情绪的主人（大班）　我的家乡（大班）　参观超市（中班）　图书馆之旅（大班）

① 范雪飞：《学前儿童社会教育》，22～23页，苏州，苏州大学出版社，2020。

幼儿内化相关规范性行为。

（五）强化评价法

幼儿在社会性学习中通过成人和同伴的强化评价，把别人认可的行为保留下来，把别人否定的行为逐渐抑制，最后消退。[①]根据行为目标的差异性和对象的不同特点，教师可以进行正强化和负强化的评价。正强化是教师对幼儿的良好表现给予表扬、鼓励、奖励等肯定性评价的方法。它能够提高幼儿良好言行的出现频率。负强化是教师减少对幼儿不良行为给予警告、惩戒、批评等否定性评价的方法。它能够降低幼儿不良行为的出现频率，以此纠正幼儿的行为。

（六）角色扮演法

教师通过社会故事的创设或真实社会情境的创设，引导幼儿扮演其中的某一社会角色，体验和理解该角色的心理活动，并从中习得某种社会道德品质或行为规范。教师在运用该方法时应注意，从幼儿的兴趣和需要出发创设故事情境，故事情境的创设应该易于幼儿理解，尽量让幼儿扮演正面的角色。

（七）榜样示范法

教师有目的地针对某一社会教育内容，利用他人的良好品德、行为做示范，鼓励幼儿以其为榜样形成良好品德和行为习惯。榜样可来源于同伴、教师、家长和伟大人物。教师在挑选和树立榜样时，一定要注意突出榜样的优秀特性，激发幼儿学习的热情，鼓励幼儿效仿并内化。

餐前要洗手
（小班）

我的家
（中班）

升旗仪式
（大班）

（八）价值澄清法

学前教育中常用的四种具体的价值澄清法是：①澄清应答法，教师通过与幼儿交谈引起其思考，在相互交流中让幼儿不知不觉地进行内省、价值评价；②价值表决

① 林泳海：《幼儿教育心理学》，83～96页，北京，商务印书馆，2006。

法，教师事先拟定一系列幼儿关心的问题，让全体幼儿一起发表自己的意见；③价值排队法，让幼儿以三四种事物为对象，根据自己认为的重要程度给它们排序，并说明排序原因；④展示自我法，教师给幼儿创造条件并提供自由发言的机会，让幼儿把与自己有关的事情讲给大家听。[①]

（九）移情训练法

教师利用幼儿生活中的真实事件、故事、情境表演等方式，引导幼儿设身处地站在他人角度考虑问题，理解和分享他人情绪情感体验，达到与他人产生共鸣的效果。[②]移情训练法主要包括故事讲解、故事创编、情境表演等。

不做爱哭鬼
（中班）

我妈妈
（小班）

六、融合幼儿园社会领域教学活动案例

自我介绍

班级	小班	课型	融合
主班教师		配班教师	
领域	社会	课程时长	20分钟
（一）设计思路			
小班幼儿初入幼儿园，尚未适应园内生活。教师通过幼儿园吉祥物小鹿，塑造一种温馨的活动氛围，帮助幼儿了解幼儿园和同伴的基本信息，促进幼儿之间的交流，使他们尽快适应幼儿园的学习生活。在这个活动中，幼儿可以在观察、模仿、实践和游戏的过程中不断学习自我介绍的方法。			

① 于冬青：《幼儿园社会教育活动及设计》，23～45页，长春，东北师范大学出版社，2012。

② 范雪飞：《学前儿童社会教育》，25～26页，苏州，苏州大学出版社，2020。

续表

（二）学生情况

本班共有25名幼儿，其中男生15名，女生10名，普通幼儿22名，轻度智力障碍幼儿1名，孤独症幼儿2名。依据幼儿的综合能力表现、课堂常规表现以及教学内容的难度，可将幼儿分为3组。

分组	幼儿	课堂参与	常见情绪、行为问题	备注
A组	普通幼儿	能够积极参与课堂活动，较好地进行课堂互动。	无明显的情绪和行为问题。	
B组	轻度智力障碍幼儿丁丁	能够参与课堂活动，进行简单的课堂互动，上课时爱与周围同伴讲话，需要教师的提醒。	在与同伴合作时，偶尔会有轻微的攻击性行为。	
C组	孤独症幼儿平平和齐齐	在语言提示下能够参与课堂活动，课堂互动性弱。	平平上课时常常关注其他事情，配班教师需要及时给予辅助，使其参与课堂活动。 齐齐规则意识弱，常常不能遵守课堂秩序，还会离开座位走动，需要配班教师及时帮助其回到课堂活动中来。	

（三）环境设置

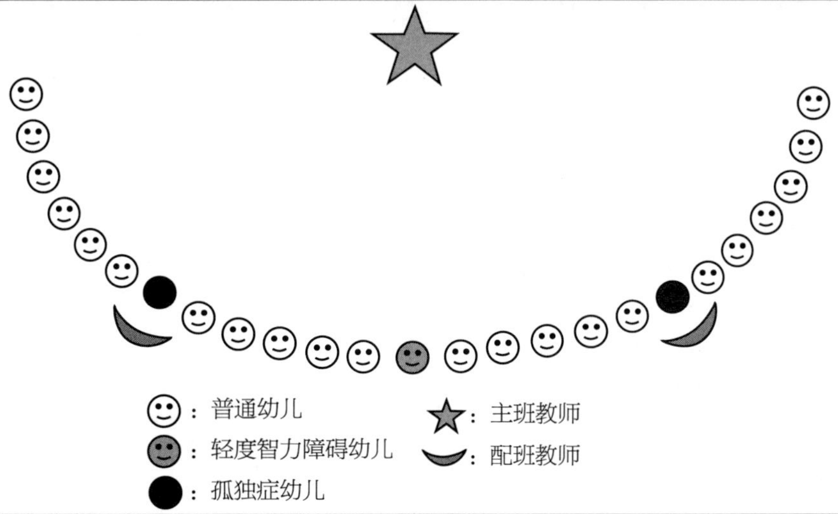

续表

（四）学习目标	
A组	①能够在同伴面前大声地运用“我叫……，今年……岁，我喜欢……”的句式来介绍自己。 ②愿意主动了解同伴，通过相互介绍的方式结交新朋友。
B组	①能够在教师的提示下运用“我叫……，今年……岁，我喜欢……”的句式来介绍自己。 ②愿意在教师的协助下通过相互介绍的方式与同伴交朋友。
C组	能够在他人的询问下说出自己的名字和年龄。

（五）教学重难点
重点：能够在同伴面前大声地运用“我叫……，今年……岁，我喜欢……”的句式来介绍自己。 难点：愿意主动了解同伴，通过相互介绍的方式结交新朋友。

（六）活动准备
经验准备：知道自己的名字和年龄。 物质准备：幼儿园吉祥物小鹿，小红花印章。 环境准备：空旷的大教室。

（七）活动过程	设计意图
1．课前准备 师：“小手手快放好，小眼睛看老师，小耳朵仔细听，大家准备活动了！” 教师将25名幼儿以5人为一活动小组，分成5个活动小组，将3名特殊幼儿分别安排到不同的活动小组中。	采用儿歌的形式帮助幼儿养成良好的学习习惯，快速将注意力集中到课堂活动上来。 提前分组，有利于本次活动的开展。
2．导入部分 （1）吉祥物小鹿出场，欢迎幼儿入园 教师（出示吉祥物小鹿）：“哇！好多小朋友啊！你们好啊！欢迎大家来到快乐之家幼儿园开启你们的学习之旅哟！我会一直陪伴着大家的！嘿嘿！” （2）吉祥物小鹿自我介绍 教师：“我先自我介绍一下吧！我是快乐之家幼儿园的吉祥物，我叫小鹿，今年3岁，我喜欢吃西瓜和草莓，喜欢和小朋友们一起玩玩具。”	通过创设吉祥物小鹿欢迎幼儿入园的情境，活跃课堂氛围，抓住幼儿注意力，并顺势引入活动主题“自我介绍”。 小鹿的自我介绍给幼儿起到了示范作用，在一定程度上消除了幼儿不会或不敢自我介绍的顾虑。

续表

3. 教学部分 （1）集体活动——吉祥物小鹿交朋友 吉祥物小鹿随机走入其中一个活动小组，从中挑选一名幼儿，与其通过自我介绍的方式交朋友并给予该幼儿朋友之礼（送给幼儿一朵小红花）。 吉祥物小鹿询问其他活动小组的幼儿谁还愿意与其做朋友，并从剩余活动小组中随机挑选举手的幼儿与其通过同样的方式交朋友。 （2）小组活动——自我介绍交朋友 幼儿模仿吉祥物小鹿，通过自我介绍与组内的其他幼儿交朋友并记住其姓名，教师巡回指导。 （3）找朋友游戏 吉祥物小鹿找不到自己的朋友了，还好它记得朋友的名字，小朋友们帮忙找一找它的朋友吧。吉祥物小鹿随机说出班上幼儿的名字，幼儿快速判断是否为自己认识的小朋友，是的话就告诉小鹿，被找到的幼儿要站起来向大家介绍自己。 （4）小结 教师小结学习收获，并鼓励幼儿自信大方地介绍自己，尽快在幼儿园内找到自己的好朋友。	通过集体活动和小组活动，每一名幼儿在情境中练习并掌握自我介绍的方法，敢于向他人大声地介绍自己，并通过自我介绍认识班上的其他小朋友，建立伙伴关系。 在活动过程中，教师应对幼儿丁丁、平平、齐齐进行针对性指导，帮助其完成活动目标。 教师利用找朋友游戏，激发幼儿兴趣，调动幼儿记忆，并加深记忆。 教师通过小结鼓励幼儿相互认识，并建立自己的同伴关系。
4. 活动延伸 幼儿通过课间的自由活动以自我介绍的方式结交朋友，并向教师介绍自己的好朋友。	幼儿将课堂所学积极运用于生活之中。

（八）课后评价

姓 名	能按教师指令完成任务	情绪稳定，能遵守课堂常规	能够运用“我叫……，今年……岁，我喜欢……”的句式来介绍自己	能够通过相互介绍与同伴交朋友

注：0分，不能完成任务；1分，在肢体协助下完成任务；2分，在口头提示下完成任务；3分，独立完成任务。

续表

(九)课后反思

思考与实践

1. 融合幼儿园社会教育的内涵是什么?
2. 融合幼儿园社会教育的特点是什么?
3. 融合幼儿园社会领域教学活动的类型有哪些?
4. 融合幼儿园自我意识类教学活动的类型有哪些?
5. 融合幼儿园人际交往类教学活动的类型有哪些?
6. 融合幼儿园多元文化类教学活动的类型有哪些?
7. 融合幼儿园社会领域教学活动的组织形式有哪些?
8. 融合幼儿园社会领域教学活动的常用教学方法有哪些?

主题四 科学领域教学活动的设计与指导

导入语

幼儿园的科学领域教育包括科学探究和数学认知。该领域的教育活动可以引发幼儿的好奇心，其中所设置的科学小实验可以在启发幼儿智慧的同时，提升幼儿观察、思考与抽象思维等能力。特殊幼儿思维刻板、局限，且缺乏灵活性，尤其在认识新事物时，其思维直观、具体。任何需要一定抽象概括能力的活动，都会使他们感到困难重重。科学领域的教学活动需要参与的幼儿充分发挥其探索精神，通过实验、合作、反思等方式获得科学知识。这对于特殊幼儿具有一定的难度。那么在融合幼儿园如何组织科学领域的教学活动，才能符合特殊幼儿的认知发展特点呢？采用什么样的方法才能提高融合幼儿园科学领域教学活动的质量呢？

一、幼儿科学教育内涵

（一）科学的内涵

1. 科学是知识体系

科学有广义和狭义之分。广义的科学是关于自然、社会和思维的知识体系，狭义的科学是揭示自然的本质和规律的知识体系。[①]

2. 科学是探索过程

任何科学知识的获得都要经历科学探究的过程。科学过程一般包括以下几个环节：观察和发现，假设和检验，推理和形成结论，解释和预测。

3. 科学是一种态度

科学不仅包括知识和过程，而且包括对世界的基本看法和态度，即科学精神和科学态度。科学态度包括实事求是、不主观臆断、不弄虚作假，严谨踏实、勤奋努力、一丝不苟、精益求精，谦虚谨慎、善于合作，热情自信、乐于参与科学活动，有高度的责任感，有坚强的意志品质，等等。

综上所述，科学的内涵包括科学知识、科学过程、科学态度三大基本要素。

科学是人们对客观世界的一种正确认识和一系列知识体系的统称，同时也是人们探索世界、获取知识的过程，更是一种世界观、看待世界的方法和态度。

（二）科学教育的内涵

在科学教育中，教师通过以自然科学知识为主要内容的教学活动，帮助学生掌握科学概念、学会科学方法、培养科学态度、理解科学技术与社会的关系，最终目的是培养科技专门人才、提高全民科学素养。[②]

---

① 刘敏钰：《学前儿童科学教育》，2页，北京，科学出版社，2018。

② 郦燕君：《学前儿童科学教育》3版，3页，北京，高等教育出版社，2019。

（三）幼儿科学教育的内涵

广义上，幼儿科学教育包括一切知识体系的教育；狭义上，幼儿科学教育特指自然科学方面的教育。其主要包括幼儿对周围环境的认识以及对一些科学现象、技术的了解与认识。[①]

在幼儿科学教育中，教师引发、支持和引导幼儿对周围世界进行主动探究，以帮助他们形成科学情感和态度，掌握科学方法，获得有关周围物质世界及其关系的科学经验。幼儿在教师的直接指导或间接影响下，通过自主活动对周围的物质世界进行感知、观察等，并在此过程中发现问题、寻求答案。其内涵包括以下几个方面。[②]

第一，引导幼儿主动学习和探究。

社会发展要求教育培养人的主动性和创造性，而主动性是幼儿终身学习和发展的动力。学习是学习者主动建构的过程。幼儿科学教育必须成为幼儿主动学习、主动探究的过程。

第二，支持幼儿亲身经历探究的过程、体验科学精神和探索解决问题的策略。

幼儿科学教育最重要的是使幼儿学会获取知识和学会学习。它应成为教师支持幼儿通过自己的探索获取知识、解决问题的过程。

第三，幼儿获得有关周围物质世界及其关系的感性认识和经验。

幼儿认识事物的特点决定了幼儿科学教育不在于要求他们掌握严谨的科学概念，而在于引导、支持幼儿通过自身与周围世界的相互作用，获得知识真正内化的经验。

总之，幼儿园的科学教育处于整个科学教育体系的起始阶段，属于科学启蒙教育。科学教育有助于激发幼儿探索科学的兴趣与好奇心。幼儿通过科学经验的不断累积，为今后科学领域的学习奠定良好的基础。

二、融合幼儿园科学教育内涵

融合幼儿园的科学教育以《幼儿园工作规程》和《幼儿园教育指导纲要（试行）》中所提出的科学领域目标为指导，在满足每一名在园幼儿多方面需要的基础上，结合本地区及本班幼儿的现有水平、现实需要、学习特点、认识规律等实际情况，有目的、有计划地引导幼儿对周围世界进行主动探究，以帮助他们形成科学情感和态度，掌握科学方法，获得有关周围物质世界及其关系的科学经验。

---

①② 蔄艺：《幼儿园科学教育活动设计与指导》，12页，北京，北京师范大学出版社，2016。

融合幼儿园科学教育活动具有以下特点。

（一）教育内容具有启蒙性、生活化和生成性

幼儿园在科学教育的过程中，应该选取基础的、简单的、生活化的内容。同时，应该注意所选内容是多方面的，包括知、情、意、行等多个维度。①

由于普通幼儿与特殊幼儿的身心发展特点具有一定的差异性，教师要在一日生活中留心观察各类幼儿的学习特点，同时不断丰富自己的科学素养，从不同幼儿的视角审视科学领域教学活动的组织与开展。教师应注意开发和利用幼儿感兴趣的事物和想要探究的问题，使其扩展成为幼儿科学教育活动的内容，生成科学教育活动。

（二）教育过程是幼儿主动探究的过程

实践证明，主动探究在保护幼儿的好奇心、激发幼儿的探索热情和学习积极性、培养幼儿实事求是的科学态度、形成幼儿的科学思维方式和研究问题的方法、促进幼儿的语言表达和合作能力的发展等方面起到了很好的作用。

（三）教育活动的结果是使幼儿获得关键的科学经验

从人类思维特点和认识事物的特点出发，幼儿难以获得真正的科学知识和科学概念，因此，在融合幼儿园科学教育中教师应该以幼儿的感受、经历为主，将科学知识与幼儿的生活相结合，在其主动探究的过程中，帮助幼儿积累一些关键的科学经验。

（四）教育价值的可持续性和多方面性

任何科学教育活动所追求的核心目标都是幼儿的可持续发展。因此，在一项科学教育活动中无论是教师的指导，还是内容的编排、方法的运用，都应当考虑到能否使各类幼儿获得可持续发展的且具有终身价值的大目标。与此同时，科学教育的作用不应只体现在科学一个方面，还应注重实现多方面的教育价值、多领域的统一发展，如审美能力、语言表达、动作发展等。

（五）教育活动组织方式的多样性和灵活性

融合幼儿园科学教育活动组织方式的多样性与灵活性，一方面体现在集体教学活动组织方式的多样性，一般包括个别探究、小组合作探究和集体探究。探究方式的选择依据活动的内容、目标以及幼儿人数和师资力量的配比。另一方面体现在同一活动内容可在不

美国全美幼儿教育协会制定的《幼儿科学教育标准》（节选）

① 蔺艺：《幼儿园科学教育活动设计与指导》，13页，北京，北京师范大学出版社，2016。

同形式的活动中进行。例如，区域活动、一日生活、其他领域的活动等，都是实现科学教育目标的途径。

科学观察活动：多变的天气（中班）

三、融合幼儿园科学领域教学活动的类型

（一）科学观察类教学活动

科学观察类教学活动是幼儿园科学活动中最基本和常见的一种科学教学活动类型，它是以观察为主要手段的教学活动，是在教师有目的、有计划地组织和启发下，引导幼儿运用多种感官，去感知周围世界的事物和现象，并在此基础上形成概念的方法。[①]融合幼儿园开展科学观察类教学活动的时候，要充分考虑幼儿的认知能力、学习兴趣和身心特点。

科学实验活动：沉与浮（小班）

（二）科学实验类教学活动

科学实验类教学活动是幼儿通过对周围事物或现象提出假设进而形成一定的设计，并且通过自己的实践操作对周围的科学现象进行探究的过程。[②]

（三）科学讨论类教学活动

科学讨论活动：风的秘密（大班）

在科学讨论类教学活动中，幼儿在收集和整理资料的基础上，通过集体讨论和交流等手段获取科学知识。[③]科学讨论类教学活动大多以集体的方式进行，可以帮助幼儿学会解决问题，体验思辨的过程，提高幼儿倾听与思考的能力。

（四）科学制作类教学活动

科学活动：制作奇妙的指纹（中班）

在科学制作类教学活动中，幼儿通过动手操作仪器和材料，发现客观事物的变化及其关系。科学制作活动主要涉及两种：一是科学现象的技术性操作，即幼儿可以体验的科学现象或者科学小装置等，如采用吸管、幼儿安全剪刀、玻璃瓶和水制作气流现象的“水

① 蔺艺：《幼儿园科学教育活动设计与指导》，66页，北京，北京师范大学出版社，2016。

② 蔺艺：《幼儿园科学教育活动设计与指导》，70页，北京，北京师范大学出版社，2016。

③ 杨旭、杨白：《幼儿园教育活动设计与指导·综合版》2版（修订版），111页，上海，复旦大学出版社，2019。

笛”；二是实用技术，即幼儿在学习使用某种科技产品或工具时要掌握的操作技巧。[①]

（五）日常生活中的科学领域教学活动

在一日生活中，幼儿会遇到许多跟科学有关的问题，教师富有艺术的随机指导能够让幼儿在轻松愉快的环境中积累科学经验，丰富相关表象。这种类型的科学活动多发生在种植和饲养活动、偶发的科学活动和外出参观活动中。

1. 种植和饲养主题教学活动

幼儿天生就对动植物有着强烈的亲近感，甚至认为动植物和我们一样有着丰富的感情。教师可以帮助幼儿筛选一些生长周期短、常见、安全的动植物进行饲养和种植，引导幼儿通过有目的、有计划的观察与记录积累关于这些动植物的科学经验。在此类活动过程中，教师要帮助幼儿选择合适的饲养和种植对象，培养幼儿的观察能力和探索能力，并引导幼儿学会分享与合作。

2. 偶发的科学主题教学活动

幼儿园中的随机事件很有可能成为幼儿自主探究的科学事件，但其往往会由于缺少必要的指导而流于一时，不能成为促进幼儿发展的科学活动。教师应当注意以下几点。

第一，多积累科学知识，对科学问题保持敏感度。

第二，仔细观察幼儿活动，及时发现问题。

第三，保持工作热情，积极给予幼儿支持。

幼儿园一日活动中蕴含了大量的科学教育契机，教师需要灵活把握与处理。例如：入园晨检时幼儿对自己身体情况的了解；洗漱中感知水的特性；进餐时，对不同蔬菜营养价值的认识；等等。这些活动无时无刻不在帮助幼儿积累科学经验，是不可多得的教育途径。

3. 外出参观的主题教学活动

随着我国基础建设不断完善，越来越多的社会资源可以被幼儿园用来进行科学活动的探究，如植物园、博物馆等场所。在进行这类活动时，教师应当全面做好参观计划，制定明确的参观目标，在参观过程中及时指导幼儿进行科学观察，并正确解答幼儿的问题，参观结束后及时组织幼儿分享参观成果等。

---

① 蔺艺：《幼儿园科学教育活动设计与指导》，86页，北京，北京师范大学出版社，2016。

四、融合幼儿园科学领域教学活动的组织形式

（一）主题集体教学

在融合幼儿园科学教育主题集体教学中，教师根据主题教学的目标，结合幼儿的身心发展特点，培养幼儿的自主学习能力和科学探索能力。集体教学活动是特殊幼儿获得科学领域经验的主要途径之一。组织科学领域主题集体教学活动时，教师要明确“集体教学活动的价值指向不是集合他人已知的词汇，而是个体思想、行动以及情感的储备”，正如著名教育家达克沃斯在他的全部研究中，一以贯之的主题——帮助学生产生、遵循和发展自己的观念。①因此，科学领域主题集体教学活动要在幼儿认知发展特点的弹性空间基础上设计活动目标，内容避免过度简单化，保持内容的复杂性，并确保在幼儿的最近发展区之内。同时，教师在主题集体教学活动中，要以幼儿为本，关注所有幼儿，尤其是特殊幼儿的需要，扮演好倾听者、观察者和反思性实践者的角色。②

（二）兴趣小组探索

《幼儿园教育指导纲要（试行）》中指出：“通过引导幼儿积极参加小组讨论、探索等方式，培养幼儿合作学习的意识和能力，学习用多种方式表现、交流、分享探索的过程和结果。”

融合幼儿园进行兴趣小组讨论与探索，弥补了特殊幼儿在集体教学活动中难以进行针对性训练的不足。兴趣小组探索有助于特殊幼儿融入班级集体生活，加强普通幼儿和特殊幼儿之间的情感联系。同时，兴趣小组探索能够让特殊幼儿感到自己被重视、被关注，从而提升自信心，在科学领域教学中得到满足和提升。

基于此，教师在开展兴趣小组探索时，要在活动目标的基础上选择适宜的教学内容，保证普通幼儿和特殊幼儿在积极参与兴趣小组的探究活动中均可获得能力的提升。此外，所选内容要具有一定的趣味性，教师要选择幼儿感兴趣并且蕴含教育价值的内容，以激发幼儿的学习兴趣和探索兴趣。教师要考虑普通幼儿和特殊幼儿的最近发展区，确保兴趣小组活动内容既满足幼儿发展需要，又能促进幼儿发展。

（三）领域融合教学

健康、社会、语言、科学、艺术五大领域是在园幼儿一日生活中非常重要的内

---

①② 张华：《教学即研究：达克沃斯教学思想探论》，载《全球教育展望》，2006（12）。

容，是教师把握幼儿年龄特点、掌握幼儿学习方式、采用有效教育策略，通过精心选择活动内容、设计活动过程、实施有效教学，使幼儿获取信息、丰富经验、提高能力的重要途径。[①]各领域内容并不是相互孤立的，而是相互渗透的。它们从不同角度促进幼儿情感、态度、能力、知识、技能等各方面能力的提升，促进幼儿德、智、体、美、劳的全面发展。

教师在组织科学领域教学活动时，要注意与其他领域的融合。以科学领域与艺术领域的融合为例，在幼儿园科学领域教育中，数学教育占据很大比例，几何图形的认识便是数学领域中的一部分。融合幼儿园教师在组织幼儿认识几何图形时，可以与幼儿的绘画肢体表演、律动和手工制作等艺术活动联系在一起，将艺术形式作为实施集合图形教育的媒介。 总之，教师在组织科学教育活动时，要充分发挥自身的教育机智，探求科学领域与其他领域的融合，使科学教育活动不仅能发展幼儿的科学探究能力，也能促进幼儿知识的融会贯通和能力的综合发展。

（四）区角探索活动

幼儿园科学区角探索活动是实现幼儿科学自主探究、教师个别指导的教育形式。[②]幼儿园科学区角探索活动是科学集体教学活动的重要延伸。在科学区角，幼儿可以发挥自身的自主性、独特性和创造性，对集体活动中自己感兴趣的活动继续进行深层次的接触和探索。同时，在集体活动中，由于幼儿数量多，教师不能保证所有幼儿都能够获得教育需要的满足。教师可以根据集体活动的开展情况以及幼儿在集体教学活动中对相关问题的探索情况，将科学材料投放至科学区角。在集体活动学习的基础上，幼儿可以从兴趣和经验出发，自由地选择材料和方法，独立地感知和操作材料，从而有针对性地对自己感兴趣的内容进行探索。[③]

科学区角探索活动尤为重视教师的科学性指导。第一，教师要在幼儿进行区角探索活动的过程中，有意识、有计划、有针对性地引导幼儿自主发现问题、探究问题，寻找解决问题的方案。第二，教师还要善于捕捉幼儿的兴趣所在，以幼儿的兴趣为方

---

① 刘彩云、李丽华：《〈指南〉背景下幼儿园五大领域教学活动有效性研究》，载《陕西学前师范学院学报》，2019（3）。

② 包临华：《基于观察的幼儿园科学区域活动指导策略》，载《教育实践与研究（C）》，2015（7）。

③ 庄小香：《幼儿园科学探索区域活动的指导策略》，载《幼儿教育研究》，2019（1）。

向投放科学材料。第三，在科学区角中生成的活动，要以幼儿的生活经验为基础。教师要善于发现幼儿日常生活中的各种问题和猜测，并依此生成科学探究活动。第四，教师要将科学探究活动融于游戏，让幼儿在玩中学，在游戏中探索。

五、融合幼儿园科学领域教学活动的教学方法

幼儿园科学领域教学活动的教学方法，就是为完成幼儿科学教育的目标所采用的具体方式和手段。幼儿园科学教育强调幼儿能够通过积极主动的自主探究获得相应的知识、技能，培养相应的情感态度。为了保证幼儿能够积极主动地完成探究过程，教师选择的教学方法要符合幼儿的年龄特点和身心发展水平，同时做到教学多元、多变、丰富、有趣。在幼儿园中，常见的科学领域教学活动的教学方法包括以下几种。

（一）观察法

观察是教育科学研究的常用方法，也是日常生活中的一种认识活动。[①]融合幼儿园的观察活动是有预期的感知活动。教师有目的、有计划地组织幼儿运用多种感官，去感知周围世界的事物与现象，获得具体的印象，并在此基础上逐步形成科学概念。观察是幼儿认识世界的重要途径。它可以保证幼儿在探索周围世界的过程中，运用多种感官去直观、生动、具体地接触事物，从而认识事物，提高感官的综合活动能力；也可以用来培养幼儿运用感官探索周围环境的习惯，发展抽象思维能力，为形成概念提供丰富的经验。

1. 个别物体的观察

在这种观察中，幼儿对特定的物体（或一类物体）或自然现象进行观察。幼儿在教师指导下或在自主探究中通过有目的地运用各种感官与周围事物直接接触，可以了解所观察事物的特征和习性等。在每次观察时，教师可以引导幼儿从不同的角度入手，在原有知识认识的基础上提出一些新的学习要求。

认识金鱼

2. 间或性观察

在间或性观察中，幼儿间隔一定时间，对某一物体或现象进行观察。每次的观察目标都在原来观察基础上更加深入。间或性观察可以帮助幼儿巩固和加深对观察物的认识。

---

① 李晓巍：《幼儿行为观察与分析》，1页，北京，中国人民大学出版社，2019。

3. 比较性观察

在比较性观察中，幼儿同时对两种或两种以上的物体或自然现象进行观察和比较。通过比较性观察，幼儿可以发现物体的不同点和相似点，并在此基础上进行分类，从而能比较精确地认识事物，提高观察水平。

在选择观察对象的时候，一般选择同类事物进行比较。例如，自行车与摩托车的比较，鸡和鸭的比较，常绿植物与落叶植物的比较等。最初的比较是在幼儿已经认识各个物体的基础上进行的，以后可以将新认识的事物与已认识的事物进行比较。在比较性观察中幼儿能够发展观察能力与思维能力，掌握概念以及学会分类。

4. 长期系统性观察

在长期系统性观察中，幼儿在较长时间内对某一自然物或现象，连续地观察其变化，特别是该自然物或现象每个阶段内的显著变化。这种方法常用于观察动植物的生长过程和天气的变化，以便直观地了解自然界各种因素间的相互关系和自然界的发展规律，使幼儿对这些自然物或现象的发展变化有较为完整、全面的认识。这种观察还可以让幼儿了解事物或现象之间的联系，对树立科学的世界观有积极的作用。

（二）实验法

实验是幼儿园科学教育活动中经常采用的一种方法，也是幼儿感兴趣的活动之一。[①]在实验中，教师或幼儿按照预想的目的或设计，根据科学原理，利用科学材料，通过简单演示或操作，对周围常见的科学现象加以验证。它能帮助幼儿理解一些简单的科学现象和知识，培养幼儿对科学的兴趣和求知欲。由于小实验是在教室创设的特定条件下进行的，因而可以克服在自然条件下观察的局限性。

根据不同的目的，科学实验可以分为教师演示实验和幼儿操作实验。

1. 教师演示实验

在这类实验中，教师操作实验，幼儿进行观察。这类实验主要在实验难度较大，幼儿操作困难，或者在设备不足时采用，此外，也可作为幼儿操作实验前的示范。教师进行演示实验时，要做到动作娴熟，操作速度慢，边演示边讲解。幼儿的座位、仪器的大小和安放位置，都要便于幼儿观察。

---

① 蔺艺：《幼儿园科学教育活动设计与指导》，55页，北京，北京师范大学出版社，2016。

教师演示实验应注意如下三点。

第一，教师要做预备性实验。

第二，教师要保证每个幼儿都能够看清楚演示过程。

第三，教师的演示要与讲解、提问紧密配合。

2. 幼儿操作实验

幼儿在操作实验中要亲自动手操作。这类实验主要是简单且带有游戏性质的实验。幼儿在操作实验中兴趣很高，体验深刻，获得的知识也就非常牢固。因此，在条件允许的情况下，教师应尽可能让幼儿有实验操作的机会。

科学实验活动：
多变的颜色（小班）

对幼儿操作实验的指导应注意如下四点。

第一，教师要为幼儿操作实验提供充足的用具和材料。

第二，教师要给予幼儿充分的实验时间。

第三，教师要说明实验规则并保证幼儿在实验过程中的安全。

第四，教师要指导幼儿使用工具和材料，并学习操作技能。

（三）分类法

采用分类法时，教师引导幼儿按照既定的标准，如长短、颜色、大小等，对一组或几组物品进行类别区分。在区分的过程中，注意被分类物品的属性一致性。在幼儿科学教育活动中，分类法是一种常用的教学方法。在分类的过程中，幼儿须辨识与理解物品的特征与属性，再将同一属性的物品类聚并抽象至一个概念类别之下，如将苹果、梨、香蕉、葡萄抽象至水果类别中。通过分类练习，幼儿可以巩固对各种类别物品的特征的认识，提升抽象思维能力和认知能力。

在组织幼儿分类活动时，教师应注意以下三点。

第一，给幼儿提供充足的感性材料，帮助幼儿辨别事物的特征、差异，引导幼儿在看看、摸摸、玩玩、比比中，感知事物的不同属性。

第二，帮助幼儿明确分类标准或鼓励幼儿自己确定分类标准。

第三，给幼儿充足的摆弄、尝试分类的时间。

（四）测量法

采用测量法时，幼儿利用目测或简单的工具，对物体进行简单的、初级的测定。幼儿的测量包括大小、长短、粗细、高矮、轻重等内容，如用尺子测量桌子的高度，用温度计测量气温等。在幼儿科学教育中，可以进行测量的内容有：物体的尺寸特征；动植物的生长情况；天气情况，如设置“气象角”，测量并记录气温的变化。

教师在组织幼儿测量活动时，应注意以下两点。

第一，教会幼儿使用测量工具。

第二，教会幼儿使用常用方法记录测量结果。

（五）信息交流法

采用信息交流法时，幼儿可以用动作、语言或非语言的形式表达自己在科学探索中的发现。幼儿通过信息交流，把感知到的有关周围世界的表象，通过语言或其他方式表达出来。它不仅使幼儿对事物的理解更清晰，也有助于幼儿语言的发展；不仅促进了幼儿和幼儿之间的交往，也使师幼之间的互动质量更高。更重要的是，它能使教师及时了解幼儿的学习情况，使教学得到及时反馈。

采用信息交流法时，教师要注意以下四点。

第一，给幼儿充分的交流时间。

第二，要做忠实的听众。

第三，对存在语言表达障碍的幼儿，要予以启发，也可以直接给予正确的语言指导。

第四，要教会幼儿运用简明的语言描述科学探究活动的过程和结果。

（六）早期科学阅读

早期科学阅读主要借助于科学知识图画书进行。该类图书是以科学现象为题材，以图画为载体，辅以简洁文字说明的一种以传递科学知识为目的的图画书。它是幼儿园早期阅读资源的重要组成部分，不仅有益于幼儿积累科学经验，激发幼儿对科学的兴趣，而且对幼儿的语言能力提升、认知发展、社会适应等均具有积极的促进作用。①

在组织早期科学阅读活动时，教师要注意以下三点。

第一，所选择的幼儿科学书要画面大小适宜，色彩鲜艳，文字少而浅，主题突出。

---

① 徐秀铮：《科学知识图画书阅读活动中教师提问的切入点》，载《学前教育研究》，2012（7）。

第二，一本书要围绕一个科学概念或规律来展开故事，使幼儿阅读后能留下深刻的印象并能够受到启发。

第三，幼儿科学书的内容要有趣味性和新鲜感，能吸引幼儿阅读。

（七）科学游戏

游戏是幼儿自我表现的良好方式，教师可以通过游戏了解幼儿的心理活动，以便选择有针对性的教育内容。在科学游戏中，教师可以将某一科学原理或者科学现象与游戏相融合，在趣味性的学习环境中完成科学教育目标。

例如，在科学领域主题活动“不同材质的物品”中，教师可以采用“百宝箱”的游戏方式，让幼儿通过触摸“百宝箱”中物品（积木、布料、棉花、塑料、海绵等）的方式，来感受物品的属性或功能。在“小蝌蚪变青蛙”的科学活动中，教师可以采用“图片接龙”的游戏方式展现青蛙从卵到蝌蚪，再到长出后腿、前腿，尾巴开始缩短，最后成为青蛙的生长过程。幼儿使用图片进行接龙游戏，能够深入了解青蛙的成长过程。

在科学游戏活动实施过程中，教师要注意以下几点。

第一，选编游戏时，要考虑其科学性、趣味性、活动性和教育性。

第二，在具体指导时，要让幼儿有充分操作和活动的机会，不要急于求成。

第三，游戏的规则要服从科学教育的要求，允许幼儿多次操作。

六、融合幼儿园科学领域教学活动案例

玩具里的科学

班级	中班	课型	融合
主班教师		配班教师	
领域	科学	课程时长	25分钟
（一）设计思路			
中班幼儿对玩具的兴趣极高，但特殊幼儿对玩具的兴趣仅停留在简单的操作上。在生活中，特殊幼儿接触的玩具种类繁多，这些玩具的不同玩法总会引起其好奇心。针对特殊幼儿课上注意时间短、玩玩具方法单一、不会与同伴分享等情况，教师为幼儿提供了电动、惯性、发条等不同种类的玩具。以玩具为载体，为幼儿提供观察、探索的机会，引导幼儿在玩耍中大胆探索，发现电池、惯性、发条等使玩具动起来的原因，初步尝试按照不同玩法对玩具进行分类。在游戏中培养幼儿积极动脑、大胆探索的能力，以及与同伴合作、分享的能力。			

续表

（二）学生情况				
本班有17名幼儿，其中男生13名，女生4名，普通幼儿10名，特殊幼儿7名。根据幼儿的认知、倾听、理解、表达能力和课堂常规表现，将幼儿分成4组。				
分组	幼儿	课堂参与	常见情绪、行为问题	备注
A组	普通幼儿	积极参与课堂活动，能与教师、同伴进行分享、互动。	无情绪和行为问题。	
B组	嘻嘻、吉祥	能积极参与课堂活动，可以进行简单的互动，能够理解多步指令。	嘻嘻易被他人干扰，当其他幼儿哭闹时，他会故意大笑，有时会故意翘起椅子腿。 吉祥容易焦虑，对家人过度依赖。	需要配班教师给予提醒。
C组	一一、俊俊、腾腾、辰辰	能够在教师的指引下参与课堂活动，可以听懂并执行简单的指令。	一一容易焦虑，对妈妈非常依赖，经常离开座位，或者低头玩鞋子，注意时间短，对集体指令不太理解。 俊俊上课注意力不够集中，常常躺着或倚着椅子，在配班教师的指导下，参与度会提高很多。 腾腾上课注意力不集中，常常吃手、走神，在集体中缺少存在感，需要教师给予正向的指引。 辰辰未得到满足时，容易急躁，不停地说“我呢我呢”，需要他人安慰。遇到困难和挫折时会苦恼，果断放弃手中的任务，不会坚持。	应给予小贴纸或食物奖励。
D组	凡凡	课堂参与度较低，需要教师辅助才能做好。	很不喜欢上课，会用哭闹和上厕所的方式逃避上课，常常玩弄生殖器官，对声音和视频非常敏感，哭闹会持续很长时间。	其哭闹时，需要在教师的引导下进入安静角，教师安抚其情绪，或者运用食物强化其课堂参与行为。

续表

（三）环境设置

（四）学习目标

A组	科学目标：能发现电池、惯性、发条等使玩具动起来的因素，初步了解它们使玩具动起来的原因。 认知目标：初步尝试根据不同玩法对玩具进行分类，会用较恰当的词语讲述探索的过程与结果。 情感目标：积极参与对电动玩具的探索活动，爱护玩具。
B组	科学目标：能发现玩具动起来的原因，乐意与同伴一起探索不同的玩法并与同伴分享。 认知目标：认识各种各样的玩具。 情感目标：喜欢玩具，对玩具有好奇心。
C组	科学目标：能简单地操作玩具。 认知目标：初步尝试根据不同玩法对玩具进行分类。 情感目标：喜欢玩具，对玩具有好奇心。
D组	科学目标：能简单地操作玩具。 认知目标：能跟随教师说出物品名称。 情感目标：上课时能安静地坐好，保持情绪稳定。

（五）教学重难点

重点：能发现电池、惯性、发条等使玩具动起来的因素，初步了解它们使玩具动起来的原因。
难点：初步尝试根据不同玩法对玩具进行分类，会用恰当的词语讲述探索的过程。

续表

（六）活动准备	
经验准备：幼儿对玩具有简单的认知。请家长在家庭中引导幼儿认识常见的玩具，了解简单的玩法，课前利用区角活动时间，与幼儿探索玩具的各种玩法，让幼儿积累探索经验等。 物质准备：玩具数量与幼儿人数相符，箱子内有电动、惯性、发条类型的玩具。 环境准备：小椅子围成半圆形，幼儿分别围着桌子自由探索，教师巡回指导。	
（七）活动过程	**设计意图**
1．课前准备 ①教师整顿秩序：“小手小手放好，小眼睛看老师。” ②教师点名，请幼儿说出自己喜欢的玩具，辅助特殊幼儿，尤其是语言能力较弱或者没有语言能力的特殊幼儿采用击掌、拥抱的方式打招呼。	课前准备及点名是一日常规的养成措施，能够培养幼儿良好的学习习惯、想象力、联想力，锻炼幼儿的表达能力，还可以激发特殊幼儿的模仿能力。
2．导入部分 游戏：饥饿的小鳄鱼（按压玩具） 师：“小朋友们，早上好！你们有喜欢的玩具吗？现在请举手来告诉我，你喜欢什么玩具？” 幼：“我喜欢洋娃娃、变形金刚。” …… 师：“老师今天带来了我喜欢的玩具。请看！”（教师请幼儿摸一摸小鳄鱼，并请特殊幼儿说“这是小鳄鱼”。） 师：“这只小鳄鱼现在非常饿（教师做饥饿状），它想吃……吃掉你，吃掉你。”（教师与幼儿互动。） 师：“小朋友们看到小鳄鱼是怎么动的了吗？”（请幼儿来说一说小鳄鱼动起来的原因。） 师：“小朋友们观察得真仔细，都发现了小鳄鱼身上的按钮。通过按压小鳄鱼身上的按钮，小鳄鱼就能动起来。现在小鳄鱼吃饱了，它要去休息了，我们跟小鳄鱼说再见吧。”	出示小鳄鱼玩具引发幼儿兴趣，增加游戏情节，激发幼儿对玩具探索的欲望，培养幼儿的观察能力。
3．教学部分 （1）玩具总动员，引发幼儿的探索兴趣 ①教师出示神秘宝箱。 师：“看，这是什么？我的‘宝箱’里有许多玩具，请小朋友们与老师一起‘念咒语’开启‘宝箱’吧。” ②教师依次从“宝箱”中取出不同的玩具，引起幼儿的关注与兴趣。	出示“宝箱”，引导幼儿观察玩具的种类，培养幼儿的观察力，进一步激发幼儿探索玩具的兴趣。引导幼儿通过操作、摆弄玩具，探索使不同玩具动起来的方法。在探索结束后，引

续表

师："小朋友们想知道'宝箱'里还有什么玩具吗？现在请小朋友和你们的好朋友一起轻轻地搬小椅子到桌子边坐好。"（教师根据实际情况调整幼儿人数，注意普通幼儿与特殊幼儿的搭配。） ③教师给每桌分发一个"宝箱"，引导幼儿自由选择玩具玩一玩，初步发现玩具动起来的现象。（主班教师与两名配班教师随桌指导。） 师："你玩的是什么？你是怎样让它动起来的？" （探索过程中，引导普通幼儿帮助特殊幼儿进行探索。） 教师小结："哦，原来你的玩具是靠惯性（发条、电池）动起来的。"（例如：一推小汽车，它就动起来了；拧紧发条，发条青蛙就动起来了；打开开关，电动小风扇就会动起来。） ④引导幼儿与同伴分享玩具，共同探索不同的玩法。 （2）举办"玩具交流分享会"，引导幼儿初步尝试根据玩法对玩具进行分类 师："小朋友们，现在请你们拿好手中的玩具，轻轻地搬着小椅子围成半圆形，面向老师坐好。来跟其他小朋友分享一下你们的探索成果吧。" 教师提问："你玩的是什么？你是怎样让它动起来的？" （要求普通幼儿自己组织语言进行简单的说明。例如：我玩的是小汽车，它是推着跑的。如果特殊幼儿无法独立进行介绍，教师可以适当地给予帮助。） 教师出示惯性玩具、发条玩具、电动玩具的标志，摆放玩具。 师："请小朋友们依次按种类将玩具放在展览区。" （根据幼儿实际情况，教师给予适宜的辅助。对于能独立完成的幼儿，请其按照功能将玩具分类摆放；对于无法独立完成的幼儿，同伴或教师引导其完成。） 师："小朋友们非常棒！将玩具按照玩法分类摆好了。我们来看看这些是什么玩具？……这些是什么玩具？……这些是什么玩具？"（引导幼儿集体回答惯性玩具、发条玩具、电动玩具。） 教师总结："在我们的生活中，除了电动玩具、惯性玩具、发条玩具，还有拖拉玩具、遥控玩具、声控玩具。小朋友们，用你们明亮的眼睛大胆地去发现吧！"	导幼儿与同伴交换玩具，培养幼儿合作、分享的能力。 组织幼儿进行"玩具交流分享会"，培养幼儿的语言组织和表达能力，增强幼儿的自信心，通过操作将玩具分为电动玩具、惯性玩具和发条玩具，培养幼儿的观察和分类能力。
4．活动延伸 ①将玩具投放到科学区角供幼儿自由探索。 ②为惯性玩具、发条玩具、电动玩具贴标志。 ③请幼儿回家寻找不同类型的玩具，带到幼儿园来与同伴分享。	

续表

（八）课后评价				
姓 名	能够按照教师指令完成任务	能够独自或在教师的引导下发现电池、惯性、发条等使玩具动起来的因素	积极、主动地参与探索活动	课堂常规（安静地听指令、关注教师、情绪稳定等）
注：0分，不能完成任务；1分，在肢体协助下完成任务；2分，在口头提示下完成任务；3分，独立完成任务。				
（九）课后反思				

思考与实践

1. 融合幼儿园科学教育的内涵是什么？
2. 融合幼儿园科学领域教学活动的类型有哪些？
3. 融合幼儿园科学领域教学活动的常用教学方法有哪些？
4. 融合幼儿园科学领域教学活动的组织形式主要有哪些？
5. 教师对幼儿操作实验进行指导时应注意哪些问题？
6. 融合幼儿园科学教育中主题集体教学的实施要点是什么？
7. 融合幼儿园科学领域教学活动有哪些特点？
8. 阐述观察法中观察的类型及含义。

9. 某融合幼儿园院子里有几棵高大的树，还有一些低矮的灌木。请结合院子内的资源设计一个题为“幼儿园的树木”的中班主题活动方案。要求：该活动包含三个子活动；写出总目标，每个子活动的名称、目标和主要环节；仅涉及科学领域的活动。

▶ 主题五 艺术领域教学活动的设计与指导

导入语……▶

艺术是人类感受美、表现美和创造美的重要形式。艺术教育是学前教育的重要组成部分。每个幼儿的心中都有一颗追求美的种子。作为教师，我们应当引导幼儿去发现美、感受美，用自己的方式去创造美。在融合幼儿园中，特殊幼儿身心发展有一定的滞后性。艺术领域课程无论从其认知发展视角、心理健康视角、美学欣赏视角，还是艺术疗愈的视角来看，对特殊幼儿均具有特殊的意义。在现实生活中，很多特殊幼儿在艺术领域具有一定的潜能。结合艺术领域的特点，教师应当如何设计出符合普通幼儿与特殊幼儿发展水平的艺术领域教学活动呢？

一、幼儿艺术教育内涵

（一）艺术教育内涵

艺术教育以音乐、美术、舞蹈等艺术形式为载体，在特定的教育教学场所中采用特别的方法，发挥出各种艺术形式的作用，从而培养受教育者的艺术审美素养，促进受教育者全面协调发展。[①]艺术教育是我国素质教育的重要组成部分，是学校美育的重要内容与主要途径，有助于提高学生的审美能力和人文素养。[②]

（二）幼儿艺术教育内涵

在幼儿艺术教育中，教师带领幼儿在自然、社区、学校或其他相关场域中，依据幼儿身心发展规律和相应的艺术特点，有目的、有计划、有组织地通过欣赏、创作、

① 蓟雯婷：《艺术教育在中小学教育中的地位与作用研究》，载《戏剧之家》，2020（35）。
② 郭声健：《学校艺术教育的春天来了？》，载《中小学管理》，2014（9）。

表达等途径，激发幼儿艺术兴趣，增强幼儿艺术感受，培养幼儿的艺术表现及创造能力，促进幼儿全面协调发展。它具有整体性、生活性、趣味性和艺术性特点。①②③

二、融合幼儿园艺术教育内涵

在融合幼儿园艺术教育中，教师在遵循幼儿身心发展规律、面向全体幼儿、关注个体需求的基础上，结合音乐、美术、舞蹈等艺术形式的特点，有目的、有计划、有组织地通过示范、模仿、表演、欣赏、创作、表达等途径，激发幼儿艺术活动参与兴趣，提升幼儿艺术感受、表达及创造能力，为全体幼儿体验美、发现美、创造美提供教学支持。

融合幼儿园艺术教育具有以下特点。

（一）全员参与性

《幼儿园教育指导纲要（试行）》中指出："在艺术活动中面向全体幼儿，要针对他们的不同特点和需要，让每个幼儿都得到美的熏陶和培养。"相比普通幼儿园，融合幼儿园教育对象更为复杂。教师在艺术教育教学中，既要考虑全体幼儿身心发展特点及个体需求，还需特别考虑特殊幼儿的特殊性。同时，教师还应注重全员参与性，在教学活动中善于利用不同艺术形式在促进幼儿互动中的优势，促进普通幼儿与特殊幼儿的合作与交流。鼓励特殊幼儿在感受美的基础上表现和创造美，让每一个幼儿都能够在艺术活动过程中学有所获。

（二）生活实践性

融合幼儿园中艺术教育的内容应该考虑幼儿的现有水平和现实需要，以贴近幼儿生活经验为准，从幼儿实际生活出发，发掘并纳入一些本土化的艺术教育内容。这样不仅有助于开发幼儿潜能，还有助于拓展幼儿经验和视野，为幼儿的长远发展做好铺垫。此外，融合幼儿园在确保艺术教育来源于生活的同时，也应该确保其服务于生活。教师在引导幼儿发现并感受生活中美的同时，还应该注重培养幼儿运用所学主动创设美好生活环境的意识和能力。

---

① 柳志红：《幼儿艺术教育与科学教育的融合研究》，硕士学位论文，南京师范大学，2003。

② 吕耀坚、孙科京：《幼儿艺术教育与活动指导》2版，4页，北京，北京师范大学出版社，2014。

③ 张一聪：《我国幼儿园艺术教育政策演变研究：基于对五个幼儿园教育指导文件的文本分析》，硕士学位论文，南京师范大学，2017。

（三）趣味多样性

由于幼儿的身心发展特点和需要，融合幼儿园艺术教育的场所不应当局限在融合幼儿园内，而应该包括社区、大自然、剧院、美术馆等。同时，融合幼儿园应当利用多样的教育场所开展形式多样、趣味十足的艺术教育活动。寓教于乐，充分激发幼儿的艺术兴趣，培养幼儿发现美、欣赏美、表现美及创造美的能力。除此之外，教师应当鼓励和尊重幼儿的艺术表达与创造，不从单一或完美的角度去评判幼儿的艺术感受与作品。

（四）活动干预性

特殊幼儿虽然在认知、语言、思维等方面发展滞后，但是在艺术领域他们与普通幼儿的差距可能大大减小。因此，在学前融合教育环境中，教师以艺术领域内容为媒介，渐进性地进行认知干预、交往干预，通常效果显著。这是由于艺术活动，无论是美术、音乐还是其他艺术形式，均可以帮助特殊幼儿在心灵上、情感上、思想上、认知上得到能量释放，调节神经系统趋向稳定，达到情绪宣泄、增加交流和增强环境适应性的效果。同时，它还可以帮助特殊幼儿表达自我，获得成就感。因此，美术治疗、音乐治疗等被普遍应用于特殊幼儿的社会适应、人际交往、认知发展等干预中。[①②③]

三、融合幼儿园艺术领域教学活动的类型

融合幼儿园艺术领域教学活动具有丰富多样的类型，常见的三类包括美术教育类教学活动、音乐教育类教学活动和舞蹈教育类教学活动。

（一）美术教育类教学活动

在融合幼儿园美术教育类教学活动中，教师针对3～6岁幼儿的身心发展特点及需要，选用丰富的美术工具材料，以各种各样的美术趣味教育活动为载体，有目的、有计划、有组织地培养幼儿感受美、表现美和创造美的能力，实现幼儿全面协调发展。

---

① 吴冬连、李闻戈：《基于VOSviewer的国内外自闭症音乐治疗可视化研究》，载《中国特殊教育》，2021（1）。

② 李萍：《音乐治疗提高自闭症盲生人际交往能力的个案研究》，载《现代特殊教育》，2021（1）。

③ 陈勇、滕雨辰：《利用绘画治疗促进智力障碍儿童自我概念的发展》，载《现代特殊教育》，2020（7）。

1. 美术欣赏主题的教学活动

在融合幼儿园美术欣赏主题的教学活动中，教师引导幼儿通过感受和欣赏周围环境、艺术建筑和作品中的美，增强幼儿审美情趣和审美能力。它是艺术教育的主要组成部分。

星空（小班）

2. 常规绘画主题的教学活动

融合幼儿园绘画主题的教学活动是美术教学活动的主要表现形式。在活动中，教师引导幼儿运用绘画材料把自己对客观世界的理解、情感，以色彩、线条和构图的表现方式表达出来。

西瓜（中班）

3. 绘画治疗主题的教学活动

美国艺术治疗协会（American Art Therapy Association）将绘画治疗界定为，通过运用绘画介质或材料、艺术创作的意向、创造性的艺术活动和来访者对作品的反馈，来呈现个体的发展、能力、人格、兴趣、关注和冲突的一项服务性职业。绘画治疗可以解决来访者的情绪冲突问题，增强他们的自我意识，培养社交技巧、社会适应能力和管理行为的能力等。[①]绘画治疗不仅应用于精神疾病领域，而且已经扩展到教育领域中对身心障碍儿童发展的干预中。绘画活动本就是幼儿园教学中深受幼儿喜欢的一种艺术活动，绘画治疗容易被幼儿所接纳，从而使其获得相关能力的发展。在特殊幼儿评估诊断中，画人测验、"屋—树—人"测验等均可以进行相关问题的评估，涂鸦技术、命题绘画、拼贴技术、黏土技术等均可由专业人员根据特殊幼儿的需要进行选择。[②]

4. 手工制作主题的教学活动

在融合幼儿园手工制作主题的教学活动中，幼儿在教师的指导下，运用手工材料制作手工艺品。依据不同的分类方式，可将其细分为不同类型的手工制作教学活动。例如：根据融合幼儿园手工制作活动的成品的特点，可将其分为平面手工制作教学活动和立体手工制作教学活动；根据融合幼儿园手工制作活动的内容特点，可将其分为纸艺制作教学活动、泥艺制作教学活动、木艺制作教学活动等。

小口罩（大班）

---

① 孟沛欣：《艺术疗法：超越语言的交流》，4页，北京，化学工业出版社，2009。

② 孙霞：《特殊儿童的美术治疗》，116～213页，北京，北京大学出版社，2011。

（二）音乐教育类教学活动

碰一碰（小班）

《鞋匠舞》（中班）

《野蜂飞舞》（大班）

《小星星》（小班）

1. 歌唱教学活动

在融合幼儿园歌唱教学活动中，教师依据幼儿歌唱能力的发展特点，选择适宜的教育内容，如歌唱形式、知识与技能等，采用适宜的教学方法，以丰富的教学活动为载体，促进幼儿歌唱能力的发展。

2. 韵律教学活动

在融合幼儿园韵律教学活动中，教师依据幼儿的韵律特点，按照活动目的，选择不同的韵律活动，如幼儿舞蹈、律动活动、音乐游戏、歌表演等，采用适宜的教学方法，组织开展相关教育教学工作。

3. 音乐欣赏教学活动

在融合幼儿园音乐欣赏教学活动中，教师依据幼儿音乐欣赏发展特点，选择适宜的音乐引导幼儿通过倾听，对音乐进行感受、体验、创造与表达。该活动有助于提高幼儿的欣赏能力和审美能力。

4. 打击乐教学活动

在融合幼儿园打击乐教学活动中，教师依据幼儿打击乐演奏能力的发展特点，运用不同的打击乐器，如金属类乐器（碰铃、三角铁），木质类乐器（木鱼、响筒），散响类乐器（沙锤、铃鼓），采用适宜的教学方法，组织开展相关教育教学工作。

5. 音乐治疗活动

2020年发布的美国国家孤独症证据与实践交流中心（NCAEP）循证干预实践报告中，音乐介入干预（music-mediated intervention，MMI）被认为是有效的循证实践之一，而音乐治疗属于音乐介入干预范畴的具体干预方法。[①] 它是指运用一切音乐互动的形式，包括听、唱、演奏、律动等手段对人进行刺激和催眠并用声音激发身体反应，使人达到健康的目的的活动。尤其是在孤独症儿童干预领域，20世纪50年代就

① 吴冬连、李闻戈：《基于VOSviewer的国内外自闭症音乐治疗可视化研究》，载《中国特殊教育》，2021（1）。

开始了相关探索，研究显示音乐治疗可以有效改善孤独症儿童的核心障碍，如社交障碍、行为刻板等。[①]在融合幼儿园中，音乐是幼儿们一日生活安排中必不可少的要素，这也就为音乐治疗的有效实施提供了重要前提。适合于特殊幼儿的音乐治疗方法为“接受式音乐治疗”，它是在专业教师的引导下，运用声音和音乐情绪的各种形式，引导幼儿使用不同的聆听方式，从而对幼儿形成一定的刺激，以达到既定目的的方法。它可以根据特殊幼儿的情况进行注意力训练、节奏模仿、肢体模仿、协调能力训练、器乐演奏等。除此之外，音乐还可以作为一种娱乐活动，增强特殊幼儿的安全感，舒缓其心理压力，帮助特殊幼儿更快地适应幼儿园生活。

音乐治疗活动一

音乐治疗活动二

（三）舞蹈教育类教学活动

在融合幼儿园舞蹈教育类教学活动中，教育者针对3～6岁幼儿的年龄特点和身心特点，选择合适的音乐，创编适宜的舞蹈动作，从兴趣培养、认知培养和素质提升三个方面开展循序渐进的舞蹈训练，从而增强幼儿信心，提高幼儿对舞蹈艺术的欣赏能力，促进幼儿身心协调发展。

融合幼儿园舞蹈教育类教学活动和常规幼儿园舞蹈教学活动是一致的，包括律动、歌表演、集体舞、舞蹈游戏、表演舞（情绪舞和情景舞）等内容。[②]

四、融合幼儿园艺术领域教学活动的组织形式

（一）艺术领域主题教学

艺术领域主题教学活动是融合幼儿园艺术教育活动的重要组成部分。在艺术领域主题教学活动中，教师根据教学目标引导幼儿运用各种美术材料或音乐、乐器，激发幼儿对美的热爱和追求，提高幼儿的艺术修养，培养幼儿欣赏美、表现美和创造美的能力。其一般包括：美术教学活动，如绘画活动、手工活动和美术欣赏活动；音乐教学活动，如歌唱活动、韵律活动、音乐欣赏活动和打击乐活动；舞蹈教学活动，如律动、歌表演、集体舞、舞蹈游戏、表演舞等。在幼儿园中，艺术领域主题教学活动

① 姚聪燕：《音乐治疗在智障儿童教育康复中的作用》，载《中国特殊教育》，2007（5）。

② 金庆玲：《学前教育专业“幼儿园舞蹈教育活动设计”教学模式的研究与探索》，载《高教学刊》，2017（5）。

一般每周安排3～5次，每次时长为小班15～20分钟，中班20～25分钟，大班30分钟左右。形式以集体活动为主，社团、小组或个别化活动为辅。

（二）艺术表演

艺术表演活动包括在全园各项大、中、小型活动（如艺术节、儿童节、教师节等节日庆祝活动或班级汇演活动）中，由幼儿个体、师幼或幼儿合作、亲子合作进行的音乐（演奏或演唱）、舞蹈、戏剧等各类艺术性表演活动，分为个人表演活动和团体表演活动。它是融合幼儿园艺术教育活动必不可少的组成部分，为幼儿提供了展示自我、交流互动、合作学习的平台，有助于提高他们的艺术表现力，提升他们的自信心和团队协作能力，塑造他们勇敢的个性，促进他们的全面协调发展。在融合幼儿园中，此类活动通常安排在室内（教室或报告厅等）或室外（操场或社区广场等）进行，通常一个表演的时长为2～10分钟。

（三）艺术参观或展览

艺术参观或展览活动是融合幼儿园艺术教育活动的亮点。在艺术参观活动中，教师可以带领全体幼儿一同前往美术馆、音乐厅、艺术表演会堂等观摩和欣赏他人的艺术作品。在融合幼儿园艺术展览活动中，教师可以对全体幼儿的艺术作品进行展览并引导幼儿观摩学习。其按照主题是否统一可划分为主题艺术作品展览活动和自由艺术作品展览活动，按照创作者数量可划分为团体艺术作品展览活动和个人艺术作品展览活动。艺术参观或展览活动，有助于幼儿间进行艺术作品的交流与评价，提高幼儿的审美能力，丰富幼儿的审美体验，激发幼儿的艺术学习兴趣，树立幼儿表现美的信心。在融合幼儿园中，此类活动通常每学期举办2～4次。

（四）环境创设

教师在指导幼儿学习美术技能后，可开展环境创设活动，引导幼儿从美的视角出发，积极运用所学技能改善幼儿园、家庭及周围社区环境，使之更加优美。该活动是实现融合幼儿园美术教育目标的重要组织形式。其有助于激发幼儿创造美的兴趣，提高幼儿以美塑美的能力，培养幼儿的环境保护意识，提升幼儿的审美素养。融合幼儿园环境创设活动包括区角装扮活动、废物再利用活动、班级环境优化活动、家庭环境优化活动、社区环境优化活动等。在融合幼儿园中，教师可结合幼儿园实际情况，每学年安排1～3次不同类型的环境创设活动。在活动过程中，教师应积极为普通幼儿与特殊幼儿的交流与合作创造条件，引导他们合作共创美丽环境。

（五）艺术治疗

艺术治疗活动是融合幼儿园艺术教育活动中的特色组成。其主要是运用音乐、舞蹈、绘画等艺术形式对幼儿的心理或情绪问题进行干预，使幼儿在艺术的感染中潜移默化地改善其心理健康状态。其包括音乐治疗、舞蹈治疗、绘画治疗、戏剧治疗、陶艺治疗等。它对于语言、情绪表达能力有限的特殊幼儿具有良好的治疗效果。[①] 在融合幼儿园艺术治疗活动中，自由安全的环境氛围降低了幼儿的防卫心理，使其能够全身心地用艺术语言表达自己。由此创作出的艺术作品能够透露出幼儿潜意识的内容，搭建起通往幼儿内心深处的桥梁。教师在旁观或参与幼儿艺术创作的过程中，与幼儿一同探索和挖掘其内心世界，帮助其唤醒内心的自愈力量。

（六）区角内个体/小组艺术创作

在区角内个体/小组艺术创作活动中，教师依据艺术教育目标和幼儿的兴趣爱好，有计划、有目的地投放一些艺术类材料，营造自由安全的活动环境，让幼儿在其中自由地选择活动内容和活动同伴，主动运用相关艺术类材料进行艺术创作。它可分为个体艺术创作活动和小组艺术创作活动。活动区角通常为绘画手工区、音乐表演区和舞蹈表演区。绘画手工区中投放的材料包括水彩笔、超轻黏土、彩色卡纸、橡皮泥、幼儿安全剪刀、铅笔等绘画、手工工具。音乐表演区中投放的材料包括各类乐器，如铃鼓、沙锤、摇铃、木鱼、双响筒、三角铁、手鼓等。舞蹈表演区中投放的材料包括舞蹈镜、扶杆以及舞蹈中可能会用到的假花、手袖等服装道具。

五、融合幼儿园艺术领域教学活动的教学方法

融合幼儿园艺术领域教学活动的教学方法包含练习法、直观教学法、游戏教学法、情境教学法、活动表演法、拟编故事法、评价作品法、看图配乐法、现场教学法等。教学方法的选择受教学目标、教学内容特点、幼儿身心发展特点和教师自身素质的影响。教师可结合具体情况运用一种方法或多种方法相结合的方式开展教学。

（一）练习法

该方法要求教师引导幼儿在相关理论的指导下，按照艺术活动的目标，对教学内容有目的地进行练习。教师要结合幼儿具体情况设定练习难度，通常难度要适中。同

① 焦迎娜、苏春景：《近十年来国外艺术治疗研究的可视化分析及其对我国特殊教育的启示：基于WoS数据》，载《中国特殊教育》，2020（1）。

时，还应注意练习的趣味性、愉悦性和循序渐进性，以及练习方法的多样性。练习法在发展幼儿的艺术技能，如绘画、手工、歌唱等方面具有重要意义。

《小手拍拍》（小班）

（二）直观教学法

直观教学法是教师运用标本、模型、图片等传递教学信息，进行具体教学活动的一种教学方法。直观教学包括实物直观、模象直观和言语直观。模象直观应尽量结合实物直观进行，言语直观应尽量配合实物直观和模象直观进行。该方法将抽象的事物或事理以形象的方式呈现出来，有利于幼儿对事物或事理形成形象清晰的认知。

摘果子（中班）

（三）游戏教学法

游戏教学法是一种寓教于乐的教学方法。教师以游戏的形式开展教学，使幼儿在轻松的活动氛围或游戏竞赛中，愉快地掌握相关的知识技能。该方法能够激发幼儿的学习兴趣，集中幼儿的注意力，帮助幼儿习得知识，同时能够活跃课堂氛围，提高课堂效果，提升融合教育的质量。

圆圈舞（大班）

（四）情境教学法

教师运用语言、图片、音乐、实物等创设一定的生动情境，让幼儿融入情境之中，在获得一定体验的同时深入掌握相关知识与技能。该方法寓教学内容于具体形象的情境之中，有利于激发幼儿情感，帮助幼儿深入领悟教学内容，促进幼儿综合能力的发展。

小乌龟（小班）

（五）活动表演法

教师引导幼儿根据作品的内容进行即兴的动作表演，从自身体验到的感受来加深对作品的外在特征和内在美的理解。[①]教师可以结合音乐、游戏等方式，鼓励幼儿用肢体动作表达自己的审美感受，促进幼儿对艺术作品的理解，培育幼儿的审美情感和审美评价能力。

《两只老虎》（小班）

① 宋延军：《学前儿童艺术教育》，87页，重庆，西南师范大学出版社，2018。

（六）拟编故事法

教师请幼儿欣赏音乐、绘画、舞蹈等作品，通过幼儿为作品创编故事的方式，增强幼儿对所欣赏作品的形式、内涵等的感受，发展幼儿的想象力和语言表达能力。

狮子（大班）

（七）评价作品法

幼儿在制作完艺术作品后，通过对自己、他人和名家作品的评价以及倾听其他幼儿的评价，将自己对艺术作品的感受和理解表达出来，提高审美情趣和鉴赏力。

给太阳穿新衣（小班）

六、融合幼儿园艺术领域教学活动案例

彩虹棒棒糖

班级	小班	课型	融合
主班教师		配班教师	
领域	艺术	课程时长	20分钟

（一）设计思路

棒棒糖是大部分幼儿喜欢的一种糖果，教师依据幼儿生活实际和兴趣爱好，选择彩虹棒棒糖作为活动内容，既满足幼儿的兴趣需要，又提高他们对颜色的感性认识。在看一看、说一说、画一画和涂一涂的活动过程中，幼儿通过观察、表达、模仿、练习和创作循序渐进地掌握彩虹棒棒糖的绘画方法，感受到色彩碰撞的魅力，体验到美术活动的乐趣。

（二）学生情况

本班共有25名幼儿，其中男生15名，女生10名，普通幼儿21名，孤独症幼儿4名。依据幼儿的综合能力表现、课堂常规表现以及本节课教学内容的难度，将幼儿分为3组。

分组	幼儿	课堂参与	常见情绪、行为问题	备注
A组	普通幼儿	能够积极参与课堂活动，较好地进行课堂互动。	无明显的情绪和行为问题。	
B组	孤独症幼儿云云和依依	喜欢参与美术活动。	在活动过程中能保持情绪稳定。	
C组	孤独症幼儿跳跳和琪琪	常常不能遵守课堂秩序，在教师语言提示下能够参与课堂活动，课堂互动性弱。	跳跳兴奋时会大叫、拍手。琪琪有时会离开座位走动。	

续表

<table>
<tr><th colspan="2">（三）环境设置</th></tr>
<tr><td colspan="2">
</td></tr>
<tr><th colspan="2">（四）学习目标</th></tr>
<tr><td>A组</td><td>①能够独立用螺旋线画出棒棒糖并创造性地为自己的彩虹棒棒糖涂色。
②体验活动乐趣，喜欢美术活动。</td></tr>
<tr><td>B组</td><td>①能够描摹螺旋线画出棒棒糖并创造性地为自己的彩虹棒棒糖涂色。
②体验活动乐趣，喜欢美术活动。</td></tr>
<tr><td>C组</td><td>①能够在教师的协助下描摹螺旋线画出棒棒糖并为自己的彩虹棒棒糖涂色。
②在美术活动中找到乐趣。</td></tr>
<tr><th colspan="2">（五）教学重难点</th></tr>
<tr><td colspan="2">重点：能够用螺旋线画出棒棒糖并为其涂上漂亮的颜色。
难点：能够创造性地搭配色彩并为彩虹棒棒糖上色。</td></tr>
<tr><th colspan="2">（六）活动准备</th></tr>
<tr><td colspan="2">经验准备：知道棒棒糖，认识颜色，对颜色有基本的了解，认识圆形、长方形。
物质准备：各种棒棒糖的图片，一个彩虹棒棒糖，若干水彩笔。
环境准备：五张操作桌。</td></tr>
<tr><th>（七）活动过程</th><th>设计意图</th></tr>
<tr><td>1．课前准备
师：“小手手快放好，小眼睛看老师，小耳朵仔细听，大家准备活动了！”</td><td>采用儿歌的形式帮助幼儿养成良好的学习习惯，快速将注意力集中到课堂活动上来。</td></tr>
</table>

续表

2．导入部分 谈话导入，实物展示。 师："大家都吃过棒棒糖吗？" 幼："吃过。" 师："吃过一些什么样的棒棒糖呢？" 教师展示不同形状的棒棒糖的图片，调动幼儿的相关经验。 教师展示实物彩虹棒棒糖。 师："这样的棒棒糖，你们吃过吗？" 幼："吃过/没吃过。" 师："这是彩虹棒棒糖。今天我们要一起来学习怎样画彩虹棒棒糖。谁画得最像，颜色涂得最漂亮，老师就把它奖励给谁。"	从幼儿年龄特点和生活实际出发，通过图片和实物展示，以谈话的方式导入本活动学习内容，激发幼儿的学习兴趣。以彩虹棒棒糖作为奖励，充分调动幼儿参与绘画活动的主动性和积极性。
3．教学部分 （1）看一看，说一说 教师引导幼儿从构成、形状、大小和颜色四方面观察彩虹棒棒糖的特点，总结出彩虹棒棒糖的构成是糖和糖棍，由螺旋线绘制的大大的圆形和细的长方形构成，颜色包含红、橙、黄、绿、蓝和紫。 （2）画一画 ①教师讲解并示范螺旋线的画法，引导幼儿仔细观察其绘画方法，提醒幼儿糖棒要紧挨糖果，画在圆形糖果的正下方，画糖果时要尽量画圆，最后收笔时，线要连在上一圈的线上。 ②教师邀请所有幼儿用手在空中跟随自己画一遍。 ③教师邀请两位幼儿上台示范绘画，并指出他们的优缺点。 ④幼儿自行绘画，教师巡回指导。 （3）涂一涂 教师引导幼儿为自己的彩虹棒棒糖挑选6种不同的颜色，并依次涂好。 主班教师在教学过程中应注重对B组幼儿的绘画指导，给予其适当的支持与帮助。配班教师应注意稳定C组幼儿的情绪，使其参与到活动当中来。 （4）评一评 教师挑选出2～3幅优秀的幼儿作品进行展示，并让其他幼儿点评，选出最好的一幅并给予实物彩虹棒棒糖奖励。 整理绘画工具，结束活动。	通过看一看、说一说引导幼儿观察彩虹棒棒糖的构成、形状、大小和颜色，为画彩虹棒棒糖做准备。 画一画部分，教师通过示范、幼儿空中跟画、个别幼儿示范的方式，循序渐进地帮助幼儿习得绘画方法。 涂一涂部分，教师给予幼儿充分自由发挥的空间，有利于培养幼儿的想象力和创造性。 评一评有助于提升幼儿的审美能力和语言表达能力，激发幼儿对美术活动的喜爱之情。

续表

4．活动延伸 将自己绘制的彩虹棒棒糖带回家与父母分享。	在与父母分享的过程中，幼儿树立绘画自信心，密切亲子关系。
（八）课后评价	

姓名	能按教师指令完成任务	情绪稳定，能遵守课堂常规	能够用螺旋线画出彩虹棒棒糖	能够创造性地为自己的彩虹棒棒糖涂色

注：0分，不能完成任务；1分，在肢体协助下完成任务；2分，在口头提示下完成任务；3分，独立完成任务。

（九）课后反思

思考与实践

1. 融合幼儿园艺术教育的内涵是什么？
2. 融合幼儿园艺术教育的特点是什么？
3. 融合幼儿园艺术领域教学活动的类型有哪些？
4. 融合幼儿园美术教育类教学活动的类型包括哪些？
5. 融合幼儿园音乐教育类教学活动的类型包括哪些？
6. 融合幼儿园舞蹈教育类教学活动的内容包括哪些？
7. 融合幼儿园艺术领域教学活动的组织形式包括哪些？
8. 融合幼儿园艺术领域教学活动的教学方法包括哪些？

拓展阅读

1. 唐燕. 幼儿园教育活动设计与实施［M］. 2版. 上海：华东师范大学出版社，2022.

2. 雷江华. 特殊儿童发展与学习［M］. 北京：高等教育出版社，2015.

3. 邹晓燕. 学前儿童社会教育［M］.北京：北京师范大学出版社，2017.

4. 于冬青. 幼儿园社会教育活动及设计［M］.长春：东北师范大学出版社，2012.

5. 施燕. 学前儿童科学教育与活动指导［M］. 3版. 上海：华东师范大学出版社，2014.

6. 周兢. 早期阅读发展与教育研究［M］. 北京：教育科学出版社，2007.

7. 冯晓霞. 幼儿园课程［M］. 北京：北京师范大学出版社，2000.

8. 教育部基础教育司.《幼儿园教育指导纲要（试行）》解读［M］. 南京：江苏教育出版社，2002.

9. 张念芸. 学前儿童美术教育［M］. 北京：北京师范大学出版社，1997.

10. 黄瑾. 学前儿童音乐教育［M］. 2版. 上海：华东师范大学出版社，2006.

11. 宋延军. 学前儿童艺术教育［M］. 重庆：西南师范大学出版社，2018.

基础练习

一、选择题

1. （多选题）融合幼儿园音乐教育类教学活动的类型包括哪些？（　　）

A. 歌唱教学活动　　B. 竞赛活动
C. 韵律教学活动　　D. 音乐欣赏教学活动
E. 打击乐教学活动　　F. 唱游活动
G. 音乐治疗活动

2. （多选题）以下哪几项属于特殊幼儿的社会性发展特点？（　　）

A. 迟滞性　　B. 消极性
C. 复杂性　　D. 差异性

3. （多选题）融合幼儿园健康领域教学活动的教学方法包括哪几项？（　　）

A. 讲解演示法　　B. 动作与行为练习法

C. 感知体验法　　D. 游戏法

E. 情境表演法　　F. 讨论评议法

4. （多选题）融合幼儿园语言领域教学活动的教学方法包括哪些？（　　）

A. 多媒体教学法　　B. 团体讨论法

C. 体验法　　D. 游戏法

5. （多选题）融合幼儿园社会教育的特点包括哪些？（　　）

A. 教育目标的个体差异性

B. 教育活动的丰富多样性

C. 教育内容的生活情境性

D. 教育方法的综合多元性

E. 教育过程的螺旋上升性

6. （多选题）融合幼儿园语言领域教学活动的类型包括哪些？（　　）

A. 文学教育活动　　B. 讲述活动

C. 早期阅读活动　　D. 听说游戏

E. 谈话活动

二、简答题

1. 简述融合幼儿园开展自我认知教育活动的注意要点。

2. 简述融合幼儿园健康领域教学活动的内容。

3. 简述融合幼儿园社会领域教学活动的教学方法。

4. 简述融合幼儿园科学领域教学活动的教学方法。

5. 简述融合幼儿园艺术领域教学活动的教学方法。

三、论述题

1. 学前特殊幼儿的个性心理特征对其五大领域的发展有哪些影响？

2. 试论如何结合特殊幼儿及普通幼儿的身心发展特点设计五大领域的教学活动。

实践训练

1. 结合融合幼儿园五大领域教学活动的教学方法，从五大领域中选取某一领域设计一份教学活动方案。

2. 小组合作，分别扮演特殊幼儿、普通幼儿及融合幼儿园教师，实施自己设计的五大领域教学活动方案，并在实施后进行反思与评价。

学习评价与反思

1. 融合幼儿园健康领域教学活动的设计与指导：________________

____

2. 融合幼儿园语言领域教学活动的设计与指导：________________

____

3. 融合幼儿园社会领域教学活动的设计与指导：________________

____

4. 融合幼儿园科学领域教学活动的设计与指导：________________

____

5. 融合幼儿园艺术领域教学活动的设计与指导：________________

____

6. 其他评价与反思：________________________

____

第三单元　特色融合教育活动的设计与指导

单元导入

绘本教学、教育戏剧、沙盘游戏及奥尔夫音乐等特色教育活动，由于其趣味性、娱乐性、艺术性、文学性及教育性等优势，受到广大幼儿的喜爱与青睐。绘本教学、教育戏剧、沙盘游戏及奥尔夫音乐等特色教育活动已经成为幼儿园课程中不可或缺的重要组成部分，在特殊教育领域同样如此。已有不少学者和一线教师将绘本教学、教育戏剧、沙盘游戏及奥尔夫音乐等教育活动用于对特殊儿童的干预、治疗以及教育教学当中，这也证明了在融合幼儿园开展该类特色活动的可行性。融合幼儿园教师该如何利用绘本教学、教育戏剧、沙盘游戏及奥尔夫音乐等设计特色教育活动，以做到既满足普通幼儿的发展，又满足特殊幼儿的需求，让特殊幼儿可以积极主动地参与其中，获得自我发展，不让他们在教育活动中沦为“边缘人”呢？

单元思维导图

- 第三单元　特色融合教育活动的设计与指导
  - 主题一　绘本教学活动的设计与指导
    - 绘本的定义
    - 绘本教学对学前融合教育的意义
    - 融合幼儿园绘本教学活动的组织形式
    - 融合幼儿园绘本教学活动的教学流程
    - 融合幼儿园绘本教学活动的教学方法
    - 融合幼儿园绘本教学活动的环境创设
    - 融合幼儿园绘本教学活动案例

- 第三单元　特色融合教育活动的设计与指导
  - 主题二　教育戏剧活动的设计与指导
    - 教育戏剧的定义
    - 教育戏剧对学前融合教育的意义
    - 融合幼儿园教育戏剧活动的组织形式
    - 融合幼儿园教育戏剧活动的教学策略
    - 融合幼儿园教育戏剧活动的教学模式
    - 融合幼儿园教育戏剧活动案例
  - 主题三　沙盘游戏活动的设计与指导
    - 沙盘游戏概述
    - 沙盘游戏对学前融合教育的意义
    - 沙盘游戏室的设置
    - 融合幼儿园沙盘游戏活动的组织形式
    - 沙盘游戏的教学流程
    - 融合幼儿园沙盘游戏活动的教学要点
    - 融合幼儿园沙盘游戏活动案例
  - 主题四　奥尔夫音乐活动的设计与指导
    - 奥尔夫音乐的定义
    - 奥尔夫音乐对学前融合教育的意义
    - 奥尔夫音乐活动的内容
    - 奥尔夫音乐活动的组织形式
    - 奥尔夫音乐活动的教学流程
    - 奥尔夫音乐活动的教学方法
    - 教师在奥尔夫音乐活动中的指导原则
    - 奥尔夫音乐活动案例

学习目标

1. 了解绘本教学、教育戏剧、沙盘游戏、奥尔夫音乐的定义以及它们对学前融合教育的意义。

2. 理解融合幼儿园绘本教学、教育戏剧、沙盘游戏以及奥尔夫音乐四种教学活动的组织形式。

3. 掌握融合幼儿园绘本教学、教育戏剧、沙盘游戏以及奥尔夫音乐四种教学活动的教学方法。

4. 能借助绘本教学、教育戏剧、沙盘游戏以及奥尔夫音乐教学活动相关理论各设计一份融合幼儿园教学活动方案。

|典型案例|

豆豆，男，4岁2个月，就读于某幼儿园小班。幼儿园教师发现豆豆不愿和班上其他幼儿交往，总是一个人在角落里玩，不参与集体活动，喜欢躲避教师的视线，遂建议家长带他到医院进行检查。最终，豆豆被确诊为孤独症。豆豆兴趣狭隘，但他对小汽车等玩具十分喜爱。因此，当他进入沙盘教室时，情况便很难控制，豆豆根本不听教师指挥，将沙子撒得到处都是，还玩坏了很多小汽车模型。豆豆还在户外活动时，一个人穿着鞋蹲在沙坑里玩把沙子装进小汽车里，再倒出来的游戏。“豆豆！你又穿着鞋进沙坑了。”教师无奈地说：“老师都跟你说过多少次了，不能穿鞋进沙坑。”豆豆没有任何反应，继续重复往车里装沙子的动作。教师靠近了些，又叫了一声豆豆，他才抬起头来看了教师一眼，随即又低头玩自己的游戏了。过了一会儿，班上的三个男孩来到了沙坑旁边准备进去玩，豆豆尖叫着把他们从沙坑里推了出去，拒绝任何人靠近他。

“我完全拿他没办法，他只对小汽车感兴趣。”教师很无奈地说。对于这样的幼儿，难道真的就只能放任不管了吗？

▶ 主题一 绘本教学活动的设计与指导

导入语……▶

绘本是幼儿的趣味乐园，兼具艺术性、教育性、文学性与趣味性等特点，是幼儿喜闻乐见和易于接受、理解的阅读材料。同时，绘本是幼儿园必不可少的教育素材。融合幼儿园开展绘本教学对幼儿身心发展具有重要作用，那么融合幼儿园应该如何开展高质量的绘本教学呢？

一、绘本的定义

“绘本”这一术语源于日本，但是绘本最早起源于欧洲，其英文为“picture

book”，直译为“图画书”。绘本是通过图画和文字两种媒介的交织、互动讲述故事的一门艺术。[1]它使用丰富多元的构图、图形、色彩等视觉符号来凝聚情感、塑造张力。绘本是不局限于视觉或文字艺术的特殊美学样式，其外部艺术形式和内隐语言表达都是特殊教育与学前教育领域中的宝贵资源。[2]绘本具有三大不可或缺的要素，即图画、文字和叙事。[3]松居直将绘本比作“幸福的种子”。假如用数学公式来说明绘本的艺术表现特征的话，松居直认为“文+图＝有插画的书，文×图＝图画书（绘本）”[4]。该观点说明绘本作为一种独特的艺术形式，其自身的可能性是无限的。

绘本的分类方式具有多元性。按照阅读年龄，可分为婴儿、幼儿、儿童、成人绘本。按照主题，可分为艺术、生命教育、趣味、认知科普、品格养成、亲情、励志绘本。按照外观、画面颜色，可分为彩色绘本和单色绘本。按照画面数量，可分为单幅、多幅和连续绘本。[5]绘本是图画书，但是不等同于一般图画书。这一观点基本得到学者的一致认可。

绘本与其他四种图画书的比较

二、绘本教学对学前融合教育的意义

绘本包含丰富多元的知识和艺术性素材，能够与幼儿园五大领域的教学内容相互渗透与融合，整合出有效的教学途径。绘本教学能够为幼儿提供一种认识世界的独特视角，而且在融合幼儿园中，特殊幼儿更需要绘本教学。这是由于绘本内容生活气息浓厚，贴近幼儿生活经验，同时绘本形象生动，符合特殊幼儿的身心发展水平。绘本对全体幼儿身心发展的促进作用表现在以下三个方面。

（一）彼此接纳，相互包容

在融合幼儿园中，帮助特殊幼儿获得普通幼儿的接纳，获得归属感，是学前融合教育质量提升的重要因素。绘本教学作为融合幼儿园的重要教学形式，教师可以有效

① 彭懿：《图画书：阅读与经典》3版，10页，南昌，二十一世纪出版社，2008。

② 王琳琳、班婧：《从解构到重构：艺术视角下培智学校绘本教学》，载《现代特殊教育》，2020（15）。

③ 方卫平：《享受图画书：图画书的艺术与鉴赏》，10～11页，济南，明天出版社，2012。

④ ［日］松居直：《我的图画书论》，季颖译，178～179页，长沙，湖南少年儿童出版社，1997。

⑤ 郭佳瑶：《绘本在幼儿园戏剧活动中的应用研究：以长沙市A幼儿园大四班为例》，硕士学位论文，湖南师范大学，2020。

利用绘本中可爱的角色形象、新颖有趣的故事，将接纳与包容的理念融入其中，通过潜移默化的方式来告诉幼儿为什么同伴间需要接纳与包容，以及如何帮助他人等。绘本教学可以做到大大的道理浅浅地说。例如，在绘本《新的秋千》中，毛毛猴找来胖胖熊、河马和大象测试自己的新秋千是否安全。他们三个一个比一个重，坐在毛毛猴的新秋千上荡呀荡，开心极了。经过他们三个的测试，毛毛猴认为新秋千很结实，但是他没有注意到秋千的麻绳已经断裂了。毛毛猴自己坐上秋千时，没荡几下就摔到了地上。第二天，当他们三个送给毛毛猴一个新秋千时，他才意识到，什么是真正的朋友。在这个充满趣味性的故事中，幼儿会认识到真诚和包容对于友谊的重要作用。

除了一些常见的绘本之外，目前还有专门传达融合教育理念的绘本。融合教育绘本是一类面向特殊主体的绘本，通常蕴含了融合教育的平等与理解、尊重与欣赏、支持与合作等价值观，能够增进普通幼儿对特殊幼儿的接纳，促进特殊幼儿的学校参与、社会参与。[1]这一类绘本能够帮助普通幼儿了解特殊幼儿的典型特征，增进其与特殊幼儿的情感，同时促进双方社交能力发展。在融合幼儿园中，这一类绘本显得格外重要。

融合教育绘本推荐

（二）感受关爱，互爱互助

绘本中蕴藏着许多温馨友爱的故事和场景，能通过趣味性的情节将彼此间爱的情绪情感体现得淋漓尽致。特殊幼儿相对于普通幼儿来说，社会偏好水平是偏低的，但他们和普通幼儿一样，需要用爱来浇灌才能健康成长。除了教师的“大爱”，同伴之间的“小爱”也是幼儿成长过程中的必要养分。在融合幼儿园里，幼儿可能会因为彼此的差异而出现“分派”情况，一方面这是因为幼儿之间没有建立起支持与关系的桥梁，另一方面是由于普通幼儿不能正确理解特殊幼儿。在幼儿园教学实际中，教师的直接说教会显得生硬难懂，这时绘本教学便能发挥它独特的作用。

如露西·乔治的《我会永远记得你》，凯和格尔达是最好的朋友，他们永远都会想念着对方。它在告诉幼儿们，如何表达对小伙伴的关心和想念。在关于关爱朋友的学习中，幼儿们还可以像米拉·洛贝的《大树上的朋友》中的小动物一样，在遇到困难的时候，伸出援手，相互帮助，一起面对困难，永远做好朋友。又如本下泉美《小

① 邓猛：《融合教育实践指南》，30页，北京，北京大学出版社，2016。

企鹅的帽子》中的小企鹅，在同伴的合力支持下找到了帽子。这些理念看似简单，但对于幼儿理解友谊和交往，营造融洽、关爱、支持的融合教育文化氛围来说，却是尤为重要的。

（三）多面促进，共同成长

从个人的成长角度出发，绘本教学在幼儿阶段起着关键作用。

首先，提升幼儿语言能力。语言能力的发展在学前教育阶段尤为重要。教育部颁发的《3—6岁儿童学习与发展指南》指出，成人应为幼儿创设自由、宽松的语言交往环境，鼓励和支持幼儿与成人、同伴交流，让幼儿想说、敢说、会说并能得到积极回应。①绘本具有文字较少、句式相对简单、叠词重复出现等特点，对提升幼儿特别是语言发展迟缓、轻度语言障碍幼儿的语言能力有较好的效果，它能在很大程度上帮助特殊幼儿解决构音障碍、词汇量少、不善交流等问题。例如，绘本《喀哒喀哒喀哒》中，作者使用了表示声音的叠词“滴滴答答”“啪嗒啪嗒”“喀哒喀哒喀哒”。这些有趣的重复性语言可以激发幼儿表达的积极性与兴趣，同时使其感受到拟声词语表达的乐趣。

其次，丰富幼儿情绪体验，培养其情感能力。学前教育阶段使用情绪主题绘本教学，对于幼儿获得正确的情绪认同、丰富情绪体验、提高情绪表达能力有重要意义。相较于普通幼儿，特殊幼儿情绪发展较晚、体验不足，对他人复杂情绪表情的辨认和理解困难，所以更容易影响到人际关系的发展。绘本中丰富多彩的画面和形象生动的故事容易吸引特殊幼儿的兴趣，也能引发其同理心，对于特殊幼儿情绪情感发展具有帮助作用。例如，在绘本《我不想生气》中，作者借小兔子自述，首先讲述了生气时的自我感受：“我的肚子里像装着一个大火球，马上就、要、爆炸啦！”然后展示了小兔子生气时的行为表现：“使劲叫，使劲踢，使劲跺……”最后小兔子了解到生气没有错，但别让生气的大火球烫伤自己，可以采用深呼吸、安静地待在自己喜欢的地方等方法来缓解生气的情绪。幼儿通过这个绘本故事，可以了解生气这一情绪的发生、发展以及如何进行消极情绪管理。

再次，启发幼儿思维，丰富其想象力。想象力是一个人在头脑中根据自己的记忆

① 李季湄、冯晓霞：《〈3—6岁儿童学习与发展指南〉解读》，3页，北京，人民教育出版社，2013。

表象创造出一个念头或思想画面的能力。绘本以视觉图画为主要的信息符号，图画与语言相互补充、融合，创造着绘本艺术的无限可能性。幼儿在阅读绘本时，完全不受文字的约束，可以通过天马行空的、色彩绚丽的图画想象出丰富的内容。特别是其中的无字绘本，更是幼儿发挥奇趣想象力的最佳媒介。

最后，激发幼儿审美情趣，发展其审美能力。人们常说世界上并不缺少美，只是缺少发现美的眼睛。绘本中的色彩搭配、构图逻辑、语言文字等，无不体现着不同艺术形式的美感。例如，在绘本的外显艺术形式上，古典主义、写实主义、超现实主义、野兽主义、立体主义、抽象表现主义、波普艺术等流派特色都为绘本创作注入了丰富的艺术灵感，色彩、线条、构图、造型以及视角的情感意义的艺术性处理，不仅能唤起幼儿的视觉感受，还能通过文化隐喻丰富的视觉符号帮助作者诉说情感，激发幼儿共鸣，也在不断滋养幼儿的综合人文与艺术素养。①

爱丽丝绘本阅读课程分类

三、融合幼儿园绘本教学活动的组织形式

幼儿园的教育内容涵盖健康、语言、社会、科学和艺术五大领域。绘本的主题非常丰富，涉及自然、人文、社会等多方面内容，是一个知识丰富且多元的教育资源库，与幼儿园五大领域教育内容高度契合。

（一）绘本主题活动

《大卫，不可以》融合幼儿园小班绘本主题教育活动

幼儿园教育活动主要以“主题”的形式开展，教师会事先筛选、确定主题并围绕其开展活动。它能为幼儿提供开放、多元、系统性的活动，让幼儿学习的内容凝练而广泛，满足幼儿获取经验的需要，促进幼儿身心全面均衡发展。绘本的融入使得主题教育活动锦上添花，解决了缺少素材的难题，在对现有主题教育活动进行补充的基础上实现创新。在开展主题教育活动时，教师要“基于绘本”，同时又要“跳出绘本”，充分挖掘绘本的多元价值。教师可以选择一本绘本或者几本绘本来设计主题教育活动，以“阅读链”的方式将相似主题的绘本进行串连和融合。这样不仅可以加深幼儿对该主题的理解，而且可以拓展幼儿的绘本阅读经验。

① 王琳琳、班婧：《从解构到重构：艺术视角下培智学校绘本教学》，载《现代特殊教育》，2020（15）。

（二）领域融合活动

绘本中的艺术与知识资源丰富，能够作为五大领域教育的媒介，将集体教学活动中的五大领域教学内容加以融合。例如，《小黑鱼》绘本教学与幼儿园五大领域教育的结合体现于：在艺术领域，可将音乐、美术、手工等元素与绘本主题结合，进行音乐律动活动“快乐的小鱼”、绘画活动“美丽的海底世界”、手工活动“制作大海怪”等，帮助幼儿理解绘本中的情节与角色；在语言领域，可将该领域的内容进行戏剧化情节的加工，如讨论如何解救身陷困境的同伴，如何结识新朋友等；在健康领域，将肢体运动应用于“解救同伴”的绘本教学活动中，通过真实的情境体验，引导幼儿理解身强体壮才能更加勇敢；在社会领域，可以通过创设戏剧活动中集体打败大海怪的情境，帮助幼儿建立合作、团结与分享的概念。总之，绘本与五大领域的整合性教学，为幼儿园五大领域的教学注入了新的活力和生长点。

（三）图书角的区角活动

区角活动给予幼儿自由选择的权利以及自主探索的机会。在幼儿园区角设置中，图书角、语言角、绘本角或者阅读角等均是以绘本为主而形成的活动区域。在这样的阅读类区角中，幼儿园要为幼儿创设良好的阅读环境，保证绘本投放量、种类、更新频率等，还要为教师和家长创设与幼儿共读的氛围。

除此之外，阅读类区角还可以与其他区角相结合。例如，美工区为幼儿提供通过绘画、手工制作等方式描绘绘本角色或情节的机会，表演区提供绘本戏剧表演的机会等。同时，区角活动中进行的绘本阅读活动还可以帮助幼儿将“上课”的阅读体验转变为“活动”“游戏”的体验。以马克斯·维尔修思的《青蛙弗洛格的成长故事》为例，教师在语言区放置相关的绘本、图片和头饰，让幼儿在自主活动时间和同伴一起阅读、交流，了解青蛙，发现青蛙成长的秘密。在教师带领下，幼儿在自然角饲养小蝌蚪，观察蝌蚪变成青蛙的成长过程，再去看绘本中青蛙的本领、青蛙的喜好等。在美工区，师幼通过绘画、折纸等多种方式展示出可爱的青蛙形象。在表演区，幼儿通过角色扮演来表演青蛙弗洛格与其他小动物之间发生的故事，丰富阅读故事的情感体验等。

（四）个别化/小组干预活动中的绘本

虽然在融合教育环境中，特殊幼儿与普通幼儿在同一物理空间接受教育，但是分解的、多回合的嵌入式个别教学对于特殊幼儿来说同样重要。

绘本的图画性可帮助特殊幼儿解决其文字识别困难的问题，能够帮助他们在图画中探索比文字更加丰富的信息与知识线索。诸多研究显示，绘本在特殊幼儿多项能力发展的干预中，效果显著。例如，江小英采用融合教育主题的绘本对智力障碍儿童的同伴交往进行干预。经过为期14周的干预后，研究显示，绘本提升了普通儿童理解差异的能力，增进了其对残疾儿童的欣赏、支持，并加强了他们的合作。[①]连福鑫等以情绪主题绘本为媒介、以会话交流法为基本干预方法，对三名高功能孤独症儿童进行近三个月的情绪归因能力干预，有效改善了高功能孤独症儿童的情绪归因能力，一定程度上有助于孤独症儿童心理理论及情绪调控能力的发展。[②]

由此可见，根据对特殊幼儿的评估结果，以绘本为干预媒介，采用个别化或者小组的形式，对特殊幼儿甚至普通幼儿的相关问题或能力实施干预，应成为融合幼儿园中重要的绘本教学组织形式。它尤其适合对特殊幼儿的目标性问题行为进行针对性干预，以满足其在教育中的个性化需求。

（五）亲子阅读活动中的绘本

绘本亲子阅读不仅增进亲子感情，而且让成人与孩子一起享受阅读的乐趣，对于孩子的未来发展具有良好的作用。松居直在《幸福的种子》中说，念书给孩子们听，就好像和孩子们手牵手到故事国去旅行，共同分享同一段充满温暖语言的快乐时光。尤其是，绘本中有诸多令无数读者感动的以亲情为主题的绘本，如《我妈妈》《我爸爸》《逃家小兔》《猜猜我有多爱你》等。亲子阅读的方式能让父母与幼儿体会到绘本中浓烈的亲情，能够感同身受，同时增强情感连接。亲子阅读不局限于在家庭中进行，融合幼儿园也可以在园开展亲子阅读活动。融合幼儿园可定期组织家长和幼儿进入绘本馆，为亲子阅读提供机会。家长根据绘本导读单，明确阅读主题，引导孩子阅读，在舒适温馨的环境中，和孩子一起感受绘本带来的愉悦。

《抱抱》亲子阅读案例

① 江小英：《融合教育背景下残疾学生同伴关系及绘本干预研究》，博士学位论文，北京师范大学，2017。

② 连福鑫、郭昱：《情绪主题绘本教学改善高功能自闭症儿童情绪归因能力的个案研究》，载《中国特殊教育》，2019(10)。

四、融合幼儿园绘本教学活动的教学流程

充满童真童趣的图画，可以激发幼儿的阅读兴趣，缩短书本与幼儿之间的距离。融合幼儿园绘本教学流程可分为故事导入、提问启发、阅读分享、拓展阅读四个部分。

故事导入是绘本教学的导入环节。常用的导入方法有封面导入、猜想导入、设置悬念导入、情境导入、游戏导入、知识引领、情感渲染、教具导入八种。其中，封面导入是绘本教学中最常见的导入方法，教师对绘本封面的细致介绍，既可以提高幼儿观察画面的能力，也有利于幼儿把握绘本的主题。①

在提问启发中，教师通过有效提问，在使绘本更加具有魅力和艺术性的同时，激发幼儿对绘本的兴趣，培养幼儿的思维能力。提问的方式有猜想式提问、开放式提问、递进式提问等。教师在提问时要注意，问题要面向全体幼儿，要在全体幼儿注意力集中后适当提出问题。

阅读分享即教师进行阅读指导的过程。教师通过运用富有激情的语言和动作、设置情境等方式引导幼儿进一步阅读绘本内容，体验阅读绘本的快乐。

在绘本教学结束时，教师会向幼儿介绍其他相关绘本来阅读，也会在班级阅读区投放相应的绘本供幼儿自主阅读。表3-1是绘本《春福》的教学流程。

表3-1　绘本《春福》教学流程

教学流程	主要内容	教师角色
故事导入	封面介绍	口述引导者
	提问与春节相关的问题，引导幼儿讨论	组织倾听者
提问启发	小福气到人间了吗？	引导者
	小福气会遇到什么事？	组织倾听者
阅读分享	深入阅读，享受绘本（语言、动作引导）	阅读指导者
拓展阅读	推荐相关绘本	引导者

① 邹小丽、范雪贞、王林发：《绘本教学策略的探索与实践》，53页，重庆，西南师范大学出版社，2018。

五、融合幼儿园绘本教学活动的教学方法

绘本以图为主，与其他类别的书籍完全不同，而且因为教学对象是幼儿，所以在教学方法上也要呈现独特性。邓猛认为绘本教学要遵循听（接受）、读（体验）、讲（分享）、做（应用）、想（联想）、演（创造）等步骤，并使其有机结合、穿插进行①，这就为绘本教学提供了科学的思路。因此，绘本教学不应该停留于模式化、传统化的教学方法，而要用创新的思维探索全面综合的方法，来打开幼儿心灵的窗户，启迪其智慧。

（一）讲读法

讲读绘本是幼儿园常见的教学方法之一。绘本通常由丰富的信息构成一个完整的故事，教师想要把故事讲得生动有趣，就要避免像讲传统故事一样去讲读绘本。首先，教师要根据幼儿的思维特点，以激发幼儿阅读兴趣为前提，以满足幼儿需求与期待为目标，从儿童本位出发选择适合的绘本进行讲读。通常，色彩鲜艳、文字简洁、情节充满趣味、角色个性饱满的绘本深受幼儿喜爱。其次，灵活展现绘本内容。在讲读的过程中，教师要注重对幼儿的启发，对于图画的讲读、文字的讲读以及整体主题的讲读都要有不同的方式。比如，加入提问、肢体表演、情节想象等，而不是从头到尾只对绘本中的文字进行朗读。此外，在朗读时，教师要善于抓住绘本的节奏，精准地把握绘本韵律。根据绘本的节奏改变语速，就会让绘本朗读更加有趣，更加生动。同时，配上合适的音乐，让它与绘本的文字、图画和教师的语言融合在一起，四位一体，更符合幼儿的审美心理，让幼儿产生更真切的共鸣。最后，分享会使讲读更有趣。讲读不只是教师与家长的任务，互动式分享阅读对幼儿来说非常重要。讲读的过程也是教师和家长与幼儿共同分享阅读的过程，尤其对于特殊幼儿而言，分享的过程也是其增进认知、理解，展示自我的过程。同时，教师要关注所有幼儿在分享过程中的参与、讨论、互动，引导幼儿在思维的碰撞中感受到讲读绘本的乐趣，体验阅读快乐。

（二）游戏法

游戏是幼儿的天性，也是幼儿成长过程中必不可少的一部分。绘本教学活动中融入游戏化的理念具有重要意义。一方面，充满游戏元素的绘本教学活动会使幼儿身心

---

① 邓猛：《让残疾儿童在阅读绘本中快乐成长》，载《现代特殊教育》，2020（15）。

放松，快速地进入轻松有趣的阅读氛围中，感受绘本带来的乐趣；另一方面，游戏会让绘本中平面的故事情节变得立体，将绘本中静态的文本内容通过师幼互动的方式转变为丰富多彩、可操作的活动。幼儿会对绘本中的角色实现移情，真实感受绘本故事中的情节转折与发展，更能激发其对绘本中所传达的情感的认同。

例如，绘本《一根羽毛也不能动》里面就有幼儿平时喜欢的游戏——“123”木头人，但是大部分绘本需要教师自己创编游戏。例如，教师可以为《我的情绪小怪兽》设置“你做我猜”游戏，幼儿做表情，教师来猜测是哪种情绪小怪兽。对于与特殊幼儿相关的绘本《我的妹妹听不见》，教师可以设置亲身体验游戏，让幼儿捂住耳朵做游戏，让普通幼儿体会听障幼儿的困难，进而增进对特殊幼儿的接纳与包容。总之，通过游戏的方式，绘本教学能让幼儿真实地感受到绘本中所传达的真情实感。

（三）戏剧表演法

戏剧集文学、音乐、舞蹈、美术、雕塑等多元艺术形式于一体，汇聚了话剧、歌剧、舞剧、音乐剧、戏曲、哑剧、木偶戏等表演形式。在所有的艺术门类里，戏剧被誉为离人最近的艺术。戏剧和幼儿更是具有一种天然、和谐、紧密的关系，幼儿天生就具有戏剧扮演的天性。近年来，戏剧的艺术疗愈特性被越来越多的研究和实践所证实，戏剧教育不仅在幼儿园被大力推广，在各特殊教育学校、融合学校等也被列为课程的重要组成部分。

由于幼儿注意力集中时间较短，而且其理解能力不太强，所以长时间阅读绘本故事对于他们而言比较困难。但是换作绘本戏剧表演，便是另外一种阅读态度了。因为幼儿喜欢活动，喜欢表现自己。通过教师的引导，幼儿完全可以将绘本中的故事演绎出来。这不仅可增强其对绘本故事的感受、想象、体验和模仿，还可以帮助幼儿发展想象力和创造力。尤其对于特殊幼儿来说，戏剧为其提供了与同伴互动和交往的机会，锻炼了其语言能力、模仿能力等。

例如，利用绘本《小红帽》，教师可将幼儿进行分组，要求其自主商讨剧本及分工，在此基础之上讨论各个角色的个性特点和行为特点，发挥想象，为故事添加更丰富的情节。

（四）故事创造法

故事创造法在绘本教学中也是一种较为常见的方法，主要是幼儿在教师的引导下，根据绘本中的图画展开想象，进行创造性阅读。它可体现幼儿丰富的想象力和创造力。绘本故事创造主要是针对无字的绘本。这类绘本没有文字的提示，没有对故事标准的、唯一的解读，这为幼儿提供了在无字阅读中发挥想象的空间。

例如，《小红书》是一本典型的无字绘本。首先，教师可以引导幼儿通过看封面来猜测故事；其次，让幼儿连续看图展开想象，初步感知故事内容；再次，引导幼儿关注细节，展开联想；最后，小组合作交流。对于低龄段幼儿、不识字幼儿、特殊幼儿而言，无字绘本更加适合他们阅读和体验。

（五）鉴赏拓展法

幼儿思维活跃，创造力无限。对于绘本的学习，不应让其停留于听故事上，教师应结合幼儿好动的特点，以适合且多元的方式引导他们将绘本故事展现出来。

例如：阅读《落叶跳舞》时，教师可以安排用枯树叶贴画，让幼儿通过对落叶形状的想象进行创作，进而建立与大自然的联结。阅读《勇敢做自己》时，可以采用剪贴画、捏黏土等方式将海底世界中五彩斑斓的小鱼淋漓尽致地展现在幼儿作品中。阅读《老鼠娶新娘》时，教师可带领幼儿鉴赏绘本中浓厚的传统文化要素。教师可以将手工制作与绘画相结合，引导幼儿了解绣球的制作方法；当故事进行到老鼠嫁女部分时，教师可以给幼儿播放民间传统的嫁娶音乐，引导幼儿感受绘本中所呈现出的喜庆氛围。总之，绘本教学的方法多样，鉴赏拓展法对促进幼儿阅读绘本起很大作用，能使其深层次领悟绘本的精髓。

（六）思维导图阅读法

幼儿的认知特点决定了其更易认知与记忆具体形象的内容。对于特殊幼儿来说，他们感知觉信息少，注意力难以长时间维持，思维刻板，缺乏灵活性和概括性。因此，教师自制的可视化工具，如流程图和思维导图等均可作为特殊幼儿学习的支架。

例如：在学习绘本《不要再笑了，裘裘》时，教师可以根据故事的发展、高潮、转折与结局的逻辑顺序，将绘本内容结合绘画的方法展现在幼儿面前；在学习绘本《鳄鱼怕怕 牙医怕怕》时，可以根据鳄鱼和牙医的心理感受进行内容的分层叙述，以便幼儿理解绘本中不同角色在同一情境下的不同心理活动（图3-1）。

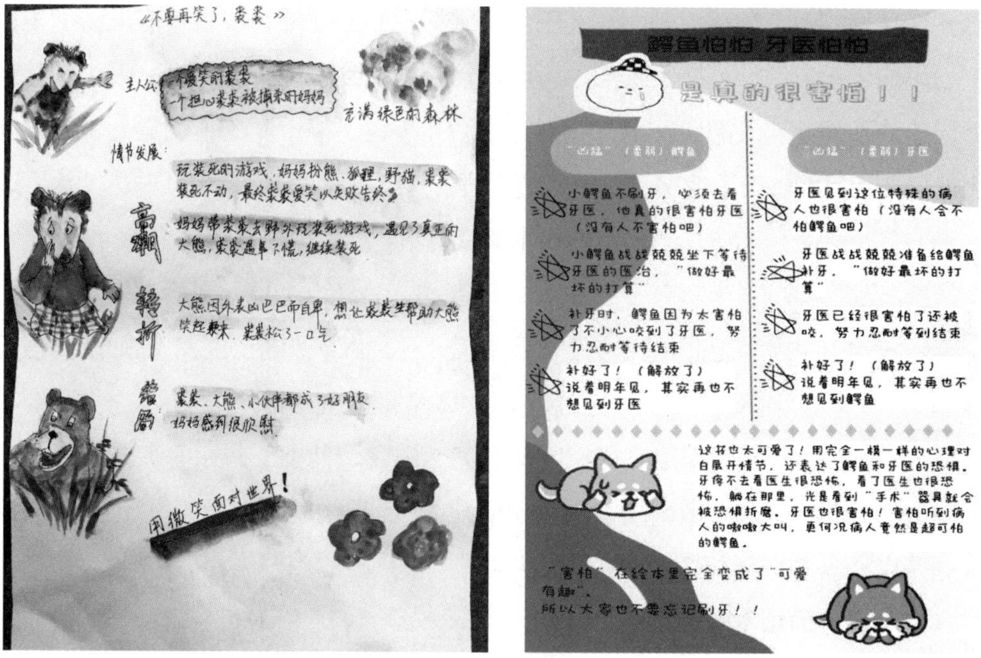

图3-1　教师自制思维导图

六、融合幼儿园绘本教学活动的环境创设

温馨、舒适、安静的阅读环境是幼儿绘本阅读顺利开展的前提和基础。《3—6岁儿童学习与发展指南》在“语言领域”的第二个目标“阅读与书写准备”中指出：要为幼儿提供良好的阅读环境和条件，激发幼儿的阅读兴趣，培养阅读习惯，引导幼儿体会标识、文字符号的用途。由此可见，阅读环境创设的重要性。阅读环境的创设是教师教学工作的重要内容，教师可从以下四个方面来思考融合幼儿园阅读环境创设。

（一）舒适的绘本阅读空间

为幼儿创设一个舒适轻松的阅读环境，它不仅是适合绘本教学的环境，而且是一个多样化的开放空间。融合幼儿园可以创设绘本馆，供幼儿进行绘本阅读。班级可以建立阅读区，为幼儿提供一个半封闭的阅读空间。此外，幼儿园的墙壁、走廊、楼梯等都是幼儿进行绘本阅读的重要场所，幼儿园可在这些区域设立阅读主题墙、作品展示区等。这些都会在潜移默化中影响幼儿阅读的积极性与兴趣。

绘本独立阅读区除了摆放适合幼儿身心发展特点的各色绘本外，还需要购置充满童趣的有利于幼儿进行阅读的装置，可以是软垫、儿童沙发、地毯等。除此之外，要让绘本中的“主角”走进幼儿园创设的空间，把绘本主人公当作主体形象布置在班级或者其他环境的各个角落。例如，《田鼠阿佛》里面的阿佛，或者《南瓜汤》里面的鸭子、小猫和松鼠等。这些绘本形象可以让幼儿意识到新成员的到来，吸引幼儿的注意力，让幼儿爱上这一阅读环境。这对特殊幼儿来说是很重要的，视觉元素不仅能够吸引他们，而且能够帮助他们走进绘本的世界。

（二）丰富的绘本阅读材料

优秀绘本推荐

丰富、多元的绘本储备，是融合幼儿园开展绘本教学的重要前提。无论是在幼儿园绘本馆，还是在班级阅读区，教师都要根据各年龄段幼儿身心发展的特点提供适合他们的丰富绘本。教师要考虑绘本的质量，从构图、颜色、内容、种类、数量等多方面考量，同时使其兼有娱乐、认知和教育功能，满足幼儿的阅读需求。教师可考虑选择优秀绘本作家的作品，丰富的绘本阅读材料是激发幼儿阅读兴趣的重要内容。

（三）良好的绘本阅读氛围

良好的阅读氛围有助于绘本阅读活动的持续性开展。融合幼儿园的幼儿需要有想象、有思考、有交流的氛围，教师不能按照成人阅读的标准要求幼儿安安静静地阅读。相反，幼儿需要自由讨论，需要表演，需要表达自己的观点和决定。这样的绘本阅读可进一步增强幼儿对绘本这一艺术形式的兴趣度和好感。

同时，绘本阅读需要一个充满人文关怀的氛围。幼儿需要阅读，教师要引导他们与书为友。他们同样有权利，如不读的权利、不读完的权利、读任何书的权利以及何时何地读书的权利等。教师要给予幼儿尊重，而不是要求他们像完成任务一样地读绘本。

除此之外，在班级阅读区的环境创设方面，根据年级不同，教师要有不同的设计，小班的充满温馨与童趣，中班的突出规则与选择，大班的要有自主与互动的机会。在不同的年龄段，绘本阅读材料也有细微区别，教师应尽可能挑选适合幼儿年龄段的绘本。

不同年龄段幼儿绘本推荐

（四）充足的绘本阅读机会

在幼儿园，幼儿是绘本阅读的主体，教师在绘本阅读中起主导作用。幼儿阅读绘本需要教师给予他们足够的阅读机会，除了课堂上的教学之外，其他时间要让幼儿可以自由阅读。比如，教师可以让提前吃完饭的幼儿选择自己喜欢的绘本进行阅读，让提前到学校的幼儿选择绘本阅读，放学之后，家长晚来接的幼儿也可以阅读。总之，幼儿在自由的时段都可以选择阅读。同时，教师不要因为绘本的摆放位置等外部形式问题限制幼儿阅读绘本的机会，而要考虑幼儿的实际情况，为幼儿提供充足的机会。

七、融合幼儿园绘本教学活动案例

大班绘本教学活动“我爸爸”

班级	大班	课型	融合
主班教师		配班教师	
领域	语言	课程时长	30分钟

（一）设计思路

绘本《我爸爸》是国际安徒生奖得主安东尼·布朗的作品，在孩子的眼中，爸爸是勇敢、厉害、高大且温柔的，他真的很棒。爸爸是孩子最熟悉与亲近的人之一，作者通过简单朴实的语言和精心设计的排比比喻句式带来温暖的故事，让人久久不能忘怀。在本次活动设计中，教师先让幼儿结合自己的生活经验谈谈自己的爸爸，诸如他们的职业和爱好。再通过分段欣赏，引导幼儿理解绘本中爸爸的高大形象，并使用“爸爸像……一样……”的句子赞美自己的爸爸。最后，在感受爸爸关爱的同时，激发幼儿对爸爸的爱。幼儿通过绘画的形式，向自己的爸爸表达这份爱。

（二）学生情况

本班共有12名幼儿，其中男生8名，女生4名，普通幼儿7名，特殊幼儿5名。根据幼儿的综合能力表现与课堂常规表现及本节课教学内容的难度，将幼儿分为3组。

分组	幼儿	课堂参与	常见情绪、行为问题	备注
A组	普通幼儿	能积极参与课堂活动，根据课程内容进行课堂互动。	无明显情绪和行为问题。	
B组	安安、涛涛、兵兵	能参与课堂活动，进行简单的课堂互动，能听懂较多指令，并且能执行多步指令。	安安是一个安静的孩子，能够一直坐在座位上，几乎能听懂教师的所有指令。 涛涛喜欢一个人玩，充分休息之后能够配合教师上课；受到过多拘束时，情绪就会崩溃，会大喊大叫、攻击他人。 兵兵注意力集中时间短暂，会有刻板语言“要不要棒棒糖”，情绪较稳定，能够听从教师指令。	
C组	多多、康康	课堂参与度较低，需要教师的辅助，能听懂简单的指令。	多多注意力集中时间短暂，坐不住，而且不愿意做任务，经常躺在地上耍赖、逃避。 康康坐在椅子上时总是前后晃来晃去，注意力不集中，喜欢围着教室跑来跑去，并发出叫喊声。	

续表

（三）环境设置

（四）学习目标

A组	语言目标：学会用“爸爸像……一样……”句型描述绘本故事。 认知目标：理解绘本内容，加强对爸爸这一形象的特点的了解，挖掘爸爸在各方面的突出表现。 情感目标：感受爸爸的爱，增强与爸爸之间的情感，勇于向爸爸表达爱意。
B组	语言目标：根据绘本内容，仿说“爸爸像……一样……”的句式。 认知目标：在教师的提示下，说出爸爸的本领。 情感目标：感受爸爸的爱，萌发爱爸爸的情感。
C组	语言目标：跟读“爸爸像……一样……”的句式。 认知目标：认识绘本中出现的袜子、扫把、足球等物体，以及马、鱼等动物。 情感目标：感受参与绘本教学活动的乐趣，感受爸爸的爱。

（五）教学重难点

重点：理解绘本内容，感受爸爸的爱，从多方面认识爸爸。
难点：用“爸爸像……一样……”句型描述绘本故事。

（六）活动准备

经验准备：幼儿在活动前对自己的爸爸做一个小采访，了解爸爸的兴趣爱好。
物质准备：
①纸质绘本《我爸爸》。
②多媒体课件《我爸爸》，音乐《好爸爸，坏爸爸》。
③爱心卡片。
环境准备：宽敞明亮、小椅子围成半圆形的小教室。

续表

（七）活动过程	设计意图
1．课前准备 常规活动： 师："上课了，小朋友们听口令跟老师一起做动作。一二三坐坐好，三二一请安静，大眼睛看老师，竖起耳朵仔细听。"	课前准备活动帮助幼儿进入上课状态，规范行为，培养良好的学习习惯。
2．导入部分 播放儿歌《好爸爸，坏爸爸》，引入主题"我爸爸"。 师："上课之前，老师给小朋友们放一首儿歌，大家认真听，然后告诉老师，你听到了什么？" 师："非常好，听到了爸爸。我们每个人都有爸爸，小朋友们愿意用一两句话介绍自己的爸爸吗？"（这个问题主要针对A组幼儿，让其用简单的语言介绍自己的爸爸。） 师："小朋友们的爸爸都不一样，长相不一样，爱好不一样。今天老师为大家带来一本绘本，叫《我爸爸》。这是谁的爸爸？这是一个什么样的爸爸呢？小朋友们想知道吗？"	使用儿歌，能够激起幼儿的兴趣，吸引其注意力，而且歌词多次重复"爸爸"，能够直击主题。 让幼儿介绍自己的爸爸能够锻炼其口头表达能力，这项任务对于特殊幼儿有一定难度，主要由A组幼儿完成，B组、C组幼儿需要教师提示。
3．教学部分 （1）观察封面，初步认识绘本中的爸爸 ①介绍封面。 师："小朋友们认真看这本绘本的封面。谁可以说一说这个爸爸长什么样？"（提示：衣服颜色、体型胖瘦等。）（A组幼儿回答。） 师："爸爸在做什么动作？"（引导B组、C组幼儿模仿。） ②介绍环衬、扉页。 师："爸爸的衣服又出现了！仔细看看，你发现了什么？"（面包的花纹与爸爸睡衣上的花纹一样。）（A组幼儿回答，C组幼儿跟读"面包"。） ③阅读第一页。 师："爸爸难道是在吃早餐吗？我们来看看下一页，你们看到了什么？"（引导A组、B组幼儿回答："爸爸坐着，握着杯子。还有太阳。"再次请C组幼儿指认。） 教师进行小结："这是安东尼写的爸爸，爸爸穿着黄色格子的睡衣，长得不算很帅，却让人感觉自然、随意、舒服，他在向我们微笑呢。'这就是我爸爸，在我眼里，他真的很棒！'爸爸很棒，从哪里可以看出来呢？我们继续看。"	封面、环衬、扉页作为绘本的基本构成要素，包含了重要信息。尤其在《我爸爸》这本绘本中更加凸显，所以这是教学的第一步。 A组幼儿主要锻炼自主观察与口头表达能力，B组幼儿在教师的提问与提示下理解内容，C组幼儿侧重于对重要词语的学习。

续表

（2）分段阅读，深入了解爸爸 ①检索爸爸的“技能”。 A．出示第一幅图：爸爸叉着腰，用手指着前面。 师：“爸爸害怕大野狼吗？他做了一个什么动作？”（请小朋友表演，主要是C组幼儿。） 师：“你怕大野狼吗？如果看到大野狼，你会说什么或者做什么？”（请小朋友表演，主要是A组幼儿。） 师：“爸爸不怕大野狼，他很勇敢。” B．出示第二幅图：爸爸从月亮上跨过去。 师：“月亮在哪里？爸爸从月亮上跨过去，他能跳得很高。” 设置游戏：将皮筋设置到一定高度（幼儿都能跨过的高度），让幼儿进行尝试，并跨越过去。表扬他们跳得像爸爸一样高。（所有幼儿都参与。） C．出示第三幅图：爸爸在走绳索。 师：“绳索是什么样的？（引导幼儿回答：很细、悬在空中、很危险。）爸爸走得怎么样？” D．出示第四幅图：爸爸敢和大力士摔跤。 先让幼儿观察，大力士是什么样的，主要注意身高、体重、外貌等方面。（大力士比爸爸高、比爸爸强壮。）（A组幼儿自主回答，B组幼儿在动作提示下回答，C组幼儿跟读“大力士”。） 师：“爸爸敢跟大力士摔跤，爸爸是不是很厉害？” E．出示第五幅图：爸爸在运动比赛中，轻轻松松得第一名。 师：“能在比赛中得奖是一件了不起的事情，而第一名就是最厉害、本领最大的。”	《我爸爸》这本绘本包含的内容较多，所以需要分段阅读、分段总结，便于幼儿理解。虽然从不同的角度来看爸爸，但是最终聚焦于一个观点，即爸爸真的很棒。 表演是幼儿的天赋，绘本给予幼儿表演的机会，正是在表演中，幼儿加强了对绘本内容的理解。对于A组幼儿而言，表演可以让他们更加了解爸爸的勇敢与厉害；对于B组幼儿而言，表演能够让他们感受到活跃的课堂气氛以及学习绘本的快乐；对于C组幼儿而言，表演给予了他们自由的时间和展现才华的机会。
教师进行小结：“爸爸不怕大野狼，能跨过月亮，敢走绳索，敢和大力士摔跤，还在比赛中得了第一名，爸爸是什么样的？（引导幼儿回答：勇敢、厉害。）爸爸棒不棒？” ②说说爸爸像什么。 A．出示第一组图：我爸爸吃得像马一样多，游得像鱼一样快。 师：“很棒的爸爸去哪里了？小朋友们找一找。” 师：“爸爸变成马了，他吃得很多，就像马一样。爸爸变成鱼了，他游得很快，就像鱼一样。”（A组、B组幼儿跟读整段内容，C组幼儿跟读“像……一样……”的句子，并认读“马”“鱼”。） B．出示第二组图：他像大猩猩一样强壮，也像河马一样快乐。 师：“除了马和鱼，爸爸还像什么？”	第一个分段阅读结束，需要总结，从爸爸的“技能”表现看出，这是一位勇敢、厉害的爸爸。 在语言学习中，第二个分段非常重要，通过比喻的方式来展现爸爸的“棒”。图片较多，所以每次呈现一组图。幼儿需要锻炼观察能力与表达能力。A组幼儿需要掌握整段内容；B组幼儿先跟读句型，在教师提示下能够仿说句型；C组幼儿跟读“像……一样……”的句子，后面需要运用。

续表

师："这是像大猩猩一样强壮的爸爸，像河马一样快乐的爸爸。"（A组幼儿用"爸爸像……一样……"的句子回答教师的提问；B组、C组幼儿跟读"像……一样……"的句子；B组、C组幼儿认读"大猩猩""河马"。） 师："爸爸像这么多的小动物，小朋友们开动脑筋，想想爸爸还会像什么？"（引导幼儿使用"爸爸像……一样……"的句式，此要求针对A组幼儿。） C．出示第三组图：我爸爸像房子一样高大，有时候又像泰迪熊一样柔软。他像猫头鹰一样聪明，有时候，也会做一些傻事。（B组幼儿在教师提示下仿说"爸爸像……一样……"的句子，C组幼儿跟读"像……一样……"的句子，B组、C组幼儿认读"房子""泰迪熊"。）	C组幼儿跟读句型并学习关于动物名称的词语，B组幼儿也须加强练习。
师："爸爸是高大的，是温柔的，也是聪明的。爸爸棒不棒？他这么聪明，这么棒为什么会做傻事呢？"（引导幼儿回答：逗我开心。） 师："我们一起来看看爸爸做了哪些傻事吧？" ③挖掘爸爸的"爱好"。 A．出示第一幅图：爸爸是个伟大的舞蹈家，也是个了不起的歌唱家。	第二个分段总结之后的一个问题，引出下一段的内容，关注点也逐渐从爸爸身上转移到绘本中的"我"身上。因为爸爸爱我，所以他所做的一切都是为了我，逐渐凸显出爸爸的爱。
师："仔细看图，爸爸在干什么？" B．出示第二幅图：他踢足球的技术一流，常常逗得我哈哈大笑。 师："仔细看图，爸爸在干什么？你们的爸爸喜欢踢足球、唱歌、跳舞吗？还喜欢什么？"（引导A组幼儿向小朋友们介绍自己爸爸的兴趣爱好。） 师："你觉得这是一个怎样的爸爸？你喜欢这样的爸爸吗？你想对他说点什么？"（面向全部幼儿。） 教师进行小结："爸爸很厉害，很棒。他可以为我做一切，包括逗我笑。其实这都是因为爸爸爱我。我也爱爸爸，永远都爱。"	第三个分段突出的是爸爸的兴趣爱好。他做得很好，就像专业人士一样，爸爸真的很棒。引导A组幼儿在学习前文的基础上，介绍自己的爸爸。不仅考查幼儿的理解力，锻炼其表达能力，而且使其从中感受爸爸的爱。
（3）传递情感，用心感受爸爸 ①使用"我的爸爸像……一样……"的句式介绍自己的爸爸。（针对A组幼儿。） 师："小朋友们，我们认识了绘本里面的爸爸，现在请大家来介绍自己的爸爸。" ②用绘画的方式来表达自己对爸爸的爱。（面向全部幼儿。） 师："现在老师给小朋友们一人发一张卡片，你们可以在上面画一幅画送给你们的爸爸。"	绘本的最后，情感升华，爸爸的爱不止停留于绘本中，也走进幼儿的心中。幼儿需要在感受爱之后，用自己的行动表达对爸爸的爱。

续表

4．活动延伸 ①将绘本《我爸爸》以及《我妈妈》放在阅读区，供幼儿课后阅读。 ②用行动表达对爸爸的爱，为爸爸做一件力所能及的事。	除了爸爸之外，妈妈也是我们最爱的人，通过课外阅读，可以丰富幼儿对爸爸妈妈的认识。能够感受来自爸爸妈妈的爱，并且向他们表达爱。

（八）课后评价

姓 名	达到个人目标	完成课堂任务	维持课堂常规

注：0分，不能完成任务；1分，在肢体协助下完成任务；2分，在口头提示下完成任务；3分，独立完成任务。

（九）课后反思

思考与实践

1. 分析绘本与其他图画书的异同，简述绘本的特点。
2. 请你谈一谈融合幼儿园开展绘本教学活动的意义。
3. 简述融合幼儿园绘本教学活动的组织形式。
4. 请列举常见的融合幼儿园绘本教学活动的教学方法。
5. 试着从不同的角度对绘本进行分类。
6. 简述融合幼儿园绘本教学活动的环境创设方法。

7. 请描述讲读绘本的注意事项。

8. 结合本单元内容谈一谈融合幼儿园的绘本阅读策略。

9. 请自己挑选一本经典绘本进行阅读与分享。

10. 请运用戏剧表演法设计一个绘本剧。

▶ 主题二 教育戏剧活动的设计与指导

导入语……▶

幼儿对表演有着与生俱来的热爱，但是在很多与戏剧相关的活动中，为了快速达到“理想的”表演效果，教师会在动作上、语气上、语调上，甚至眼神上做统一的示范，让幼儿跟着模仿。于是，我们经常看到，幼儿在表演花时就用双手托着下巴，表演生气时就皱眉嘟嘴……这些都是缺少想象力和思考的外在形式表演，离真正意义上的戏剧教学活动很远。教育戏剧对幼儿，尤其是特殊幼儿的身心发展具有极大的促进作用。融合幼儿园应该如何开展教育戏剧活动呢，如何让教育戏剧真正促进幼儿的认知、想象力和创造力发展呢？

一、教育戏剧的定义

（一）教育戏剧的定义

教育戏剧（Drama in Education）起源于戏剧文化浓厚的欧美国家。其将戏剧元素与策略应用到教育活动中，经由戏剧程序结构，为达到教学目标而服务。它既是改革传统单一的教育形式的一种教学方法，也是一门跨学科整合的新学科。它不再局限于专业剧场和专业团体，其目的不在于表演技能的获得，而在于引导幼儿通过戏剧性的实作去理解角色、解决问题，从中获得对自我、他人和环境的认知，促进人格与知识的双重发展。

在各国的教育戏剧实践中，因文化、政治、教育等背景的差异，其侧重点有所不同。英国的教育戏剧重视批判性思维的发展，美国的教育戏剧注重创造性思维的发展，澳大利亚、加拿大学者更注重问题的解决、自我的发现等。虽然侧重点有所不同，但其概念内涵基本一致。本书在前人研究的基础上将教育戏剧界定为：以游戏为本质属性，运用戏剧策略与戏剧结构帮助参与者实现参与、合作以及将知识转化为能力的课程门类或教学方式。在实际的教学应用中，它既可以作为一门独立的课程，也可以作为一种教学方法在课程中予以使用。教育戏剧具有双主体性、协作性、情境性、表演性和建构性等特点。

（二）教育戏剧与其他概念的关系

1. 教育戏剧与戏剧教育

戏剧教育有广义和狭义之分。狭义的戏剧教育专指各个戏剧培养机构中设立的艺术专业的戏剧教育，是一种培养戏剧专业人才的教育活动，需要对参与者进行严格的专业化训练与培养。广义的戏剧教育面向社会各个阶层、各个年龄段的人群，是一种以戏剧元素为媒介的渗透式教育，或者是一种以戏剧为辅助手段的活动，旨在培养全面发展的人，是戏剧与教育相结合的一种方式。[①]而教育戏剧的学习者只限定于学校中的学生，其学习的内容是依据学校教育内容或教学主题而定的，与戏剧教育的培养目标不同，其并非训练与表演，而是教与学之间的新关系。

2. 教育戏剧与创造性戏剧

“创造性戏剧”（creative drama）一词发源于美国。它并不是正式的戏剧演出，是由一位带领者，利用戏剧活动，如戏剧游戏、肢体活动和声音、默剧动作、即兴口语对话，以及故事或诗演绎的戏剧化等技巧，领导一群参与者在教室或活动室等非正式的表演空间，利用“假装”的游戏本能，共同去想象、体验及反省人类的生活经验。[②]在美国，创造性戏剧更注重参与者个性的表达，无须在限定性的教学主题下进行，其重点在于发展戏剧本身的故事性，是培养想象力、创造力和审美力的有效媒介。教育戏剧起源于英国，注重戏剧过程中参与者对问题的讨论、反思。他们认为戏剧不应该只是发展故事或戏剧本身，而应该是参与者对相关议题的深度了解。教育戏剧通常围绕某一教学主题来开展相关活动。

3. 教育戏剧与过程戏剧

过程戏剧产生于20世纪80年代末，是澳大利亚及北美的戏剧教育工作者提出的概念。塞西莉·奥尼尔（Cecily O'Neil）在1995年出版的《戏剧世界：过程戏剧的结

① 陈世明、彭怡玢、戴力芳等：《儿童戏剧的多元透视》，28页，上海，复旦大学出版社，2014。
② 陈世明、彭怡玢、戴力芳等：《儿童戏剧的多元透视》，89页，上海，复旦大学出版社，2014。

构》（*Drama Worlds: a Framework for Process Drama*）中提到，过程戏剧的发展来自英国戏剧教育家加文·博尔顿（Gavin Bolton）和多萝西·希思科特（Dorothy Heathcote）。它与教育戏剧类似，属于一种较复杂且深入的戏剧教育发展模式，它通常是从一个前文本出发，引导戏剧参与者进入既定的戏剧情境，随后通过戏剧的创作元素、技巧与结构等进行具有即兴特征的目的性创作。与教育戏剧不同的是，过程戏剧注重戏剧/剧场的本质与元素在活动中的运用，在其中融入了更多剧场与戏剧手法的编排与运用。

4. 教育戏剧与角色游戏、表演游戏

角色游戏是幼儿通过扮演角色，运用想象，创造性地反映个人生活印象的一种游戏。①其以娱乐为目的，是幼儿根据兴趣进行的一种无计划游戏，游戏过程并不需要教师的介入。而教育戏剧是有目的、有规划的活动，且活动过程中需要教师引导，故事的推动与发展需要师幼共同建构。除此之外，在角色游戏中，幼儿只是在享受游戏带来的乐趣，但在教育戏剧活动中，幼儿要考虑如何与他人互动才能解决当前的问题。

表演游戏是一种即兴游戏，幼儿依据感兴趣的内容，如故事、绘本或影视动画中的情节、人物、语言、环境、动作等，进行创编性表演。表演游戏强调参与幼儿的角色扮演的能力，且具有教育活动与角色游戏的双重属性。而教育戏剧强调角色体验，以及通过角色体验结合社会经验与知识体系去深入地探讨问题，其完全是教育活动。

二、教育戏剧对学前融合教育的意义

（一）教育戏剧促进了普通幼儿与特殊幼儿的同伴交往

在教育戏剧中，角色与角色之间的互动构成了戏剧活动中问题解决的重要方式。鉴于角色之间的合作与互动，教师可以有目的地在活动中搭建起普通幼儿与特殊幼儿互动交往的平台，增加普通幼儿与特殊幼儿间互动交往的机会。普通幼儿与特殊幼儿在教育戏剧的演绎过程中，不仅能够学会并练习彼此间交往的技巧，还能够进一步提升彼此间交往的质量。同时，由于教育戏剧中故事情节的层层推进，角色之间会不断互动，这会让幼儿间加深了解，有利于普通幼儿与特殊幼儿建立深厚的友谊。

（二）教育戏剧提高了普通幼儿与特殊幼儿的多元能力

教育戏剧中蕴含着丰富的知识内容，包括音乐、美术、舞蹈、文学、手工、运

① 李娟娟：《开展大班幼儿户外角色游戏的有效策略》，载《学前教育研究》，2018（1）。

动等。幼儿在戏剧的角色塑造和情节建构中，不仅丰富了自身对多样知识的认知与理解，还提升了自身的语言能力、审美能力、运动能力、问题解决能力，并培养了创造力与想象力等。

（三）教育戏剧促进了普通幼儿与特殊幼儿的个性发展

3～6岁是儿童个性形成的关键时期。教育戏剧从普通幼儿与特殊幼儿的实际发展需要和兴趣出发，为普通幼儿与特殊幼儿提供了大量体验、创作和表达的机会，不断开发普通幼儿与特殊幼儿的各项潜能。普通幼儿与特殊幼儿在教育戏剧中能够自由而充分地发展和完善自我，进而促进个性的形成与发展。

（四）教育戏剧实现了普通幼儿与特殊幼儿的全面发展

教育戏剧中不仅蕴含着丰富的知识与技能，还蕴含着深刻的情感态度与价值观。通过在教育戏剧中的思考与行动，普通幼儿与特殊幼儿可以获得德智体美劳的全面协调发展。

（五）教育戏剧丰富了普通幼儿与特殊幼儿的人生体验

人生如戏，戏如人生。每个人都在各自的人生中扮演着不同的角色。在社会生活中，普通幼儿与特殊幼儿扮演的角色相对单一，人生体验相对贫乏。而教育戏剧为普通幼儿与特殊幼儿提供了演绎不同角色的机会，丰富了他们对世界的认知与理解，使其拥有不同的经历体验。

《狐假虎威》

《小黑鱼》

《猜猜我有多爱你》

三、融合幼儿园教育戏剧活动的组织形式

（一）集体教学活动和小组教学活动

按照融合幼儿园教育戏剧教学活动人员的组成，可将其分为集体教学活动和小组教学活动。集体教学活动的教学对象通常以班级全体成员为主。小组教学活动的教学对象包括班级内组合的小组成员、跨班级组合的小组成员以及跨年级组合的小组成员。

（二）室内教学活动和室外教学活动

按照融合幼儿园教育戏剧教学活动场所的特点，可将其分为室内教学活动和室外教学活动。室内教学活动的活动场所通常为融合幼儿园的各类教室。室外教学活动的活动场所可分为融合幼儿园内和融合幼儿园外两类，包括广场、运动场、花园等。

（三）不同领域教学活动、主题教学活动和区角教学活动

按照教育戏剧教学活动的实践特点，可将其分为不同领域教学活动、主题教学活动和区角教学活动。不同领域教学活动是将教育戏剧融入幼儿园五大领域的教学活动中。主题教学活动是将教育戏剧作为一门独立课程，根据幼儿园教学主题的安排而生成的独立的教育戏剧课程活动。区角教学活动是将教育戏剧融入幼儿园各区角的教学活动中。

四、融合幼儿园教育戏剧活动的教学策略

融合幼儿园中教育戏剧活动的教学策略丰富多样。常见的教学策略可分为建立情境活动的教学策略、叙事性活动的教学策略、诗化活动的教学策略以及反思活动的教学策略四大类。[①]教师应该结合自身教育需求选择适当的教育策略开展活动。

（一）建立情境活动的教学策略

建立情境活动的目的是引导幼儿建构戏剧所需要的情境，增进幼儿对故事发生背景、空间信息、环境氛围以及人物特质的了解。墙上角色、巡回戏剧、定格、建构空间、见物如人和旁述默剧是建立情境活动时常用的教学策略。实施方法详见表3-2。

建立情境活动的教学策略案例

表3-2　建立情境活动的教学策略及其实施方法

教学策略	实施方法
墙上角色	将角色画在黑板或纸上，幼儿据画描述该角色的特征。
巡回戏剧	教师将全班幼儿分组，不同小组演故事中的不同片段，教师入戏并进入各组，挑战幼儿的想法。
定格	运用肢体停止的姿势，展示个人或小组希望表达的某一刻的主题概念。
建构空间	采用象征与想象的方式，利用道具、家具、物品等塑造空间，借以表达不同地点。
见物如人	挑选关键性的个人随身物品，借此推论或理解某一角色的性格、特征与行为。
旁述默剧	教师用旁白方式塑造戏剧情境，引导幼儿依据自身对角色或情境的想象与理解，运用肢体动作呈现剧情原貌。

① 王琳琳、邓猛：《西方教育戏剧的发展沿革与实施》，载《比较教育研究》，2019（3）。

（二）叙事性活动的教学策略

叙事性活动的目的是介绍或创造新的故事情节。常用的教学策略包括坐针毡、教师入戏、专家外衣、会议和电话交谈，实施方法详见表3-3。

叙事性活动的教学策略案例

表3-3　叙事性活动的教学策略及其实施方法

教学策略	实施方法
坐针毡	角色坐在中间，接受其他人询问关于角色的问题，以探索该角色的内心想法。
教师入戏	教师扮演剧中某角色，引发与参与者的互动，推动剧情发展。
专家外衣	幼儿在戏剧中扮演具有专业知识或技术的专家，教师是寻求帮助的角色。
会议	参与者以角色身份参与会议，听取新资讯、筹划行动、讨论问题解决方案等。
电话交谈	可以是两人在电话中交谈，也可以利用一方的谈话内容推测另一方的情况，以推动后续事件的发生与发展。

（三）诗化活动的教学策略

诗化活动的教学策略案例

诗化活动的目的是让参与者超越戏剧的故事情节，表现作品中的艺术符号与意象。常用的教学策略包括论坛剧场、仪式、小组演绎、视觉艺术、“新闻联播”、身体搭建和故事地图，实施方法详见表3-4。

表3-4　诗化活动的教学策略及其实施方法

教学策略	实施方法
论坛剧场	参与者共同讨论处于某一情境的戏剧事件，讨论结束后由一组人进行演绎。在演绎的过程中，一旦有人认为剧情偏离方向，或问题解决难以进行，可举手示意提出建议、要求重演或取代出现问题的表演者成为新角色。
仪式	幼儿根据既有的知识和经验，为剧中的角色设计特别的标志性活动。
小组演绎	小组成员自行设计规划，即兴演出某一假设的事件。
视觉艺术	教师根据教育戏剧的主题引导参与者动手制作或创作相关物品作为道具或进行展览分享。

续表

教学策略	实施方法
“新闻联播”	采用新闻报道的方式演绎事件内容，帮助参与者从不同视角审视问题。
身体搭建	参与者运用肢体独立或与他人合作创作和表现主题。
故事地图	将故事情节以地图的形式呈现出来。

（四）反思活动的教学策略

反思活动的目的是帮助幼儿梳理并深入理解故事情节，了解角色人物内心的想法，为角色所面临的困境提供解决意见。常用的教学策略包括假如我是你、观点与角度、思绪追踪、良心巷、脑海中的声音、写作和角色追踪，实施方法详见表3-5。

反思活动的
教学策略案例

表3-5　反思活动的教学策略及其实施方法

教学策略	实施方法
假如我是你	戏剧中某一角色正面临重大决定时刻或进退两难的困境，角色从排成两行的同学中间走过，同学从旁观者的角度给出想法或忠告。
观点与角度	想象自己站在某条选择线上，以站立的位置来表达参与者选择的差异与喜好程度，教师要询问其选择的理由。
思绪追踪	配合静止画面，当教师触碰某参与者的肩膀时，该参与者要说出此时此刻的想法或感受。
良心巷	将全班分为两列，中间保持允许一人经过的距离。让角色穿过“巷子”，班上的其他人可在角色经过时说出想对角色说的话。
脑海中的声音	角色在面对困境或抉择时，其他参与者说出隐藏在角色心中的矛盾想法，持不同观点的参与者也可以在角色聆听时进行辩论。
写作	参与者将自己对主题或议题的思考用写作的方式表达出来。
角色追踪	角色扮演者说出内心的想法，或由其他成员代替其说出。

五、融合幼儿园教育戏剧活动的教学模式

教学模式是教学活动的框架或程序。常用的教育戏剧模式可分为四种，分别是故事戏剧教学模式、角色戏剧教学模式、过程戏剧教学模式和多元探究教学模式。四种教学模式的具体情况如下。

（一）故事戏剧教学模式

故事戏剧教学模式由加拿大教育学家戴维·布思提出，是教育戏剧教学中广泛使用的一种模式。其以故事或儿童诗等文学作品作为教材内容或教学主题，引导幼儿进行互动式的戏剧创作。其运用可分为三个阶段，分别是故事取材阶段、熟悉故事阶段和戏剧创作阶段。第一阶段（故事取材阶段）：故事材料可来源于神话传说、名人逸事、小说、诗歌、影片或绘本。第二阶段（熟悉故事阶段）：幼儿通过教师讲述、朗读以及观看影片等方式了解故事内容，以便投入戏剧表演之中。这一阶段为下一阶段戏剧创作奠定了扎实的基础。第三阶段（戏剧创作阶段）：教师和幼儿在熟悉故事内容的基础上，或创作故事的潜在部分，或添加更多角色，或改变故事发展，或增加新问题，或创设新情境等，使故事内容得到不断完善与丰富。①

（二）角色戏剧教学模式

角色戏剧教学模式由澳大利亚学者卡萝尔·塔林顿提出。该模式强调问题的发现、发展与解决，强调教育戏剧中师生的共同参与。其目的是在教育戏剧活动中，培养幼儿独立思考的能力和语言表达能力，使其以合作学习的方式找到解决问题的路径。角色戏剧教学模式包含一般说明、界定问题、发展问题、解决问题和复习五个阶段。第一阶段（一般说明）：教师解说学习内容、提出问题、给出提议、解说游戏规则，幼儿思考教师的提问、讨论教师的提议。第二阶段（界定问题）：暖身游戏、设定故事情境、设计并记录要解决的“困境”、角色扮演、教师进组了解“困境”解决情况。第三阶段（发展问题）：该阶段是角色戏剧教学模式中最重要的阶段，包括增加资料，推进故事情节，讨论可能的困难与解决方案，幼儿寻求协助，教师询问与回答，幼儿讨论与计划、形成问题解决方案，达成共识等内容。第四阶段（解决问题）：教师引出故事结尾，幼儿讨论所扮演角色在事件结束后的情况、记录感想与认识、讨论有意义的部分。第五阶段（复习）：幼儿分享创作历程，教师回答幼儿提问，教师提供建议，以图画、影像或写信的方式给事件中的人写信等。②

---

① 吕珮钰：《教育戏剧“故事戏剧”教学模组融入生命教育议题之研究》，硕士学位论文，台湾艺术大学，2016。

② 叶琇玫：《教育戏剧在艺术与人文领域中的研究：以改变民间故事〈虎姑婆〉为例》，硕士学位论文，新竹教育大学，2011。

（三）过程戏剧教学模式

过程戏剧教学模式由奥尼尔提出。过程戏剧教学模式将事件发生、发展的情节序列作为教学思路，将教学内容转化为可以让幼儿参与的戏剧形式。其特点是活动开始于体现故事最大张力的部分，故事的发展不依赖于剧本，不以演出为目的，注重幼儿的参与、体验和探索，所以活动的过程是无法复制的。①在具体实施中，其包括三个阶段。第一阶段：教师可将吸引幼儿注意的“中段”情节作为导入，介绍已经发生的事件，以吸引幼儿进入戏剧活动。第二阶段：教师与幼儿共同扩展“前段”情节的细节，以寻求与“中段”情节的逻辑关系。第三阶段：发展“后段”结果，使三段情节串联成完整的故事。②

（四）多元探究教学模式

多元探究教学模式，有研究者称为“百宝箱”模式，由英国戏剧学者约翰·桑姆斯提出。该模式利用参与者的好奇心与寻找真理的心理，通过相关却不完整的资料或物品探究问题发生的原因与事件经过。因此，教师在活动开始之初就要提供问题发生的相关线索或物品，这些证物要能间接显示出何人、何时、何地、因何、为何等相关因素。当这些因素被发现与找寻之后，幼儿通过谈论、分析、对事件的推理等，以即兴创作的方式将可能出现的人物、事件、情节等重新进行塑造，并以角色扮演的形式予以呈现。该模式具体包含五个阶段。第一阶段：教师入戏引导情境。教师叙述戏剧创作的开端，呈现与角色相关的一组物件。第二阶段：教师引导幼儿探索戏剧情节。幼儿根据“百宝箱”中所呈现的物件，以小组合作的方式构建角色与事件。在角色方面，其包括物件主人的住址、亲人、闲暇娱乐、工作与学习情况等；事件方面包括原因、困难、解决方案等。经过小组讨论后，每组确定四个静止画面以呈现情节的开始、发展、高潮与结束。第三阶段：即兴创作。依据每组创作的四个静止画面，扩展故事片段，并将四个情节予以合理联结。第四阶段：分享评价。各组分享创作中的理念、感受与评价。③

---

① 王琳琳、邓猛：《西方教育戏剧的发展沿革与实施》，载《比较教育研究》，2019（3）。

②③ 张晓华：《教育戏剧跨领域统整教学：课程设计与实务》，9～11页，台北，心理出版社，2014。

六、融合幼儿园教育戏剧活动案例

剪纸上的小老鼠

班级	大班	课型	融合
主班教师		配班教师	
领域	教育戏剧	课程时长	30分钟

（一）设计思路

《老鼠嫁女》是中国传统剪纸作品。教师一方面可以帮助幼儿理解故事含义；另一方面可以引导幼儿模仿剪纸中各角色的肢体动作，用肢体合作形成一幅幅生动的剪纸画面。

（二）学生情况

本班共有25名幼儿，其中男生15名，女生10名，普通幼儿23名，轻度智力障碍幼儿2名。
普通幼儿：能够积极参与课堂活动，较好地进行课堂互动，无明显的情绪和行为问题。
轻度智力障碍幼儿：能够参与课堂活动，进行简单的课堂互动，但上课时爱与周围同伴讲话，需要教师提醒。

（三）环境设置

（四）学习目标

普通幼儿学习目标：
①理解《老鼠嫁女》这一中国传统剪纸作品的含义。
②能模仿剪纸中各角色的肢体动作，用肢体合作形成一幅剪纸画面。
轻度智力障碍幼儿学习目标：
①明确自己扮演的角色。
②能大胆地用肢体动作进行表演。

（五）教学重难点

重点：理解《老鼠嫁女》这一中国传统剪纸作品的含义。
难点：能模仿剪纸中各角色的肢体动作，用肢体合作形成一幅剪纸画面。

续表

（六）活动准备	
①剪纸作品《老鼠嫁女》。 ②喜庆、舒缓的音乐。	
（七）活动过程	设计意图
1．引入：戏剧游戏“偷吃的老鼠” 教师扮演大老鼠，幼儿扮演小老鼠，一起去“偷吃食物”。当大老鼠说“来到玉米地偷吃玉米”时，小老鼠们纷纷做出吃玉米的动作。在不同的地方，老鼠们偷吃的食物有蛋糕、瓜子、菜油等。当大老鼠喊“猫来了！”时，小老鼠们便四散逃开。	以“偷吃的老鼠”游戏吸引幼儿注意，放松幼儿身心，帮助幼儿活跃起来；同时，为后续环节的开展进行铺垫。
2．剪纸欣赏：初步感受《老鼠嫁女》带给人的喜庆感 ①初步欣赏剪纸作品。 师：“这幅画里有谁？他们在做什么？他们心情怎么样？你喜欢这幅剪纸作品吗？为什么？” ②教师向幼儿介绍剪纸作品《老鼠嫁女》的含义。	帮助幼儿理解《老鼠嫁女》的含义。
3．在背景音乐中，欣赏并模仿剪纸作品中角色的细节动作 ①自由模仿自己喜欢的角色的动作，定格后相互展示。 师：“你喜欢谁的动作？请你看看他们是怎么做的，然后摆出造型来。” ②教师引导幼儿仔细观察主要角色（新娘、敲锣者、打鼓者、抬嫁妆的老鼠等）的动作，并共同模仿。 教师逐一出示关于每个主要角色的剪纸，引导幼儿观察其肢体动作及剪纸画面中的细节，鼓励幼儿集体模仿，或个别幼儿在集体面前展示，相互学习。例如，对于敲锣者，教师可以这样引导。 师：“你们看敲锣的老鼠，手里拿着什么？一只手拿着什么？另一只手呢？请大家来做一做敲锣的动作。他的身体是什么样的？腿是怎么样的？请大家来做一做。”	在音乐中引导幼儿以个别、集体的方式欣赏并模仿剪纸中各角色的肢体动作，用肢体合作形成一幅剪纸画面。
4．分组扮演不同角色，用肢体展示出“剪纸”作品 ①观察并模仿剪纸画面中每排的角色及其动作。 ②小组展示。将幼儿分为4个小组，分别摆出剪纸上4组角色的动作造型。教师帮助改正动作细节。 ③通过定格策略，用肢体展示各组的“剪纸”。教师播放喜庆的音乐，4个小组站成4排，同时摆出剪纸角色造型。当音乐停止时，幼儿定格成一幅人体“剪纸”。教师给幼儿拍照片。	以小组扮演的形式，引导幼儿创造性地用肢体展示出“剪纸”作品，运用定格策略给幼儿拍照片，以供幼儿分享、讨论。

续表

5．结束：放松游戏“小老鼠的梦” 略。	通过“小老鼠的梦”放松幼儿身心。
（八）课后评价	

姓 名	理解《老鼠嫁女》这一中国传统剪纸作品的含义	能模仿剪纸中各角色的肢体动作，并用肢体合作形成一幅剪纸画面

（九）课后反思

（资料来源：新阳幼儿园新景西五路分园　张丽莉）

思考与实践

1. 什么是教育戏剧？
2. 教育戏剧与戏剧教育的区别是什么？
3. 教育戏剧与角色游戏的区别是什么？
4. 教育戏剧与表演游戏的区别是什么？
5. 教育戏剧对学前融合教育有怎样的意义？
6. 融合幼儿园教育戏剧活动的教学策略可分为几种类型？
7. 建立情境活动的教学策略包括哪些？
8. 叙事性活动的教学策略包括哪些？
9. 诗化活动的教学策略包括哪些？
10. 反思活动的教学策略包括哪些？

主题三 沙盘游戏活动的设计与指导

导入语……

沙盘游戏，是心理治疗的方法之一，也称为箱庭疗法。近年来，许多学前教育工作者，大胆尝试将其引入学前教育中，在组织游戏的过程中对学前儿童实施心理健康教育，既培养了幼儿良好的习惯，也有效促进了幼儿各方面的发展，得到了幼儿和家长的欢迎。沙盘游戏，作为一种非语言的心理治疗技术，如何在学前融合教育中实施呢？

一、沙盘游戏概述

沙盘游戏以荣格分析心理学为基础。荣格分析心理学的重要基础是中国文化，沙盘游戏的最重要基础也是中国文化。荣格以及卡尔夫本人，都对中国文化有着系统而深入的研究，并以此作为其心理学体系的最重要的哲学和方法论基础。中国沙盘游戏治疗由复旦大学博士生导师申荷永教授引入，后被广泛应用于幼儿的心理教育与治疗，深受一线教育工作者欢迎。

（一）沙盘游戏的定义

作为一种非语言的心理治疗技术，沙盘游戏适用于任何一个年龄群体。游戏由沙（干沙或者湿沙）、沙盘和沙具三部分组成。游戏者可以发挥自主想象，借助沙具在沙盘区域创造丰富的场景。沙盘是个体内心世界的外在呈现和自我揭示。在学前融合教育中，沙盘游戏为每一名特殊幼儿或者参与游戏的普通幼儿创造了安全且有保护的自由空间，让他们可以在这样的环境中，运用沙具来创设和表达自己的无意识世界，抑或者通过亲子、同伴和团体游戏，达到接纳、共情、赏识和营造良好的社会关系等目标。

沙盘游戏是幼儿利用沙盘、沙具、沙子，用象征、心象等形式来表达自己内心无意识世界的过程。沙盘游戏从创建至今，已有百年历史，不仅是心理分析的重要方法和技术，而且是心理分析理论的重要发展。沙盘是自由、有保护、有边界的区域，参与者可根据自己的内心世界创造或改造这个世界。在学前融合教育过程中，教师只须给幼儿提供一个安全、有保障、接纳的环境，就可让幼儿安于其中，享受自由并乐于创造。沙盘游戏可将无形的心理以物化的方式呈现出来，从而使幼儿获得创造与发展、治疗与治愈，它充满无穷的魅力和动人的力量。

（二）沙盘游戏的由来

沙盘游戏最早是在幼儿游戏中发现的。其最初的创意，可以追溯到英国作家威尔斯的“地板游戏”。他鼓励父母多陪孩子游戏，认为每个幼儿都应拥有充足的玩具并利用玩具开展游戏。因为游戏可以丰富幼儿心灵，激发创造力，培养想象力。1911年，威尔斯在其《地板游戏》一书中，将自己和两个儿子在地板上建构生活场景游戏的照片放入其中，并勾画了许多图案，成为地板游戏的最早介绍。

1928年，英国医生洛温菲尔德创建了幼儿心理诊所，以地板游戏的方式和幼儿进行心理沟通。1929年，洛温菲尔德添置了一个装沙、一个装水的镀锌箱子，让幼儿自主将玩具和模型放到盛有干沙或湿沙的箱子里，制作出不同的画面和场景，这就是沙盘游戏的前身。洛温菲尔德发现，经过幼儿制作后箱子里呈现的场景，正是幼儿意识和潜意识的心理表达。这种通过游戏来表达的方式，无须借助语言或文字，就能强烈表达心理意象。在游戏画面的帮助下，幼儿可以清晰地表达内心世界，释放不良情绪。它非常有利于解决幼儿心理问题，帮助其健康成长。“游戏王国技术”（The World Technique）就此诞生。

沙盘游戏的创始人——瑞士心理学家多拉・卡尔夫（Dora Kalff），在“游戏王国技术”的基础上，注入了荣格分析心理学思想，以及东方传统的哲学思想。她接受洛温菲尔德的指导，将荣格分析心理学的象征理论和原型理论相结合，为来访者创造了一个“自由与受保护的空间”，创建了沙盘游戏技术。她认为来访者在沙盘中运用沙具表达自己的潜意识世界，可以使自我疗愈力得以发挥。自此，沙盘游戏开始广泛应用在幼儿心理咨询中。她游历世界，教授并培养了一批运用该项技术的人才。1985年，国际沙盘游戏治疗学会成立，沙盘游戏正式作为一种心理治疗的有效方式得以广泛使用。

（三）沙盘游戏的三要素

1. 沙盘

沙盘英文名为sandbox，也叫沙箱。在沙盘游戏中，它是装沙的容器，多为长方形的木制箱体。沙盘外侧多以黄色为基调，内侧多以蓝色为主色调。游戏者可以通过色彩想象土地乃万物之源，天地间蕴含着蓝天、大海、江河和溪流等。沙盘可分为干沙和湿沙沙盘两种，其中湿沙沙盘可以将水放入盘中。沙盘的高度要适合幼儿使用。

2. 沙

沙盘游戏对于沙没有特别限制，多使用白色或米色的沙，但必须确保卫生干净，须定期晾晒或消毒。沙子的粗细可根据幼儿的喜好或者个别特殊幼儿训练的需要选择不同材质的沙。沙越细越利于塑形。

3. 沙具

沙具是沙盘游戏中使用的微缩模型，是幼儿在游戏中的无声语言。通过各式各样沙具的选择与摆放，幼儿呈现并表达自己的情感、经历和心理感受等。不同沙具的使用与摆放，在心理治疗中有着不同的原型和意义，沙具是象征性的载体。原则上，沙具种类、数量越多，涵盖范围越广越好，越丰富的沙具可供幼儿在游戏中表达越丰富的情感"语言"，其创造性亦越强。我们可以通过游戏中人物、动物、植物、建筑材料、交通工具以及宗教和文化等模型，捕捉与把握到原型和原型意象的意义。

二、沙盘游戏对学前融合教育的意义

（一）沙盘游戏促进幼儿智力发展

3～6岁是幼儿智力启蒙的重要阶段，这一时期，幼儿的大脑具有极强的可塑性和敏感性。在沙盘游戏过程中，幼儿通过扬沙、挖沙、铲沙等动作提高上身肌肉能力和手眼协调能力，促进运动智力的发展；通过使用不同大小和形状的容器帮助理解"大小""大于""小于""等于"等数量概念，促进数学智力的发展；通过作品创作和作品分享，提高语言表达能力和社交能力；通过在沙盘中安排玩具模型的位置，锻炼空间感知能力等。[①]总之，沙盘游戏为幼儿提供了探索和实验的机会，促进了幼儿多种能力和技能的发展。

（二）沙盘游戏有利于改善幼儿的不良同伴关系，解决同伴冲突

沙盘游戏既是一种游戏，也是对幼儿心灵的表达。幼儿园是幼儿集体生活的地方，不同家庭背景、不同性格的幼儿生活在一起，难免会产生矛盾，导致不良的同伴关系。沙盘游戏通过创设一个虚拟的、可改变的、具有体验性的"新世界"，让幼儿

① 李龙珠、陈顺森：《箱庭疗法在幼儿心理咨询中的应用价值》，载《闽南师范大学学报（哲学社会科学版）》，2016（4）。

在游戏过程中将情绪表达出来，使情绪得到宣泄，获得新的体验[①]，从而增进同伴之间的了解，化解冲突，改善不良的同伴关系。

（三）沙盘游戏能够促进幼儿规则意识的培养

游戏是幼儿的天性，游戏对于培养幼儿的规则意识具有积极作用。任何游戏都有规则，沙盘游戏也不例外。没有规则的约束，游戏很难顺利进行。在沙盘游戏过程中，尤其是在团体游戏中，幼儿必须遵守团体游戏的规则，不能“由着自己的性子”来。一旦有幼儿打破规则，便会受到来自团队其他成员的“批判”。成员之间的互相监督，促使幼儿慢慢遵守沙盘游戏规则，在感受游戏快乐的同时，体验规则的意义，培养规则意识。

（四）沙盘游戏有利于发展幼儿的创造力

自由是解放创造力的前提。在沙盘游戏过程中教师不做任何干预，拿什么沙具、沙具如何安排等，全部由幼儿自主决定，可以说沙盘游戏就是让幼儿自主、自由地“玩”。但这种自由的“玩”，也有其自己的规则，而规则大多是由幼儿自己达成的某种契约规则。这种自由游戏，符合幼儿的天性，尤其是幼儿异想天开的天性。在这样自由的沙盘游戏中，幼儿可以随意探索、释放个性、天马行空，从而发展创造力。

三、沙盘游戏室的设置

沙盘游戏室可分为个体沙盘游戏室和团体沙盘游戏室。沙盘游戏室中可以安装录播设备，帮助教师更好地记录、观察和分析幼儿的情况，或者针对个体在游戏中的异常情况进行分析。

布置时应充分考虑幼儿生理因素，沙盘和沙具陈列柜的高度应符合幼儿的身高和视觉特点。选用材料时，应注意其安全性。环境布置应用同一色系，不可用太过鲜艳或层次丰富的色彩。沙具的种类要丰富，可涉及生活中的方方面面，包括自然、动物、植物、人物、建筑、交通工具、生活用品和相关器具等，可归类摆放于沙具陈列柜中，方便幼儿根据需要进行选取。

个体沙盘游戏室不宜太大，但必须设置在相对安静、不被打扰的地方。相对隐蔽的空间，可以确保隐私性，帮助幼儿建立安全和受保护的意识，减少抵触情绪，乐于

① 王深申：《基于心理学视角下的幼儿沙盘游戏教学分析与思考》，载《科普童话》，2019（24）。

表达思想与情感。团体沙盘游戏室可根据幼儿园环境建设，用普通教室或80平方米左右的活动室，方便幼儿在集体活动中自由互动、交流。

四、融合幼儿园沙盘游戏活动的组织形式

融合幼儿园沙盘游戏活动的组织形式一般可以分为个体沙盘游戏、同伴沙盘游戏和团体沙盘游戏三种。

（一）个体沙盘游戏

个体沙盘游戏，是指教师单独陪护一名幼儿进行的沙盘游戏。由此可见，个体沙盘游戏重在陪护。通过个体沙盘游戏陪护，师生建立良好的信任关系，让幼儿内在的心理冲突得到表达和缓解，放松紧张的情绪，对自己的意识或无意认知进行重构，使心灵获得自由、充实和发展。陪护可以帮助师生之间产生理解、接纳和共情等良好情感，让师生共同建立安全、包容的心理环境和良好的信任关系。在融合幼儿园中，个体沙盘游戏多用于社会、经济、文化、家庭等处境不利的或存在精神障碍及问题的一切特殊幼儿，尤其适用于有入园焦虑、适应困难、情绪障碍和问题行为的幼儿。个体沙盘游戏可以让其在信任、自由与安全的环境与心理氛围中，培养专注力、创造力以及与他人共处、交流、合作的能力。

在个体沙盘游戏中，教师应注意以下几点。

①确保环境的相对封闭性，为幼儿建构一个安静、安全、受保护的环境。

②注意语言，要以平等的姿态、平和的语言、平静的心理陪伴、守护幼儿。

③充分尊重幼儿的需求，不勉强幼儿做不喜欢的事情。

④多观察，不过度交流，确保在幼儿自愿的情况下进行交谈。

⑤沙盘游戏能反映幼儿发展的困难和优势，教师应抓住时机适时引导，挖掘其潜能，启迪其智慧。

⑥沙盘游戏呈现幼儿真实的内心世界，教师应尊重幼儿，保护其个人隐私。

⑦加强家园合作，共同面对幼儿的问题，帮助其成长。

（二）同伴沙盘游戏

在融合幼儿园中，同伴沙盘游戏特指在教师帮助下，为特殊幼儿打破社交障碍壁垒，和普通幼儿结对建立伙伴关系时开展的沙盘游戏活动。教师可通过对特殊幼儿进行观察，寻找其喜爱的1～2个小伙伴，与之共同开展沙盘游戏活动。由于生活背景、

家庭环境和身心发展存在差异，游戏内容和活动过程也应因人而异。幼儿通过游戏中的共同创造可提高交流、合作能力，改善并建立伙伴关系。在最初的活动中，为确保游戏的有效性和趣味性，教师可从旁辅助，帮助特殊幼儿语言表达能力、社交能力和环境适应能力得到锻炼和提高。

在同伴沙盘游戏中，教师应注意以下几点。

①充分尊重幼儿意愿，选择适合的助学伙伴开展活动。

②协助游戏同伴建立平等、互助、信任的关系。

③游戏活动中注意观察和适时引导，但绝不可干涉。

④引导幼儿以自主的方式开展游戏。

⑤辅助幼儿共同探讨、相互陪伴、协作互助，共同获得心理成长。

⑥尊重幼儿差异，保护个人隐私。

⑦加强家园合作，共同面对幼儿的问题，帮助每名幼儿成长。

（三）团体沙盘游戏

团体沙盘游戏是综合性心理课程，是心理沙盘治疗（Sandplay Therapy）中的一种。融合幼儿园中的团体沙盘游戏，通过自定主题、自选沙具、自主交流、自由结伴等自然情境下的互动活动，让每个幼儿从束缚的活动内容与空间中解放出来，激发创造灵感，培养合作意识，提高学习力和创造力。特殊幼儿可以通过参与团队沙盘游戏，在协助中完成任务，体验成功的喜悦，感受在幼儿园“大家庭”中的快乐。幼儿可以更好地被同伴接纳，更快地融入社会群体中。

在团体沙盘游戏中，教师应注意以下几点。

①充分尊重幼儿意愿，引导其遵循共同参与原则。

②不过度关注特殊幼儿，使其在自然状态下自主融入集体活动。

③建立游戏规则，逐渐让每一名游戏参与者都成为助学伙伴，给予特殊幼儿必要的帮助。

④悉心观察特殊幼儿参与游戏的情况，做好观察日志，必要时做辅助性支持。

五、沙盘游戏的教学流程

通常情况下，幼儿园沙盘游戏的教学流程分为课前准备、创设情境、沙盘创作、分享交流、沙具整理、整理信息六个环节。

课前准备是沙盘游戏教学的开始，从环境和心理上帮助幼儿做好准备。环境准备主要是沙盘游戏室的布置，心理准备主要是介绍沙盘游戏规则，重复游戏规则有利于加深幼儿的印象。

创设情境是教师利用故事、图片、视频等方式引出游戏主题，为幼儿后续游戏提供背景。

沙盘创作是幼儿进行沙盘游戏的过程。幼儿按照一定的顺序拿取自己内心所想的沙具，并将其摆放至沙盘中。在此过程中，教师适当引导，认真观察并记录。

分享交流可以穿插在沙盘游戏过程中，也可以在沙盘游戏结束后进行。在幼儿第一次拿取沙具并摆放好后，教师可以引导幼儿与同伴进行初次交流，让其简单描述自己拿的哪个玩具以及它的用途。随后教师可以根据幼儿的状态，引导幼儿进行第二次沙具选取，选取结束后进行第二次分享。沙盘游戏结束后，教师可以带领幼儿参观其他幼儿的沙盘作品，并请每个幼儿介绍自己的作品，在交流、讨论的过程中引导幼儿初步建立向他人学习的技能，逐步提高语言表达能力。幼儿分享结束后，教师对幼儿的游戏过程以及作品进行评价和总结。

沙具整理是在游戏结束后，教师引导幼儿将沙具归位，养成整理物品的习惯，也有利于下节课的幼儿进行游戏。

整理信息是教师在游戏结束后，将对幼儿的观察记录和相关沙盘作品图片等信息归档，便于对幼儿进行个案分析。表3-6是沙盘游戏“我的幼儿园”活动的流程。

表3–6　沙盘游戏“我的幼儿园”活动流程

教学流程	主要内容	教师角色
课前准备	教师介绍沙盘游戏规则	引导者
创设情境	幼儿观看视频，教师介绍幼儿园； 幼儿讲述自己观察过的教室； 幼儿在沙盘中进行规划	引导者
沙盘创作	幼儿有序拿取沙具进行创作	引导者、观察者
分享交流	幼儿拿取沙具并放置好后，与同伴交流； 幼儿与同伴分享自己的作品	引导讨论者、观察者、总结和评价者
沙具整理	幼儿将沙具归位	引导者
整理信息	教师整理观察记录	记录者

六、融合幼儿园沙盘游戏活动的教学要点

（一）课前准备的教学要点

沙盘游戏活动的六个阶段中，最关键的就是课前准备。

在组织沙盘游戏活动前，教师应做到以下几点。

①建立平等关系。只有充分尊重幼儿，才能建立平等的师幼关系。只有建立平等的关系，才能建构信任、无障碍的人际交流，也才有可能开展有效的游戏活动。

②建立时空概念。沙盘游戏是非常好的帮助幼儿建立时空概念的活动。提前告知活动时间，让幼儿建立本次游戏活动的时间概念；确定沙盘和沙具所在位置，在个体沙盘游戏和同伴沙盘游戏中，还可确定参与活动人员所在的位置，帮助其建立空间概念。

③建立规则意识。融合幼儿园游戏中幼儿规则意识的培养尤为重要。《幼儿园教育指导纲要（试行）》中提出："在共同的生活和活动中，以多种方式引导幼儿认识、体验并理解基本的社会行为规则，学习自律和尊重他人"；"理解并遵守日常生活中基本的社会行为规则"。

沙盘游戏，自由而开放，教师应在活动前与幼儿共同制定游戏规则，教每一名参与者都建立安全意识，尊重同伴意愿，懂得共同遵守约定，约束行为。例如：不将沙子扬到同伴身上，避免沙子进入眼部，不造成同伴受伤等。

（二）创设情境的教学要点

环境是重要的教育资源。在沙盘游戏教学过程中，教师需要根据活动的主题创设一个自由、宽松、安全的游戏情境。沙盘游戏所创设的游戏情境不仅可以激发幼儿的参与主动性，而且可以帮助幼儿结合自己的思考完成沙盘制作过程。因此，虽然沙盘游戏有固定的实施程序，但教师不应该将实施过程固化或单一化，而应该通过主题的游戏化情境创设，丰富沙盘游戏的实践过程。教师在创设游戏情境时，要注意以下几点。

①情境创设要以幼儿为中心，贴近幼儿生活经验，围绕幼儿感兴趣的内容和情境进行设计。

②游戏情境要体现教学目标，具有教育性。

③游戏情境要具有可操作性。

（三）沙盘创作的教学要点

在幼儿进行沙盘创作时，教师应做到以下几点。

①以幼儿为中心，教师只是陪伴者、守护者和引导者。

②在个体沙盘游戏中，当特殊幼儿遇到问题时，应在充分尊重幼儿意愿的基础上，提供指导性的意见或者建议，帮助特殊幼儿独立思考，找到解决问题的方法和途径。

③在同伴沙盘游戏中，教师只是观察者、引导者和协助者。观察活动中特殊幼儿的情况，引导普通幼儿悦纳特殊幼儿，共同营造良好的游戏氛围；帮助特殊幼儿提高游戏兴趣，享受活动快乐，自主展示其感受和成果。

④在团体沙盘游戏中，教师只是引导者，引导团体在活动后讨论，教幼儿学会反思，在活动中成长。帮助游戏中的特殊幼儿，使其通过同伴互助获得展示的机会，鼓励幼儿用不同艺术形式大胆地表达自己的情感、理想和想象。

（四）分享交流的教学要点

在分享交流阶段，教师可以引导幼儿自主描述其沙盘作品，倾听故事，还可以帮助特殊幼儿为其沙盘故事取一个他/她喜欢的名字。在同伴沙盘游戏和团体沙盘游戏中，教师可以帮助、引导特殊幼儿学会倾听他人话语，参与故事表达，自主表达感受。在分享交流中，教师要注意以下几点。

①教师是引导者，不是主导者。教师要引导幼儿主动表达，对于不想表达的幼儿，不能勉强。

②要给特殊幼儿提供适当的帮助。

③要为每个幼儿创造分享交流的机会，鼓励幼儿用不同的方式表达自己的想法。

④教师要适时记录幼儿的表达内容。

（五）沙具整理的教学要点

整理沙具前，教师可以征求幼儿意见，将本次沙盘游戏的成果记录下来。教师可以从不同的角度拍下照片，为进一步整理资料或进行行为分析做准备。在沙具整理环节，教师要注意以下几点。

①用生动有趣的语言引导幼儿将沙具归位，如“让我们送沙具宝宝回家”。

②不能只做旁观者，要适当提供帮助。

③引导普通幼儿帮助特殊幼儿，营造良好的互助氛围。

④幼儿将所有沙具归位后，教师要做最后的整理。

（六）整理信息的教学要点

教师在整个沙盘创作过程中只做粗略的记录，待整个沙盘创作完成后，再进行具体的记录。为了方便教师对幼儿创作过程进行记录，教师可以对创作过程以每一次每一轮为单元进行记录，要记录每名幼儿在每一轮中摆放沙具的数目、名称、所占用的时间等。[①]信息收集可以贯穿在整个游戏活动中，教师要特别注意观察和记录特殊幼儿的行为、语言或异常情况。完整、齐全的信息可以帮助教师后期在个案研究中进行深度分析。

七、融合幼儿园沙盘游戏活动案例

同伴沙盘游戏

班级	小班	课型	融合
主班教师		配班教师	
领域	沙盘游戏	课程时长	35分钟
（一）设计思路			
通过同伴沙盘游戏，帮助小霖加强与小伙伴的交流。用沙盘的意象表达技术，让小霖学会交流，与身边的小朋友建立良好的伙伴关系，帮助他尽快融入班集体，适应幼儿园集体生活。帮助教师和家长了解幼儿的思想和深层次需要，从而促进幼儿健康成长。			
（二）学生情况			
本班共24名幼儿，其中轻度智力障碍幼儿1名，有固定的融合小伙伴，但不愿与其他小朋友交流和游戏。在共同活动中，该幼儿畏缩，不愿参与。每天上午到幼儿园时都要大声哭闹，教师和小伙伴们都无法劝解。具体情况如下： 小霖，男，3岁8个月，智商为56，轻度智力障碍。胆小，会说话，不愿表达。为帮助其尽快适应幼儿园生活，为其找到了喜欢的融合小伙伴。入园3个月，仍不适应幼儿园生活，社会适应能力和情绪管理能力差。 珺珺，女，3岁5个月，小霖的融合小伙伴。语言表达和社交能力强，爱笑，乐于帮助小朋友。入园后，与小霖建立了良好的朋友关系。活动中能关注其同伴，在区角游戏和角色游戏中能主动带小霖一起参与集体活动。			
（三）环境设置			
尊重小霖，由他选择在哪个位置做沙盘游戏；引导珺珺与小霖在同一沙盘中共同游戏。			

① 张日昇：《箱庭疗法的心理临床》，26页，北京，北京师范大学出版社，2016。

续表

（四）活动目标	
小霖	语言目标：能在游戏互动中表达意愿。 认知目标：了解游戏角色，认识沙具并将其运用在适合的场景中。 情感目标：体验活动乐趣，喜欢同伴，喜欢集体活动。
珺珺	语言目标：能够与同伴协商确定主题，激励同伴参与活动。 认知目标：能够进行角色划分，带领同伴一起创设情境。 情感目标：体验共同创作的乐趣以及助人为乐的感受。
（五）活动重难点	
重点：能在游戏中交流合作，建立团结、互助、包容的良好关系。 难点：帮助小霖学会在合作游戏中自主表达意愿，建立相互信任的伙伴关系，尽快适应集体生活。	
（六）活动准备	
经验准备：单独和珺珺约定，今天的游戏，一定让小霖开心地笑起来。 物质准备：录像设备。 环境准备：沙盘游戏室。	
（七）活动过程	设计意图
1．课前准备 秩序整顿： 师："两位小朋友，今天想不想一起去做沙盘游戏呢？"	稳定的朋友关系，让彼此内心有安全感；激趣。
2．导入部分 引导幼儿和同伴打招呼，边摸沙边讨论。 师："两个好朋友商量一下，今天做什么呢？" （幼儿商量要做什么。）	舒缓情绪，激发想象力。 在同伴协商中，学会用语言表达意愿。
3．活动部分 ①确定主题。 师："商量好今天要做什么了吗？能告诉我吗？" 幼："商量好了，我们要搭建游乐园。" 师："今天的这个游戏需要一起努力才能完成，是吗？" 幼："是呀，我们要一起搭建游乐园，是我们共同决定的。" 师："说说你们分别负责什么吧。" （让幼儿根据实际分工情况进行回答。） 师："非常好，那就一起愉快地开始吧。" ②做一做。 教师退出活动范围，开始录像，适时观察小霖的情况。游戏中做到：	通过交流，帮助幼儿加强对主题内容的理解。 共同决策，强调合作精神，提高特殊幼儿的活动参与度。 强调角色分工，帮助特殊幼儿明确目标。 只陪护，不干涉，注意幼儿语言、动作和表情变化。

续表

幼儿自主游戏，教师不干预，必要时才可以出面引导。 两个小伙伴根据自主确定的主题，共同搭建游乐园，并依据各自喜好，进行分工合作。 ③说一说。 师：“你们好，可以请你们介绍一下你们的游乐园吗？” 让两个小伙伴商量由谁介绍。 ④收沙具。 有序配合，共同整理、归纳沙具，并将其摆放到原来的位置上。	这是一个合作、交流、创造的过程。 学会倾听、表达，相互尊重。 思想的碰撞，让彼此都不断完善。 良好学习习惯和生活习惯的培养。
4．活动延伸 谈谈自己的感受，感谢小伙伴陪伴自己度过快乐的时光。	学会感恩，用语言表达自己的情感。

（八）课后评价

姓 名	情绪稳定	能参与讨论并商定内容	能主动参与游戏活动，并用语言进行表达	能关注并配合他人，共同创造性地完成任务

注：0分，完全不是；1分，提示后是；2分，基本是；3分，是。

（九）课后反思

思考与实践

1. 简述沙盘游戏的定义。
2. 请你说一下沙盘游戏的三要素。
3. 简述沙盘游戏对学前融合教育的意义。
4. 个体沙盘游戏室是否越大越好？

5. 简述同伴沙盘游戏的注意事项。
6. 简述沙盘游戏的教学流程。
7. 在进行沙盘游戏之前，教师应该做哪些准备？
8. 在幼儿创作沙盘的过程中，教师应该怎么做？
9. 教师应该如何记录幼儿进行沙盘游戏的过程？
10. 请你设计一次沙盘游戏教育活动。

▶ 主题四 奥尔夫音乐活动的设计与指导

导入语……▶

随着素质教育的推行，音乐教育受到了前所未有的重视。奥尔夫音乐教育体系适合幼儿的发展特点和素质教育的基本要求，有助于我国幼儿音乐教育的多元化发展。这就要求幼儿园教师能够掌握奥尔夫音乐活动的系列知识与教学方法，为普通幼儿与特殊幼儿提供专业且优质的幼儿音乐启蒙教育。在学前融合教育中，由于幼儿们的认知水平、个体差异较大，教师如何设计音乐课程才能给幼儿们营造轻松快乐的学习环境，促进普通幼儿与特殊幼儿共同发展，提高幼儿综合音乐素养呢？

一、奥尔夫音乐的定义

（一）音乐的定义

音乐是通过有组织的音（主要是乐音）构成的听觉意象，来反映人们现实生活与思想情感的一门艺术形式。音乐的三大基本要素是节奏、旋律、和声，除此之外还有音色、速度、力度、调式、曲式与织体等。音乐是一门美的艺术，它可以陶冶情操，是教育中实施美育的一个重要途径。

（二）奥尔夫音乐的定义

奥尔夫音乐是世界著名且影响广泛的三大音乐教育体系（达尔克罗兹音乐教育体系、奥尔夫音乐教育体系和柯达伊音乐教育体系）之一，是由德国作曲家、音乐教育家卡尔·奥尔夫创立的一套综合性音乐教育体系。奥尔夫音乐是“原本性”的音乐教育，以音乐产生的本质为出发点，即“诉诸感性，回归人本”；它是接近土壤的、自然的、机体的，能给每个人带来真挚情感的音乐；它不单单只有音乐，而是可以和语言、动作、舞蹈融为一体的综合性艺术；同时人们的角色不是听众、观众，而是成为表演者、参与者加入活动中，自主意愿强烈地跟着音乐的感觉走；“原本性”的音乐，其灵感是来源于生活的，也就意味着它是每个人都可以学会并从自己内心世界出发尽情去体验的，是尤其适合幼儿的。奥尔夫音乐教育体系的核心是“原本性”，围绕这一核心呈现出一些共性的特点。

卡尔·奥尔夫

1. 元素性

奥尔夫认为，表现得越具有本原性、单纯性，效果就越直接、越强烈。奥尔夫从最简单的音乐要素入手进行音乐教育，教学中的每一个课例都有明确的音乐要素教学目标，包括我们了解到的音乐的一些基本特点，如音高、节奏、力度、音色等。幼儿可以在奥尔夫音乐的课堂中感受声音的强弱、旋律的高低、速度的快慢等。人们可以通过这些最基本的音乐要素来表达人类原本的思想情感。[①]

2. 即兴性

即兴性又名创造性，是奥尔夫音乐教育体系中的一大重要理念。它贯穿在每一次的奥尔夫音乐活动与学习中，可以是动作的即兴、乐器的即兴、节奏的即兴等。即兴创造是每个人与生俱来的本性，只是常常由于某些原因被禁锢了。通过即兴，幼儿可以充分发挥想象力与创造力，很好地释放天性，沉浸在自己设计的情境当中，从而提升学习的主动性。

3. 参与性

我国的幼儿音乐教学往往带有功利色彩，强调对技能的学习，往往以教师为主导，幼儿经常处于被动的状态，导致教学方式单一枯燥，抹杀了幼儿的个性。这种教学方式难以适应以人为本、创新发展的时代要求。[②]奥尔夫主张在轻松、愉悦、民主的氛围中，在教师和幼儿之间平等的对话和交流中，共同建构音乐教学活动。[③]奥尔夫音乐活动特别注重引导每名幼儿都积极参与到活动中，让其置身于“玩”的情境下，创

① 张前高：《奥尔夫音乐教育》，11页，镇江，江苏大学出版社，2015。

② 刘丹：《奥尔夫音乐教育思想对我国幼儿音乐教育的启示》，载《教育探索》，2012（5）。

③ 张前高：《奥尔夫音乐教育》，12页，镇江，江苏大学出版社，2015。

作出新的节奏、旋律抑或是舞蹈动作。每一项创作都能为幼儿提供全新的体验，产生无穷无尽的吸引力。同时，幼儿会为自己的创作备感骄傲，成就感大幅提升。

4. 多元性

奥尔夫认为，音乐是多元性的，奥尔夫音乐活动可以跨越国界、语言、民族的界限，是全世界都可以开展的一项教育活动。其思想不是封闭性的，是充满开放性与包容性的，音乐教育者可以将自己国家民族的、本土的文化背景和特色等大胆融入自己的教学活动中实现创新，如非洲木琴、巴伐利亚的民间歌曲、中国的传统音乐等，在音乐中结合本民族的传统文化，做到“古为今用”。幼儿在享受音乐美的同时，继承并发扬本民族的优秀传统文化。奥尔夫的教育思想能与当地文化遗产完美结合，这也是奥尔夫教学法能迅速传遍世界的重要原因之一。①

5. 综合性

奥尔夫认为，原始的音乐不是单独的音乐，它是和动作、舞蹈、语言紧密结合在一起的。奥尔夫音乐教育体系是综合的艺术，并不以音乐为单一形式存在，也不只是歌唱与倾听，它与动作、舞蹈、语言等形式相互作用，结合为一个有机整体。它以多种艺术方式的结合为呈现形式，是心灵深处最自然的情感的流露。

二、奥尔夫音乐对学前融合教育的意义

（一）促进幼儿的社会性发展

在融合教育环境中，大部分的特殊幼儿其实与普通幼儿一样，甚至比普通幼儿更加热爱奥尔夫音乐活动。融合幼儿园在进行奥尔夫音乐活动以外的其他活动时，存在特殊幼儿不与普通幼儿交往甚至零交流的现象。在奥尔夫音乐活动中，由于音乐对幼儿身心形成的刺激，特殊幼儿能够主动参与、勇敢地表达自己，并在不经意间与普通幼儿产生不同程度的交流。集体的音乐教育活动可以增加幼儿的合作、分享、遵守基本秩序等社会行为。

（二）提高幼儿的专注力

部分幼儿特别是特殊幼儿这一群体，在上课期间普遍存在注意力难以集中且稳定性差的现象，这个问题时常困扰着学前教育的教师们。在奥尔夫音乐活动中，幼儿在

① 龙亚君：《音乐新课程教学论》，280页，长沙，湖南人民出版社，2007。

将音乐与身体活动结合的同时，会自觉地去感受音乐中的旋律之美。尤其是在包含律动、舞蹈或音乐游戏时，幼儿在音乐中伴随肢体的自由舞动，更能集中注意力，参与课堂教学活动。

（三）激发幼儿的学习兴趣

推动学习者学习动机的关键是学习兴趣，如何让幼儿在轻松愉悦的环境中进行有效学习，重点在于激发幼儿主动学习的兴趣。奥尔夫音乐活动在教学过程中并不是采用传统的传授式音乐教学方式，而是以幼儿为主体，让其增加身体的律动、即兴的创作，使多种艺术有机组合在一起，激发幼儿主动学习的兴趣。

（四）开发幼儿的想象力与创造力

在传统的音乐课堂教学中，教师只是起到机械式的示范作用，幼儿也只是单纯模仿，这种教学方法不仅约束了幼儿的思维，时间长了容易造成思维的惯性与惰性，阻碍想象力与创造力的发展。在奥尔夫音乐活动教学课中，教师是幼儿学习的引导者，幼儿才是课堂的主体。教师大胆地让幼儿去动、去玩、去感悟音乐、去表露自己的情绪、去进行创造，幼儿可以在活动中体验到学习的满足感。这种教学方式可以极大地开发幼儿的想象力和创造力。

三、奥尔夫音乐活动的内容

奥尔夫音乐活动的内容主要包括五个方面。

（一）语言训练

将语言引入音乐教学是奥尔夫对学校音乐教学的一项伟大贡献。[①]他认为，语言是人人具备的能力。作为人声，它与歌唱在生理上和发声原理上有许多共通的东西，如呼吸、吐字、音色的变化。与动作、音乐结合的语言是奥尔夫原本性音乐教育的重要组成部分。[②]语言在奥尔夫音乐中的运用主要包括：通过语言中的字词学习节奏、学习音乐的表现方式以及节奏。[③]语言类型可分为发声、朗诵、歌唱环节。其中带有节奏

---

① 李妲娜、修海林、尹爱青：《奥尔夫音乐教育思想与实践》，51页，上海，上海教育出版社，2011。

② 李妲娜、修海林、尹爱青：《奥尔夫音乐教育思想与实践》，52页，上海，上海教育出版社，2011。

③ 马伟楠：《奥尔夫音乐：教育理念与实践操作》，10页，北京，高等教育出版社，2015。

的朗诵内容丰富多彩，不仅有儿歌、诗歌、童谣、民谣等的朗诵，还有运用字、词、句进行节奏的朗诵，甚至可以用最简单的音节、元音、辅音等进行朗诵练习。

（二）动作训练

奥尔夫研究了原始人类及儿童的成长，发现音乐、动作、舞蹈和语言原本是紧密结合在一起的，动作训练是从人学的角度来看待音乐教育的功能。[①]在奥尔夫音乐教师看来，音乐就是可以听见的律动，律动就是可以看见的音乐，两者在一定程度上体现出较多的共性。[②]其动作类型可分为肢体律动、舞蹈、戏剧表演以及指挥和声势活动。其中声势活动最具特色，它是利用简单、原始的肢体或关节动作，如拍手、跺脚、拍腿、捻指等发出有节奏的声音的活动。幼儿可以根据音乐的特性（如节奏的快慢、声音的高低等）调整自己的动作，变换队形。幼儿在音乐中用动作对听觉及视觉的感受作出反应，在音乐活动中锻炼时间感、空间感，使个体得到全方面发展。[③]

（三）器乐训练

奥尔夫音乐器乐训练是指运用奥尔夫课程体系中的乐器进行演奏活动，使学生在体验和参与中感受音响的效果，体会音乐的美感。[④]器乐是表达音乐和人类情感的重要载体。在奥尔夫音乐课堂中，我们不应把教会幼儿使用器乐作为教学目的，而是将其视为幼儿表达情感、促进同伴交往、培养乐感的重要途径。要特别说明的是，奥尔夫音乐活动中的器乐是广义的，并不只是大家常见的专门的“奥尔夫乐器”，它包含自制的乐器，甚至是能够发出声音的所有物体，如桌子、筷子、水杯等。

奥尔夫乐器分类及特点

（四）听力训练

音乐与小说、电影最大的不同是让听者百听不厌，越熟悉越爱听。[⑤]因此，在音乐教育中，听力训练通常被认为是音乐教育的“中心问题”，它的任务是帮助每名幼儿

---

① 李妲娜、修海林、尹爱青：《奥尔夫音乐教育思想与实践》，67页，上海，上海教育出版社，2011。

② 马伟楠：《奥尔夫音乐：教育理念与实践操作》，10页，北京，高等教育出版社，2015。

③ 雍敦全：《律动音乐教学》，11页，重庆，西南师范大学出版社，2017。

④ 张前高：《奥尔夫音乐教育》，107页，镇江，江苏大学出版社，2015。

⑤ 李妲娜、修海林、尹爱青：《奥尔夫音乐教育思想与实践》，265页，上海，上海教育出版社，2011。

尽其所能地体验音响的能力。[①]幼儿通过自己的亲身经历，即通过倾听自然界、生活中或音乐片段的声音欣赏音乐，训练听力，可以提升听辨、听觉记忆等方面的能力。音乐的材料不只是单纯的音乐响声，它可以扩展到自然界或是所处授课环境中的声音。幼儿在进行听力训练时，不仅可以通过说与唱来表达自己听到的音乐意象，还可以通过绘画、即兴表演等方式来表达。

（五）其他类型活动

其他类型活动如戏剧表演。奥尔夫本人从小就对戏剧表演有着浓厚的兴趣。在戏剧表演中，以音乐剧为载体，以幼儿为中心，每个幼儿都可以依据自己的能力与爱好选择喜欢的角色与任务，在音乐中尽情释放自己。

四、奥尔夫音乐活动的组织形式

在活动组织形式上，奥尔夫音乐活动可分为集体活动、小组活动、个别化干预活动；在内容组织形式上，奥尔夫音乐活动主要为主题式音乐教学活动。

（一）集体活动

奥尔夫认为，集体活动的目的是给幼儿创造交流、分享、合作的机会。对个体发展正处于初级水平的幼儿来说，集体活动不仅十分适宜，也是非常有必要的。朱家雄认为，幼儿园集体活动是指全体幼儿在教师指导下开展的教学活动，在集体活动中，教师要求幼儿能在规定的时间内完成一定的活动任务。[②]冯晓霞认为，幼儿园集体活动的特点是全班幼儿在同一时间内做基本相同的事情，活动过程一般在教师的组织和直接指导下进行。[③]朱家雄提出，以大组的方式组织的活动，一般要求全体或相当数量的幼儿在同一时间内完成同样的学习任务，该组织形式比较适合师幼比例小、活动的结构化程度高的状况。[④]结合奥尔夫音乐活动来看，集体活动是奥尔夫音乐活动的最主要的教学形式。它能给幼儿提供交流、合作、分享且让幼儿感兴趣的整体学习环境。针对幼儿的心理发展、认知发展、智力发展的特点，教师设计并积极组织幼儿参与奥尔

---

① 李妲娜、修海林、尹爱青：《奥尔夫音乐教育思想与实践》，241页，上海，上海教育出版社，2011。

② 朱家雄：《对幼儿园课程改革的所见所闻和所思(下)》，载《幼儿教育》，2006（9）。

③ 冯晓霞：《幼儿园课程》2版，79页，北京，北京师范大学出版社，2001。

④ 朱家雄：《幼儿园教育活动设计与实施》2版，15页，北京，高等教育出版社，2015。

夫音乐活动，可以帮助幼儿在活动中愉快地与同伴进行互动、探索，共同学习与进步。

（二）小组活动

在打破集体教育形式一统天下的局面后，很多幼儿园在探索、尝试小组教学的方式。①分组教学是奥尔夫音乐活动的重要形式之一。②以小组的方式组织的教育活动，一般让幼儿在自己的发展水平上以自己的速度完成适合自己的学习任务，该形式比较适合师幼比例大、活动结构化程度低的状况。③在学前融合阶段，总有些幼儿在集体活动中显得较为安静、被动。但是在小组活动中，整个气氛明显比集体活动热烈，幼儿的情绪较高。以器乐教学为例，幼儿可自主选择喜欢的器乐，通过器乐自动分组，如沙锤组、小鼓组等。各组可以同时击打同一节奏型，幼儿在各组内形成同伴合作与交流，通过小组活动，获得团体归属感。小组活动可以有效提高幼儿与同伴交往的能力，尤其能够明显促进特殊幼儿、被忽视幼儿与普通幼儿的同伴关系的建立。良好的同伴关系能够促进幼儿社会认知和社会技能的发展，有利于幼儿获得安全感、人格的发展。在小组活动相对宽松的氛围下，他们表现得更加从容与适应，建立同伴关系的潜能也被展现出来。

（三）个别化干预活动

个别化干预活动是学前融合教育活动的特色组织形式。个别指导包括一对一的个别教育、集体教学中的个别关照与个别指导、教学前后的铺垫教学及补救教学等。④奥尔夫音乐活动中的个别化干预活动应聚焦于特殊幼儿的特殊需求，以音乐治疗为目的，如情绪疏导、心理疗愈等，对个别幼儿进行有针对性的教育活动。在进行个别化干预活动的同时，教师应注意做好评估工作，明确音乐治疗的干预目标与计划，对幼儿的动态发展水平进行科学的测量，以及时调整个别化干预计划，更有针对性地开展活动。

（四）主题式音乐教学活动

主题式音乐教学活动是将幼儿园五大领域的教学内容综合到一个网络状的音乐主

---

① 白爱宝：《幼儿园教育研究的特点与研究选题》，载《教育科学研究》，1999（1）。

② 杨宁：《幼儿音乐创造教学的探讨：由“奥尔夫音乐教学法”说起》，载《音乐时空》，2014（11）。

③ 朱家雄：《幼儿园教育活动设计与实施》2版，15页，北京，高等教育出版社，2015。

④ 雷江华、刘慧丽：《学前融合教育》，27页，北京，北京大学出版社，2015。

题之中，围绕该主题展开的一系列教育活动。[①]根据幼儿一般生理与心理发展规律，采取循序渐进的方式安排此类主题教学内容，可以帮助幼儿达到全面发展的良好目的。[②]学前融合教育背景下的奥尔夫音乐课堂，一方面，主题式音乐教学活动可以融合其他领域的表现形式。教师可利用某一音乐营造氛围，引导幼儿进行初步整体感知，并让幼儿通过戏剧、绘画等形式，将自己所理解的音乐表达出来。另一方面，主题式音乐教学活动可以融合其他领域的教育，以音乐活动为载体，促进幼儿健康、语言、社会、科学、艺术五大领域的发展，如在音乐中创编对话，通过音乐传达某种知识或观念等。

五、奥尔夫音乐活动的教学流程

基于上文所阐述的有关奥尔夫音乐活动的内容及组织形式，结合文献和一线教学经验，本书将奥尔夫音乐活动分为语言训练、动作训练、器乐训练、听力训练等教学模式，各教学模式的教学流程如下。

（一）奥尔夫语言训练教学模式

在音乐教学中，幼儿通过语言来感受音的高低、强弱、长短以及音色，可以更容易地理解并快速掌握音乐的要素。[③]该教学模式以语言为核心开展教学，分为情境导入、初识节奏、动作演绎、创编对话、合作表演五个环节。

情境导入环节，教师借助图片、视频、游戏等形式，营造与本节课相符的主题背景情境。初识节奏环节，教师可通过播放音乐或自己示范节奏的演绎，引导幼儿初识节奏。动作演绎环节，教师引导幼儿借助动作等形式，将刚刚习得的节奏进行演绎。创编对话环节，即填词环节，教师引导幼儿根据音乐情感、节奏等进行对话创编。教师要积极引导幼儿发挥想象，创造自己的语言对话。教师可以在背景情境下设置人物关系，启发幼儿设计出符合人物关系的对话。[④]合作表演环节，教师邀请幼儿根据创编的内容进行合作表演。表3-7为该模式下奥尔夫音乐活动“秋天”的流程。

---

① 朱家雄：《幼儿园教育活动设计与实施》2版，70页，北京，高等教育出版社，2015。

② 赵梦琳：《2010年至2014年关于幼儿园音乐课程研究文献综述》，载《亚太教育》，2015（10）。

③ 马伟楠：《奥尔夫音乐：教育理念与实践操作》，10页，北京，高等教育出版社，2015。

④ 马伟楠：《奥尔夫音乐：教育理念与实践操作》，59页，北京，高等教育出版社，2015。

表3-7 “秋天”活动流程

流程	活动实施的主要内容	教师角色
情境导入	教师展示关于秋天的图片，营造秋天的氛围	引导者
初识节奏	教师播放奥尔夫音乐《库奇奇》	引导者
动作演绎	教师带领幼儿听音乐做动作（如拍手、点头、跺脚）	示范者
创编对话	教师引导幼儿在《库奇奇》音乐中，在秋天的背景下，围绕秋天自编对话	引导者、指导者
合作表演	普通幼儿与特殊幼儿合作表演音乐《库奇奇》	合作表演者、观众

（二）奥尔夫动作训练教学模式

身体动作是人的本能或本性的反应，奥尔夫动作训练就是运用身体动作这一物理属性和空间属性，结合人的生理、心理因素创造丰富的、立体的动作形象，反映客观世界。[①]该教学模式以动作为核心外在表现形式，包括仪式导入、动作模拟、加大难度、小组练习、合作表演五个环节。

仪式导入环节是动作训练的开始，帮助幼儿和教师建立亲密关系，并熟悉节奏，为后面的活动做好铺垫。动作模拟环节，教师先进行动作的示范，然后幼儿进行动作的模拟。加大难度环节，教师可引导幼儿自主创编动作，在原有动作的基础上增加新元素。值得注意的是，主题的选材贴近幼儿的生活，幼儿才会对创编产生兴趣，才会联想到很多动作。[②]小组练习环节，教师可安排普通幼儿与特殊幼儿进行组内同伴互学，引导普通幼儿带领特殊幼儿进行动作练习，在学习动作的同时，也为其提供同伴交往的机会。合作表演环节，邀请普通幼儿与特殊幼儿进行合作表演，教师也可以参与表演，让幼儿在表演中体会合作以及成功的快乐。表3-8为该模式下奥尔夫音乐《问好歌》的活动流程。

① 张前高：《奥尔夫音乐教育》，73～74页，镇江，江苏大学出版社，2015。

② 马伟楠：《奥尔夫音乐：教育理念与实践操作》，97页，北京，高等教育出版社，2015。

表3-8 《问好歌》的活动流程

流程	活动实施的主要内容	教师角色
仪式导入	师幼相互问好（集体问好+个别问好）	引导者
动作模拟	教师播放音乐，示范拍手节奏动作，幼儿进行模拟	示范者
加大难度	幼儿在原有基础上增加动作（如拍两下手，点一次头，跺脚）	引导者
小组练习	普通幼儿与特殊幼儿进行小组内练习，让普通幼儿带动特殊幼儿熟悉动作	引导者、指导者
合作表演	普通幼儿与特殊幼儿合作表演《问好歌》	合作表演者、观众

（三）奥尔夫器乐训练教学模式

对于奥尔夫乐器，约·威塔克曾说："就在简朴之中可见其宏大。"[①]该教学模式以器乐作为表现音乐的形式，可分为整体感知、初识节奏、器乐分组练习、器乐合作表演四个环节。

整体感知环节，教师可带领幼儿聆听主题音乐，初步感知音乐中所表达的情感。初识节奏环节，先不使用器乐，而是借助拍手等方式，熟悉音乐中的节奏，为使用器乐演奏做好铺垫。器乐分组练习环节，教师提供多种乐器供幼儿选择，幼儿选择自己喜欢的乐器进行分组练习。器乐合作表演环节，教师引导不同器乐组的幼儿合奏器乐。表3-9为该模式下奥尔夫音乐《小毛驴》的活动流程。

表 3-9 《小毛驴》的活动流程

流程	活动实施的主要内容	教师角色
整体感知	教师播放音乐《小毛驴》，幼儿进行初步感知	引导者
初识节奏	教师带领幼儿通过拍手、跺脚、点头等动作，熟悉《小毛驴》的节奏和歌词	示范者
器乐分组练习	教师提供多种乐器（沙锤、木鱼、铃铛），幼儿自主选择乐器进行演奏，分组练习	引导者
器乐合作表演	多种乐器合作表演《小毛驴》，教师点评	合作表演者、观众

① 转引自李妲娜、修海林、尹爱青：《奥尔夫音乐教育思想与实践》，157页，上海，上海教育出版社，2011。

（四）奥尔夫听力训练教学模式

听是音乐体验中必不可少的一环。[1]该教学模式引导幼儿通过听来体验音乐，培养幼儿自觉接受音乐的能力，为唱、奏打好基础，可分为整体感知、问题导入、描述音乐、表现音乐四个环节。

整体感知环节，教师为幼儿播放音乐，引导幼儿仔细聆听。问题导入环节，依据已播放完毕的音乐，教师设置问题，引导幼儿进入情境。描述音乐环节，教师引导幼儿回答“你听到了什么？”等问题，借助多种形式（如绘画）等描述音乐。表现音乐环节，教师引导幼儿借助动作、器乐等，对音乐进行再次演绎，深化幼儿对所听音乐的理解与感知。表3-10为该模式下奥尔夫音乐《火车开啦》的活动流程。

表 3–10 《火车开啦》的活动流程

流程	活动实施的主要内容	教师角色
整体感知	教师播放音乐《火车开啦》，幼儿进行初步感知	引导者
问题导入	教师引导幼儿说一说自己在音乐中都听到了什么	引导者
描述音乐	教师提供画纸与画笔，引导幼儿把听到的音乐画出来，并说一说为什么要这么画	引导者
表现音乐	引导幼儿选择自己喜欢的器乐，借助动作进行单独表演、合作表演，教师点评	合作表演者、观众

六、奥尔夫音乐活动的教学方法

（一）引导创作法

在奥尔夫的人生历程中，音乐创作贯穿其中。奥尔夫教学法非常强调即兴创作，注重培养幼儿的创新精神。他在研究幼儿音乐教育时，将创作的思想作为核心观念之一，引导创作法是奥尔夫音乐教育体系的教学方法。教师仅向幼儿提供某些音乐元素（如基本的节奏、旋律等），幼儿在教师的引导下进行各种创作来学习音乐。奥尔夫音乐没有固定的教学地点和表演形式，面对同一奥尔夫音乐，不同的幼儿可以凭借自己对音乐的理解以及已有的经验，对音乐进行不同形式的表现，每一个幼儿所表现的

① 李妲娜、修海林、尹爱青：《奥尔夫音乐教育思想与实践》，242页，上海，上海教育出版社，2011。

奥尔夫音乐都可以有自己的特色。

（二）节奏创作法

奥尔夫认为节奏是最接近幼儿音乐天性的教学内容之一，是幼儿所有音乐学习的根基。借助于节奏，幼儿能把语言、动作、音乐等元素融合起来。首先，幼儿可以将身体作为乐器，运用拍手、拍腿、跺脚、捻指的不同音色组合成各种节奏。然后，教师可利用幼儿已习得的词作为学习节奏的中间词，如动物、水果的名称，将其套入原来的节奏中。最后，可以让幼儿自己创编节奏，并借助多种表现形式进行表演。

认识新同学

（三）游戏教学法

幼儿园的音乐活动越来越多地被教师用来作为创造表现和表达的途径，以促进幼儿个性和创造性的发展。①游戏正是培养幼儿主动性的重要手段。在学前儿童的音乐课堂教学中，教师采用游戏教学法，不仅可以发挥幼儿的主观能动性，而且可以使幼儿在音乐游戏中收获快乐。同时，游戏也为普通幼儿与特殊幼儿的同伴交往提供了平台，一定程度上促进了特殊幼儿的社会性发展。

走走停停

（四）乐器教学法

奥尔夫教学法的优点还表现在其设计了一套“奥尔夫乐器”，有固定音高的乐器及无固定音高仅起节奏作用和音色效果的打击乐器等。由于这些乐器基本采用打击的方式，没有太多指法和技术上的要求，幼儿较容易上手。同时，打击乐器最容易突出节奏的变化，音色较为丰富，有利于培养幼儿的节奏感。

自制乐器

（五）戏剧教学法

在奥尔夫音乐教学中，戏剧教学法多采用音乐剧表演的方式。幼儿在戏剧表演中自主思考，感受各种情感，主动表达自己的想法，在想象的世界中玩耍、学习。在角色扮演中，幼儿想象能力与创造能力得到最大限度的发展，满足了幼儿喜欢扮演角色的天性需求。戏剧教学法可以让幼儿得到全面的发展。

《下雨啦》音乐剧表演

① 朱家雄：《幼儿园教育活动设计与实施》2版，176页，北京，高等教育出版社，2015。

七、教师在奥尔夫音乐活动中的指导原则

（一）以幼儿为主体、以教师为主导原则

奥尔夫音乐活动遵循“一切从幼儿出发”的首要原则。在新课程理念下，教师不仅是知识的传授者、教学的组织者，还是“催化剂”，使幼儿乐学、好学。因此，在课堂教学中遵循“以幼儿为主体、以教师为主导原则”尤为重要。在奥尔夫音乐活动中，幼儿在以自己为主体的课堂上敢于表现自己，尽情释放自己的热情。民主和谐的师生关系是促进幼儿愉悦心情形成、促进幼儿主动学习的重要前提，幼儿的主体地位要求教师从知识的传授者变为幼儿学习的组织者、引导者、共同学习者和研究者。在教学过程中，教师要学会尊重与赞赏每一个幼儿， 要让幼儿明白自己才是学习的主人，唤醒幼儿的学习热情，使其积极主动地去尝试、学习和探索，去获得个体的最大发展。

（二）面向全体幼儿、尊重个体差异原则

在奥尔夫音乐活动中，教师应尊重幼儿的个体差异性，顺应幼儿的认知规律。根据幼儿的各项差异，教师要实施分层教学与分层评价，对一些特殊幼儿或学习困难幼儿适当降低学习难度，尽量使全体幼儿的音乐素养普遍得到提高。在活动中，教师要尊重每一个幼儿，无论是在教学中还是在管理中，对每一个幼儿都要做到公平对待。同时，还要尽可能地给予幼儿在音乐活动中表现自己的机会，增强幼儿活动的自信心。此外，还要善于挖掘他们的内在音乐潜力，尊重幼儿的个性化发展，使幼儿能够在音乐学习中勇于创造、敢于创新。

（三）全面发展的原则

从某种意义上来讲，奥尔夫音乐活动中的音乐只是手段，培养健全人格才是其目的。它所致力的教育，不只是掌握单纯的音乐知识，还是融合音乐、舞蹈、诗歌、美术、戏剧等各种艺术于一体以形成健全人格的教育。奥尔夫音乐活动课程是一门综合艺术课程，它的全部过程应是一种自觉学习审美的过程，其魅力不在于知识、技能的单一学习，而在于发展幼儿的主体性、培育灵魂、塑造人格、优化情感，使幼儿能够欣赏美、热爱美、创造美。因此，教师在设计教学活动时，除了要融入音乐、绘画、戏剧等艺术元素，还要巧妙地把真、善、美的精神，通过这门综合艺术课程，传递给幼儿，帮助他们在学习的过程中陶冶情操，做一个全面发展的人。

八、奥尔夫音乐活动案例

身体音阶歌

班级	小班	课型	融合
主班教师		配班教师	
领域	艺术	课程时长	20分钟
（一）设计思路			
班级里的幼儿年纪尚小，正处在各方面知识与经验的懵懂期。这个时期的幼儿对未知的世界充满无穷无尽的兴趣，让幼儿探索世界可以从认识自己的身体开始。在认识身体的过程中，幼儿在轻松愉悦的环境下感受音乐的音阶与节奏，感知身体各部位发出的声音以及和同伴参与集体活动的快乐，增强爱护自己身体的意识。			
（二）学生情况			
本班共16名幼儿，其中男生10名，女生6名，普通幼儿14名，特殊幼儿2名。根据幼儿的综合能力表现与课堂常规表现及本节课教学内容的难度，将幼儿分为A、B、C三组。			

分组	幼儿	课堂参与	常见情绪、行为问题	备注
A组	普通幼儿	能积极勇敢地参与课堂活动，在课堂上积极与教师和同伴进行互动。	无明显情绪和行为问题。	
B组	普通幼儿	能参与课堂活动，进行课堂互动。参与活动时较被动。	无明显情绪和行为问题。	
C组	特殊幼儿	能听从简单的指令，在教师语言及动作提示下参与课堂互动。	小陈好动，经常在座位上坐不满5分钟，需要教师及时辅助。小王容易情绪爆发。	

（三）环境设置	
幼儿排成半圆形，面向教师，两名特殊幼儿左右两侧都安排A组幼儿。	
（四）学习目标	
A组	语言目标：能完整地演唱歌曲。 认知目标：认识身体各部位。 情感目标：体验游戏与律动的乐趣，喜欢音乐活动。
B组	语言目标：在教师的辅助下完整地演唱歌曲。 认知目标：认识身体的关键部位。 情感目标：在音乐活动中感受快乐的氛围。

续表

C组	语言目标：可以在教师的提醒下说出个别歌词与身体部位的名称。 认知目标：能认识头、手、脚等身体重要部位。 情感目标：保持稳定的情绪与状态。
（五）教学重难点	
重点：巩固幼儿对身体各部位的认识。 难点：能够跟随音乐指出相应的身体部位，并唱出对应的唱名。	
（六）活动准备	
经验准备：幼儿具备初步的认识身体的经验。 物质准备： ①奥尔夫音乐。 ②七张画有小矮人的图片，标上序号1、2、3、4、5、6、7。 环境准备：小椅子排成半圆形，让幼儿分两排围坐。	

（七）活动过程	设计意图
1．课前准备 课前常规秩序：《我们坐好了》。 师："小朋友，快坐好。" 生："拍拍小手跺跺脚，我们全都坐好了。"	良好的课堂常规，需要长期坚持才会有效果。
2．导入部分 ①教师微笑着向幼儿问好。建议幼儿与同伴张大嘴用说"hai"的方式相互打招呼。 ②做热身操《小手拍拍》，引入活动主题，认识身体各部位。	用说"hai"的方式打招呼，不但可以开嗓，还可以使幼儿热情高涨；热身操可以使幼儿身体迅速进入放松、愉悦的状态。
3．教学部分 ①给幼儿播放《身体音阶歌》，引导幼儿感受歌曲的节奏与旋律。 ②音乐游戏：幼儿围成一个圆圈，教师随机指定一名幼儿并用眼罩蒙住其眼睛，让班中其他幼儿站立于该名幼儿身体正前方，让被蒙住眼睛的幼儿轻轻触摸前方幼儿的身体部位，并准确说出该部位名称，如鼻子、耳朵、胳膊等。一轮游戏结束后，可换其他幼儿蒙住眼睛，继续游戏。 ③游戏结束后，教师带领幼儿指认身体部位，并引出歌词"摸摸我的小脚，摸摸我的膝盖"等，歌词全部引出后，教师带领幼儿边读歌词边做出相应的动作。 ④教师播放《身体音阶歌》，引导幼儿跟随节奏与旋律进行表演。	游戏教学可以激发幼儿参与的兴趣。 A组幼儿最先示范，B组幼儿逐渐融入，C组幼儿在教师的协助下完成。

续表

⑤教师请七名幼儿依次横向排列，将从do到si的音符依次分配。教师随机指向其中一名幼儿，其他幼儿要根据被指向幼儿的音符代表的身体部位，唱并表演出这部分歌词。例如，指到代表fa的幼儿，其他幼儿就要唱和表演出fa对应的歌词，即“叉叉你的小腰，fa、fa、fa、fa”。 ⑥请幼儿评选出反应最快、表演最好的幼儿，授予“学习之星”“表演之星”，予以鼓励。	通过奖励机制促进幼儿全身心投入表演中表现自我，提高教学质量。
4．活动延伸 让幼儿开动大脑，想一想用我们的身体可以发出哪些声音？（尝试让幼儿找出身体能够发出声响的部位。）	将身体作为打击乐。

（八）课后评价

组别	能按教师指令完成任务	尝试倾听音乐，根据音乐完成任务	课堂常规（安静地听指令、关注教师、情绪稳定）
A组			
B组			
C组			

注：0分，不能完成任务；1分，在肢体协助下完成任务；2分，在口头提示下完成任务；3分，独立完成任务。

（九）课后反思

思考与实践

1. 简述奥尔夫音乐的特点。
2. 简述奥尔夫音乐对学前融合教育的意义。
3. 简述奥尔夫音乐活动的内容。
4. 简述奥尔夫音乐活动的组织形式。

5. 简述奥尔夫语言训练教学模式。

6. 简述奥尔夫动作训练教学模式。

7. 简述奥尔夫器乐训练教学模式。

8. 简述奥尔夫听力训练教学模式。

9. 简述奥尔夫音乐活动的主要教学方法。

10. 简述奥尔夫音乐活动的指导原则。

拓展阅读

1. 苏书巧，陈蕊. 幼儿园绘本阅读教程［M］. 石家庄：河北少年儿童出版社，2020.

2. 王艳艳. 幼儿园绘本阅读的环境创设与活动探究［M］. 广州：暨南大学出版社，2018.

3. 康新宇，子鱼. 亲子阅读有妙招：“悦读暖家行动”实践攻略［M］. 福州：福建少年儿童出版社，2019.

4. 张晓华. 教育戏剧跨领域统整教学：课程设计与实务［M］. 台北：心理出版社，2014.

5. 张晓华. 教育戏剧理论与发展［M］.台北：心理出版社，2004.

6. 陈世明，彭怡玢，戴力芳，等. 儿童戏剧的多元透视［M］.上海：复旦大学出版社，2014.

7. 林玫君. 儿童戏剧教育的理论与实务［M］.上海：复旦大学出版社，2015.

8. 林玫君. 儿童戏剧教育活动指导：肢体与声音口语的创意表现［M］. 上海：复旦大学出版社，2016.

9. 申荷永，高岚. 沙盘游戏：理论与实践［M］. 广州：广东高等教育出版社，2004.

10. 赫伯特·威尔斯. 沙盘游戏疗法的起源：地板游戏［M］. 段霄丽，译. 北京：中国石化出版社，2016.

11. 张日昇. 箱庭疗法［M］. 北京：人民教育出版社，2006.

12. 李妲娜，修海林，尹爱青. 奥尔夫音乐教育思想与实践［M］. 上海：上海教育出版社，2011.

13. 张前高. 奥尔夫音乐教育［M］. 镇江：江苏大学出版社，2015.

14. 格特鲁德·奥尔夫. 奥尔夫音乐治疗中的关键概念［M］. 北京：中国传媒大学出版社，2014.

基础练习

一、选择题

1. （单选题）下列哪个选项属于人际交往类绘本？（　　）

A. 《南瓜汤》　　B. 《我可以撒谎吗？》

C. 《绿池白鹅》　　D. 《三只小猪》

2. （单选题）下列哪个选项属于融合幼儿园教育戏剧活动中的诗化活动教学策略？（　　）

A. 墙上角色　　B. 旁述默剧　　C. 教师入戏　　D. 仪式

3. （单选题）下列哪个选项不属于沙盘游戏的三要素？（　　）

A. 沙盘　　B. 沙　　C. 模型　　D. 沙具

4. （多选题）沙盘游戏的组织形式包括下列哪些选项？（　　）

A. 个体沙盘　　B. 同伴沙盘　　C. 集体沙盘　　D. 团体沙盘

5. （多选题）下列哪些选项属于奥尔夫音乐活动的教学方法？（　　）

A. 引导创作法　　B. 游戏教学法

C. 节奏创作法　　D. 讨论评议法

6. （多选题）沙盘游戏活动包含下列哪些阶段？（　　）

A. 课前准备　　B. 沙盘创作　　C. 分享交流　　D. 沙具整理

E. 信息收集

7. （多选题）绘本可运用于下列哪些活动中？（　　）

A. 亲子阅读活动　　B. 幼儿故事会

C. 个别化干预活动　　D. 区角活动

E. 主题教育活动

二、简答题

1. 简述绘本教学活动对学前融合教育的意义。

2. 简述教育戏剧与戏剧教育的区别与联系。

3. 简述如何布置沙盘游戏室。

4. 简述奥尔夫音乐活动的组织形式。

三、论述题

1. 试论述融合幼儿园教师如何为普通幼儿与特殊幼儿创设良好的绘本阅读环境。

2. 浅谈融合幼儿园教师在奥尔夫音乐活动中的指导原则。

实践训练

1. 选择一本你喜欢的绘本，设计一份融合幼儿园的绘本教学活动方案。

2. 请实地观摩或亲身体验一次沙盘、奥尔夫音乐或教育戏剧活动，并谈一谈自己的感受。

学习评价与反思

1. 融合幼儿园绘本教学活动的设计与指导：________________________________

____

2. 融合幼儿园教育戏剧活动的设计与指导：________________________________

____

3. 融合幼儿园沙盘游戏活动的设计与指导：________________________________

____

4. 融合幼儿园奥尔夫音乐活动的设计与指导：______________________________

____

5. 其他评价与反思：____

____

第四单元　融合幼儿园区角活动的设计与指导

单元导入

《幼儿园教育指导纲要（试行）》第三部分组织与实施的第九条提出，“科学、合理地安排和组织一日生活”。“教师直接指导的活动和间接指导的活动相结合，保证幼儿每天有适当的自主选择和自由活动时间。”融合幼儿园的区角活动是幼儿一日生活中必不可少的一种自由活动类型，对幼儿身心发展有着重要的意义，可以促进普通幼儿与特殊幼儿的自主活动、自主选择、相互帮助与持续探索。那么融合幼儿园中的区角活动应该如何设计与指导呢？

单元思维导图

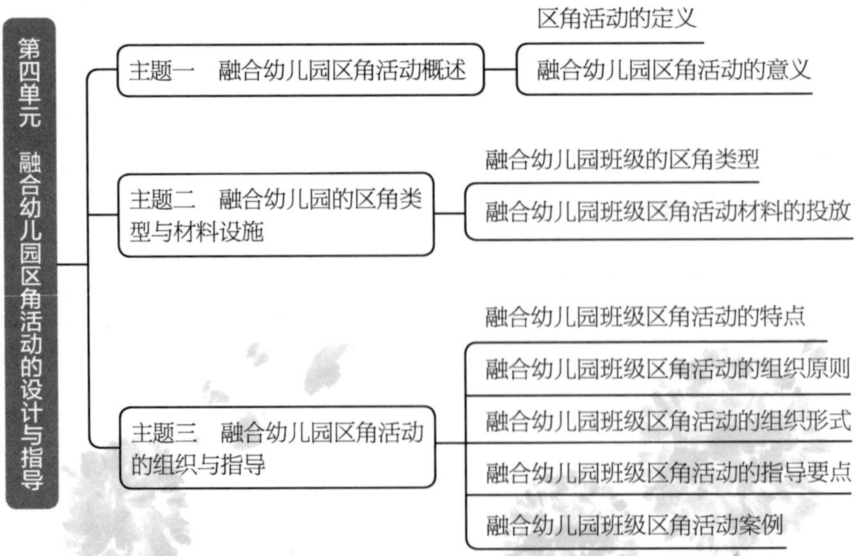

学习目标

1. 了解融合幼儿园区角活动的定义及意义。

2. 掌握融合幼儿园班级区角活动材料投放、设计空间布局的方法。

3. 理解融合幼儿园班级区角活动的特点、组织原则、组织形式及指导要点。

4. 能完成一个融合幼儿园班级区角活动设计。

|典型案例|

在一次秋游活动中，千千老师发现幼儿们对公园里的落叶十分感兴趣。他们不仅喜欢蹲在地上捡各种形状的落叶，还会与小伙伴一起讨论自己捡到的树叶的形状和颜色。回到幼儿园后，千千老师利用幼儿对落叶的兴趣，精心设计、开展了一次“秋天的落叶”活动。在这次活动中，千千老师带领幼儿们认识不同树木叶子的形状、颜色和脉络，还通过引导幼儿观察树叶飘落的自然现象，感受秋天的美。这次活动之后，幼儿们仍意犹未尽。于是，千千老师决定将与落叶和秋天有关的材料投放到各个区角中，供幼儿在自由活动时间继续探索。那么，哪些区角适合投放该主题的材料呢，不同区角应该投放哪些形式的材料呢，如何组织不同发展水平的幼儿开展主题区角活动呢？

主题一 融合幼儿园区角活动概述

导入语……▶

《幼儿园工作规程》第五章提到：将游戏作为对幼儿进行全面发展教育的重要形式，幼儿园应根据幼儿的年龄特点选择和指导游戏，应因地制宜地为幼儿创设游戏条件。区角是幼儿自主开展游戏的一个重要的区域。教师应充分尊重幼儿在区角中自主选择游戏的意愿，鼓励幼儿制作玩具，根据幼儿的实际经验和兴趣爱好，给予适当的指导，使其保持轻松、愉悦的情绪，促进能力和个性的全面发展。应如何理解融合幼儿园区角活动呢？

一、区角活动的定义

区角活动是指在班级的不同区角中，教师依据主题活动的需求、幼儿的兴趣与已有生活经验，有目的地投放材料，引导幼儿自主选择活动区角、活动内容与合作同伴开展的探索性、操作性、游戏性的多元发展活动。在各区角中，幼儿可以自由选择活动内容，通过操作、观察、讨论、拼搭、合作等活动方式获得知识、发展能力。

区角活动是幼儿园主题教育活动的延伸和深化。在幼儿园的教育教学过程中，幼儿之间存在一定差异，为提高每名普通幼儿与特殊幼儿的综合素质，教师可以通过自由、开放的区角活动，将日常未完成的或幼儿感兴趣的集中教育教学活动在区角中继续进行，在满足幼儿的求知欲望、活动欲望的同时，帮助其巩固、掌握相关的知识。

区角活动是一种以幼儿为主、教师引导为辅的自主性活动。区角活动的内容来源于幼儿在集体教学户外活动或生活活动中寻找到的兴趣点。在区角活动中，普通幼儿与特殊幼儿的已有认知、技能不同，性格也各不相同，会有不同的兴趣点，而且随着能力的发展，他们的兴趣点也在不断转变。例如，有的区角活动更为男孩喜欢，有的区角活动更为女孩喜欢，有的幼儿喜欢科学探索，有的幼儿喜欢做美工。同时，区角活动以幼儿的自主选择、自主探索为主，教师是他们的引导者，引导普通幼儿接纳特殊幼儿，引导特殊幼儿融入区角活动，引导二者在和谐的环境中完成自主性学习和游戏。

二、融合幼儿园区角活动的意义

（一）促进幼儿的自主性学习

融合幼儿园教师创设的各个区角以及在各个区角投放的材料，都可以作为普通幼儿与特殊幼儿进行自主活动的实际对象以及日常教育经验的物化。教师通过投放各种材料，为普通幼儿与特殊幼儿创设一个轻松的、可操作的环境。同时，区角中所设置的趣味性的主题可以引发幼儿积极的思考与探索，多元化的材料可以激发幼儿的想象力，提升其动手、动脑的能力。区角中的游戏以其特有的愉悦性、合作性，能够促进普通幼儿和特殊幼儿彼此接纳、相互帮助。区角活动可以让全体幼儿在与区角环境的相互作用中自主学习，充分发展实践能力。

（二）满足不同发展水平幼儿的游戏和教育需求

融合幼儿园常设的区角有角色扮演活动区、建构活动区、语言活动区、绘画手工活动区、科学活动区、益智活动区、音乐表演区及功能游戏活动区等，涉及普通幼儿与特殊幼儿发展的各个领域的多种活动。区角为普通幼儿与特殊幼儿进行自主选择提供了广阔的空间，为幼儿根据自己的兴趣爱好进行自主选择创造了条件，同时满足了不同发展水平幼儿活动与游戏的需要。

此外，融合幼儿园的区角设置，在具有区域性的同时还具有层次性。小班、中班及大班，在区角设置、材料投放等方面的难易程度均不同，教师的指导策略也不同。即便是融合幼儿园同一班级中同一区角活动，教师也会为普通幼儿与特殊幼儿投放多层次的活动材料，以适应他们不同的发展水平和学习节奏，满足不同发展水平幼儿的游戏和教育需求。[①]

（三）促进普通幼儿与特殊幼儿的同伴交往

普通幼儿与特殊幼儿在同一区角的活动，可以看作具有共同或相似的兴趣爱好和发展需求的幼儿聚在一起的小组活动。在这个小组里，每一名普通幼儿与特殊幼儿都要根据游戏的进行调整自己的行为，扩大自己的交往圈，而且为了保证游戏持续进行下去要与不同的同伴沟通，因此，在自由的区角游戏中，同伴交往时刻都在发生。所有的幼儿，包括特殊幼儿，都在有意识或无意识地关注着同伴的一言一行、一举一

---

① 黄瑾：《幼儿园教育活动设计与指导》2版，202页，上海，华东师范大学出版社，2014。

动，并进行模仿。在趣味性的区角游戏的兴趣促使下，每一名普通幼儿与特殊幼儿都能与同伴形成交往关系。

此外，在交往中，来自同伴的激励、启发和帮助，往往比教师的说教更能引起幼儿的求知欲望和探索热情。区角中高质量的同伴交往，可以不断地促进幼儿探究新的领域、发展更强的能力。

（四）提高幼儿的探索能力

培养普通幼儿与特殊幼儿的好奇心、求知欲望以及创造意识是融合幼儿园素质教育的一个重要内容。区角活动为普通幼儿与特殊幼儿提供了深入探索的环境和材料，同时教师具有计划性、目的性的个别指导，可以提升幼儿探索活动的质量。普通幼儿与特殊幼儿创造意识和创造能力均是在不断操作实际物体的活动中培养的。从这个层面上来说，融合幼儿园区角活动为提升普通幼儿与特殊幼儿的探究能力，进而促进其创造意识的萌发和创造能力的初步发展，提供了广阔的空间和无限的可能。

（五）促进教师的专业化发展

区角活动注重教师在幼儿活动中对其活动过程状态及结果的观察与指导。因此，区角活动的开展一方面有利于融合幼儿园教师了解本班幼儿的活动水平、合作状况等。一般情况下区角活动均是小团体教育活动，教师可以充分观察普通幼儿与特殊幼儿的活动开展状况，了解区角活动内容是否适合幼儿的能力水平，从而了解每名幼儿的身心发展程度，以确定下一步的教学活动安排等。另一方面，有利于教师制订、实施个别化教育计划。在集体教育活动中，教师往往从班级的整体水平出发，制定教学目标、教学计划，设计教学活动。而在区角活动中，教师可以更多地关注特殊幼儿，为他们制订个别化教育计划，对他们进行有针对性的指导。①

思考与实践

1. 区角活动的定义是什么？
2. 为什么说区角活动是日常教育活动的延伸和拓展？

① 甄丽娜：《幼儿园教育活动设计与指导》，133页，北京，北京师范大学出版社，2016。

3. 为什么说区角活动是一种以幼儿为主、教师引导为辅的活动？
4. 融合幼儿园区角活动的意义是什么？
5. 如何理解融合幼儿园的区角活动可以促进普通幼儿与特殊幼儿的自主性学习？
6. 如何理解融合幼儿园区角活动可以满足不同发展水平幼儿的教育和游戏需求？
7. 如何理解融合幼儿园区角活动可以促进普通幼儿与特殊幼儿的同伴交往？
8. 如何理解融合幼儿园区角活动可以提高普通幼儿与特殊幼儿的探索能力？
9. 幼儿园区角活动与教师的专业化发展的关系如何？

▶ 主题二 融合幼儿园的区角类型与材料设施

导入语……▶

融合幼儿园大班的小美老师，围绕主题教学设计了区角活动“桥”。她认为提到“桥”，幼儿一定会积极地动手操作，于是在建构活动区投放了清水积木，让幼儿按照自己的想法搭建。出乎意料，幼儿不一会儿就搭建了好几种桥，完成任务的幼儿开始东张西望，明显对其兴趣不高。小美老师想：该怎么办呢？还可以投放什么材料呢？该主题教学如何结合其他区角开展呢？

一、融合幼儿园班级的区角类型

（一）角色扮演活动区

在角色扮演活动中，幼儿通过角色扮演，充分发挥想象能力和创造能力来达到活动的目的。该类区角主要有娃娃家、爱心医院、小超市等。通过模仿各种社会活动，幼儿学习生活及社会适应行为，发展自理能力、交往能力，培养活动中的主动创造精神，增强独立性和社会性（表4-1）。

表4-1　角色扮演活动区适宜内容及注意事项

区角名称	年级	适宜内容	注意事项
娃娃家、爱心医院、小超市等	小班	家庭生活（生活自理、家务活）	着眼于增强普通幼儿与特殊幼儿的角色意识，引导幼儿明确自己在家庭中的角色与身份。
	中班	社会生活（理发店、商店、医院、餐吧等）	逐渐丰富角色游戏的主题和内容，引导普通幼儿与特殊幼儿调动已有的感性经验，丰富适用于角色的语言和行为，培养幼儿独立游戏的能力。
	大班	社会生活（理发店、商店、医院、餐吧等）	帮助普通幼儿与特殊幼儿加深对角色的认知，要求幼儿相对准确地反映出适用于角色的行为和语言，并能主动地和同伴进行创造性表演。

（二）建构活动区

在建构活动中，幼儿利用各类积木、竹片、瓶子、牛奶盒、纸板等材料，围绕一个主题内容进行设计、搭建，以培养空间知觉、空间想象力、动手操作及交流协作能力（表4-2）。

表4-2　建构活动区适宜内容及注意事项

区角名称	年级	适宜内容	注意事项
小小建筑师、小太阳建筑公司等	小班	搭建形状简单的物体，如墙、正方体、长方体、桌子等	引导普通幼儿与特殊幼儿掌握平铺、围合、加宽、加长、盖顶等建构技能，建立搭建积木的规则意识。
	中班	尝试根据提供的物体设计图，按图搭建	启发普通幼儿与特殊幼儿根据物体设计图，有目的、有计划、有顺序地进行搭建，并学会和同伴合作，共同完成一个作品。
	大班	有主题地开展大型建构游戏活动（滑梯、城堡、公园等）	激发普通幼儿与特殊幼儿的想象力、创造力，使其根据一定的主题，尝试运用各种不同的材料、方法，和同伴一起设计及建构。

（三）语言活动区

语言活动区开展的游戏活动有以下几种，一是阅读、讲述、讨论某一文学材料，二是利用头饰、手偶等道具开展文学表演活动，三是教师指导普通幼儿与特殊幼儿进行文学创作活动，使幼儿的阅读能力、专注力、观察能力和沟通表达能力得到发展（表4-3）。

表4-3　语言活动区适宜内容及注意事项

区角名称	年级	适宜内容	注意事项
我们爱阅读、图书角、语言角等	小班	阅读各类图书（绘本、故事书、图画书等）	培养幼儿喜欢听故事、看图书、安静阅读的良好习惯，激发他们参与语言活动的兴趣。同时，要求幼儿学会耐心倾听他人讲话，在活动中大胆发言。
	中班	自主阅读各类图书，学会看图说话	培养幼儿自主阅读各类图书的能力，使其能理解简单的故事，学会简单的看图说话，并大胆表达出来。
	大班	自主阅读各类图书，学会看图说话，积极参与团体讨论、文学表演、文学创作等活动	培养幼儿自主阅读各类图书的能力，使其能理解故事，学会看图说话，并积极参与团体讨论、文学表演和文学创作，学会和同伴交换意见、看法。

（四）绘画手工活动区

在绘画手工活动中，幼儿通过对投放的材料进行撕、剪、贴、画、捏、做等美术操作，完成对某一个主题的表现，促进动手能力及对美的欣赏能力、表现能力和创造能力的发展（表4-4）。

表4-4　绘画手工活动区适宜内容及注意事项

区角名称	年级	适宜内容	注意事项
小画家、美工屋、彩虹工作室	小班	彩笔画、撕贴	侧重于激发幼儿的绘画兴趣，使其树立大胆作画的信心，并教给他们一些使用美工工具、美工材料的方法与技巧。
	中班	彩笔画、撕贴、装饰物制作	引导幼儿学会使用美工工具、美工材料的方法以及表现美工作品的技巧，同时减少直接指导。
	大班	彩笔画、剪贴、彩泥	积极鼓励幼儿发挥创造力、想象力，独自或与同伴共同创作出独特的美工作品。

（五）科学活动区

科学活动区包含各种科学发现游戏及数学操作活动，主要功能在于培养幼儿科学发现、科学探索的兴趣，发展幼儿数学能力和动手操作能力等（表4-5）。

表4–5　科学活动区适宜内容及注意事项

区角名称	年级	适宜内容	注意事项
植物角、科学发现区	小班	容易生长的植物	培养幼儿保护环境、热爱大自然的意识，开阔他们的眼界，培养其照顾植物的意识。
	中班	认识植物、制作简单的盆景、简单的科学游戏及数学游戏	培养幼儿细致观察生活的能力，使幼儿自由地操作和探索，弥补集中教育活动时探索的不足。
	大班	感官、声、光的活动，复杂的数学游戏	激发幼儿参与科学游戏、数学游戏的热情，启发他们去感知生活中的科学现象及数学现象，并鼓励幼儿自主表达出探索的结果。

（六）益智活动区

益智活动区的活动包含棋类游戏、纸牌类游戏、拼图游戏等益智类游戏，在幼儿和同伴的合作中发展他们的思考能力、逻辑思维能力及动手能力等（表4-6）。

表4–6　益智活动区适宜内容及注意事项

区角名称	年级	适宜内容	注意事项
操作活动区、益智游戏区	小班	手指配合的精细操作活动（穿珠子、夹弹珠、剪塑料瓶、拼插玩具等）	侧重于激发幼儿的操作兴趣，引导他们在看似无目的的随意摆弄过程中，使动作技能不断熟练、精细。
	中班	手指、手掌、手腕相互配合的游戏，有主题的拼插游戏（拧螺丝、开瓶盖、系绳子、系纽扣等）	要求幼儿用教师投放的材料镶嵌出丰富的图案。引导幼儿关注拼插游戏的结果。
	大班	计数、构图造型、分类、排序（棋类游戏、纸牌类游戏、拼图游戏等）	应注意幼儿对规则的掌握和执行情况，要鼓励他们关注益智游戏的结果。

（七）音乐表演区

音乐表演区的主要功能是通过各类音乐活动及表演活动，引导幼儿体验音乐和表演的乐趣，使幼儿对音乐的感受力以及对音乐的表现力得到一定的发展（表4-7）。

表4-7　音乐表演区适宜内容及注意事项

区角名称	年级	适宜内容	注意事项
小小艺术家、小舞台、我们爱表演等	小班	认识铃鼓、沙锤、摇铃及类似的自制乐器，跟随熟悉的音乐做出简单的动作，演唱简单的歌曲	激发幼儿对音乐的热爱，引导其建立规则意识。
	中班	认识碰铃、大鼓、双响筒、木鱼及类似的自制乐器，利用简单的道具和同伴一起表演	引导幼儿感受不同的节奏，体验和同伴表演的乐趣。
	大班	认识大鼓、镲、三角铁及类似的自制乐器，精心装扮后，利用丰富的道具，和同伴合作演出，表演一系列节目	引导幼儿使用多种乐器演奏，体验和感受音乐的独特风格和情趣。

（八）功能游戏活动区

功能游戏活动是融合幼儿园区别于普通幼儿园而开设的区角活动。融合幼儿园的班级里开设具有康复、训练功能的游戏区，使特殊幼儿在教师和普通幼儿的带领和帮助下，接受一定的功能性康复训练，同时，也使普通幼儿与特殊幼儿在活动中相互帮助、共同发展（表4-8）。

表4-8　功能游戏活动区适宜内容及注意事项

区角名称	年级	适宜内容	注意事项
功能游戏活动区	小班	在教师的帮助下完成功能性训练游戏	指导普通幼儿与特殊幼儿完成具有康复功能的训练游戏，尤其针对特殊幼儿。
	中班	在教师和同伴的共同帮助下完成功能性训练游戏	指导普通幼儿与特殊幼儿完成具有康复功能的训练游戏，引导普通幼儿主动帮助特殊幼儿。
	大班	在同伴的帮助下完成功能性训练游戏，并尝试独立完成	侧重于培养普通幼儿和特殊幼儿的合作意识，以及独立完成功能性训练游戏的能力。

二、融合幼儿园班级区角活动材料的投放

在融合幼儿园班级区角活动中，材料是普通幼儿与特殊幼儿在活动中使用的对象，教师恰到好处地投放与各类幼儿的年龄、已有经验、技能兴趣和需要相匹配的材料，可以激发起幼儿学习的主动性，使他们在轻松的环境中主动观察、主动发现、独

立思考、解决问题。

（一）开发利用自然资源、废旧资源

自然资源包括花、草、树叶、枝条、果实、种子，以及各类果壳等；废旧资源包括泡沫、纸板、废纸、瓶子、罐子等。这些材料可以运用在语言活动区、科学活动区、绘画手工活动区等区角中。[①]例如，在幼儿园的小超市区角中，教师可以动员幼儿及其家长收集各种日用废旧物品，以作为小超市区角中的物品，如空的牙膏盒、月饼盒、饼干盒等。也可以根据收集的各类废旧材料制作小超市区角需要的物品，如用废旧的布料做成各种装饰品或者塞上棉花制作不同的水果、蔬菜造型等。

（二）材料的安全性和艺术性相结合

融合幼儿园班级区角材料的制作和投放，始终要坚持安全第一的原则。教师要选择无毒、无味、对幼儿无伤害隐患的材料，且投放前进行彻底的消毒，同时，选择的材料应该是圆润的、质地柔软的、无尖角的。

在保证安全的基础上，还要注意包装和制作的美感，同时，注重材料的艺术性以及色彩搭配。教师可利用丝带、彩纸、布等辅助材料进行装饰，并对部分材料进行进一步加工和创造，但要注意材料的可操作性和牢固性。

话说假期

（三）材料的目标性和探究性相结合

教师投放材料的丰富程度可直接影响幼儿参与区角活动的质量。融合幼儿园班级区角中应投放丰富多彩的材料，然而，丰富并不等于材料越多越好。幼儿注意力不稳定，投放过多或过杂的材料，尽管可以吸引幼儿参与活动，但也可能使他们分心。教师在投放材料时，应考虑现阶段的主题内容和各类幼儿的活动需求，加强材料投放的针对性、目的性和科学性，并及时更换与补充。

融合幼儿园班级区角投放的材料还应具有探究性。探究性的材料可以引发幼儿的思考及探索，支持他们和活动环境形成积极的互动关系，启发各类幼儿根据自己的兴趣爱好进行探究和操作。

搭大桥

（四）材料的层次性和动态性相结合

融合幼儿园班级区角中投放的材料应具有层次性。首先幼儿年龄、发展水平和教

① 吴邵萍：《幼儿园开放性区域活动指导.3～4岁》，8页，北京，教育科学出版社，2015。

学主题目标不同，材料也就不同，要使其在具有针对性的同时还要有计划性。[①]其次，不同的幼儿有着不同的喜好，其在能力发展上也存在着差异性。教师应注重幼儿的个体差异性，兼顾“吃不了”和“吃不饱”的幼儿。教师要尽可能多地投放具有较强操作性、趣味性、可变性的材料，激发幼儿主动探索的欲望，让每一名幼儿都能在适宜的环境中获得发展。

与此同时，区角中投放的材料不是一成不变的，而要根据活动目标和各类幼儿的发展需求，定时或不定时地更换、调整和补充。

中国地图

（五）材料的适宜性

不同年龄段的幼儿对游戏活动和各类材料的兴趣不同，为了满足幼儿的不同需求，教师需要掌握幼儿的身心发展特点，了解他们的兴趣和认知特点，使投放于活动区的游戏材料最大程度地调动他们的积极性。小班幼儿大部分靠直觉行动，动作先于思维。所以，色彩鲜明、形象丰富、气氛生动的环境以及简单、直观的材料更容易吸引小班幼儿的关注，激发他们的兴趣。中班幼儿具体形象思维占据主要地位，他们的认知与思维能力等迅速发展，教师可以投放促进他们感知觉、认知、动作等发展的游戏材料。同时，他们的生活经验也在不断增加，与生活情景相关的材料也可投放，如娃娃家中的各种用具等。大班幼儿在知识、经验、语言和抽象概括方面已经有了基础，开始展现他们的逻辑思维。这时他们的好奇心和求知欲会极大地膨胀，教师可以投放操作步骤复杂且需要思维和动手能力的材料，活动中要给幼儿正确的引导。

（六）材料的开放性

开放性材料是无穷的，所具有的一个最重要的特点是，它们适合任何水平的任何游戏，包括生活中可能用到的所有七零八碎的东西，如自然材料、机械零件、各类型纽扣等。它们是幼儿伟大创意的催化剂，可以让幼儿开展大量的“以物代物”的游戏，即表征性游戏或象征性游戏。[②]开放性材料的使用原则是，教师依据教学目标或幼儿的兴趣点为其准备充分且多元的各类材料，教师不对各区角内的材料的玩法或操作方式进行过多的限制，而是由

各区域投放材料表

---

① 黄瑾：《幼儿园教育活动设计与指导》2版，202页，上海，华东师范大学出版社，2014。

② ［美］苏珊·斯泰茜：《幼儿园探究性环境创设：让孩子成为热情主动的学习者》，康丹、陈凯丹译，25~26页，北京，中国轻工业出版社，2019。

幼儿在活动中与同伴共同探求材料的使用方法。比如，教师利用废旧的纸箱引导幼儿进行建构游戏，既培养幼儿的环保意识，又能够有效促进幼儿创造力和思维能力的发展。

思考与实践 ……▶

1. 融合幼儿园班级的区角类型有哪些？
2. 融合幼儿园班级区角活动材料投放的原则有哪些？
3. 如何理解融合幼儿园班级区角活动材料投放中的层次性和动态性相结合的原则？
4. 如何理解融合幼儿园班级区角活动材料投放中的适宜性？
5. 如何理解融合幼儿园班级区角活动材料投放中的开放性？
6. 请为某融合幼儿园的小班设置区角，并阐述其适宜开展的活动内容。
7. 请为某融合幼儿园的中班设置区角，并阐述其适宜开展的活动内容。
8. 请为某融合幼儿园的大班设置区角，并阐述其适宜开展的活动内容。

▶ 主题三
融合幼儿园区角活动的组织与指导

导入语……▶

琪琪是融合幼儿园小班的教师，她设计了一个区角主题活动“春天来了”。她在语言活动区投放了关于春天的绘本，在绘画手工活动区投放了关于春天的图片和绘画材料，在音乐表演区投放了歌曲《春天在哪里》。她准备采用自由选择的方式，让幼儿自主选择区角，感受春天。活动开始，部分普通幼儿顺利地选到了自己感兴趣的区角，但有一部分幼儿不知道要干什么，在各个区角间蹿来蹿去。三个有智力障碍的特殊幼儿表现得更加明显，一个只坐在小椅子上，一个拿着画笔到处乱画，还有一个和一个普通幼儿嬉戏打闹。这让琪琪老师百思不得其解，问题出在哪里呢？

一、融合幼儿园班级区角活动的特点

（一）自主性

融合幼儿园班级区角活动多为自选游戏活动的组织形式，侧重于让幼儿自选并自由地参与游戏活动，充分发挥区角的自主性特点。不论是确定主题、选择材料，还是选择玩伴、运用语言、展示动作等游戏环节，均在幼儿的自我决定之下自然地进行。

（二）教育性

融合幼儿园班级区角活动虽然有自主性的特点，但它不是无目的、无计划地开展，而是具有鲜明的教育意义的，这种教育性是隐形存在的。其主要体现在幼儿在游戏的过程中，操作材料、遵守规则，以及在与同伴的相互交往、合作中产生积极的体验，通过轻松愉快的游戏活动，使身心得到发展，实现区角活动本身的教育价值。

（三）实践性

在融合幼儿园中，不管是哪种区角活动，都要通过幼儿的具体实践活动来实现其教育性。区角活动是非常具体的活动，有角色，有动作，有语言，有玩具材料，幼儿在活动中只有全身心参与、身体力行、实际操作，才能使自身的各种能力得到发展。

（四）包容性

融合的意义在于普通幼儿能接纳特殊幼儿，特殊幼儿能融入集体，普通幼儿与特殊幼儿在活动中相互包容，和谐共处。区角活动作为融合幼儿园一日活动的重要环节，为这一目标的实现提供了可能。每个区角都可以被看作一个“小社会”，普通幼儿与特殊幼儿在活动过程中扮演了不同的社会角色，既有分工又有合作。他们只有通过良好的互动，才能保证游戏顺利开展。因此，区角活动的目标以及活动过程的趣味性会自然而然地推动普通幼儿和特殊幼儿之间友谊的形成。

（五）功能性

学前期是幼儿发展的关键期，对于特殊幼儿来说，他们既有普通幼儿发展的普遍性，又有其自身的特殊性。尽早干预、尽早接受功能性补偿教育，有利于他们的康复与发展。在融合幼儿园中，除集中教育活动外，区角活动是一种重要的干预形式。教师根据班里特殊幼儿的实际情况可以设立功能游戏活动区，如感统区、精细动作区、评估区等，为特殊幼儿接受早期干预提供机会。

二、融合幼儿园班级区角活动的组织原则

（一）促进普通幼儿与特殊幼儿的融合

在融合幼儿园班级区角活动中，教师要充分考虑班级的实际情况，既要考虑普通幼儿的发展水平，又要考虑特殊幼儿的身心发展特点。设计教学目标、教学内容，选取教学方法、教学策略时，教师要充分考虑是否有利于普通幼儿与特殊幼儿的融合。同时在活动过程中，教师要引导特殊幼儿主动融入幼儿园生活，引导普通幼儿主动帮助特殊幼儿，使二者相互帮助、相互学习、共同进步。教师还要进行有效的评价，鼓励普通幼儿与特殊幼儿自主融合。

（二）教育指导要过程重于结果

幼儿内在的素养，如对认知的兴趣和自主学习的能力，其获得只能依赖于他们愉悦的情感体验以及活动中的自主探索与创造。所以，对幼儿的早期教育应侧重于学习过程，而不是学习结果。同理，在融合幼儿园班级区角活动中，教师应多关注幼儿的活动态度，以及普通幼儿与特殊幼儿相互合作、交流和帮助的过程，在区角活动过程中适时评价，避免“总结点评”，还要把握好指导的尺度，做到干预不过多，指导留有余地，尽量让幼儿亲自探索、亲自发现。

（三）活动设置要计划、随机相结合

融合幼儿园教师在设置班级区角活动时，有目的地制订和执行活动计划，可有效增强活动效果，降低活动组织难度。但幼儿是活生生的、充满活力的个体，在自主、自由、自选的区角活动中，意外反应和偶发事件时常出现。此时，教师就要具备一定的灵活应变能力，将指导的计划性和实施的随机性相结合，适时抓住教育契机，因势利导。

（四）活动规则要提前建立并确保遵守

提前建立并遵守活动规则

融合幼儿园中的班级区角活动是存在内部规则的。关于行为和活动的准则就是提前制定好的区角活动规则，建立规则可有效保证区角活动顺利进行并达到预期效果。[①]我们说的规则，并不是为了制约幼儿，而是由教师制定一条条让幼儿遵守的规矩，目的在于营造宽松的环境，保证活动的顺畅开展。教师和普通幼儿与特殊幼儿

① 吴邵萍：《幼儿园开放性区域活动指导. 3～4岁》，10页，北京，教育科学出版社，2015。

都要清楚地知道区角材料的使用方式，不论是材料使用，还是材料的拿取和操作，甚至如何参与或观看别人操作，都要遵循相应的规则。教师应注意通过建立活动规则，使幼儿的活动规范而有条理。

三、融合幼儿园班级区角活动的组织形式

融合幼儿园班级区角活动的组织形式主要有集体活动、分组活动、自选活动、自由活动、主题活动等。

（一）集体活动

集体活动是将融合幼儿园班级区角活动看作对幼儿进行集中教育教学的途径之一。当需要全体幼儿学习某一知识、能力时，教师根据相应的活动目标，在一个或多个相关区角中投放合适的材料，让幼儿通过自由探索活动来感知并获得相应经验。

超市购物（大班）

（二）分组活动

分组活动是将融合幼儿园班级区角视为对幼儿进行分组教学的场地。它主要适用于以下四个方面：第一，发展智能。教师在帮助部分普通幼儿与特殊幼儿获得、巩固某一知识、技能时，在相关的区角，对有特殊需要的幼儿给予必要的辅导。第二，在正式区角活动的开始、预热或准备阶段，可有效保证每名幼儿熟悉各区角的内容、材料和工具的使用方法。第三，当材料不够，做不到人手一份时，可选择分组活动。第四，帮助特殊幼儿完成功能性补偿教育，促进其各方面能力的发展。

例如，在区角活动时，教师可以将特殊幼儿进行分类：需要康复训练的就去功能游戏活动区；需要提高社会性的，就请普通幼儿帮助特殊幼儿完成角色扮演游戏；需要提升语言能力的，就去语言活动区。

（三）自选活动

自选活动多在教师创设的自然情境或幼儿园固定的区角时间进行。它适用于融合幼儿园班级区角活动的成熟阶段，幼儿对于各区角的材料、玩法等都比较熟悉的时候。

例如，在幼儿早晨入园后，教师可以充分利用等待吃早餐的这段时间，引导他们去自己感兴趣的区角活动。一方面减少幼儿的照看需求，让一部分教师可以做一日活动的准备工作；另一方面保证班级纪律。

（四）自由活动

桥（中班）

自由活动的过程是激发幼儿主体内在动机的过程，教师要引导幼儿学会“自主学习”，积极地与环境发生作用。自由活动和自选活动的主要区别在于，前者区角的设立、内容的选择及材料的添置等过程，处处体现着随机性和幼儿的自发参与性，教师的教育意图在活动中不断地调整，灵活地实现。它主要适用于区角活动的高级阶段，或者一些特定的活动区域，如角色扮演区（娃娃家、小超市等）。

（五）主题活动

保卫羊村（中班）

主题活动的特点是各区角的活动紧扣一个主题，活动内容的选择、材料的投放为实现主题目标而服务。当日常教育内容需要多种活动形式配合才能完成时即可选择，它可以加深幼儿的印象，促进其理解。

四、融合幼儿园班级区角活动的指导要点

（一）持续的关注与及时的支持

幼儿在区角活动中，在区角选择、活动选择、对象选择方面具有一定的自由性。在自由的区角游戏中，幼儿极有可能出现错误操作、同伴冲突、违反规则、无所事事等情况。在这样的情境下，教师就要及时进入该区角，对相关问题进行必要的介入和解决。因此，区角活动看似幼儿的自主性活动，但是并不意味着教师处于撒手不管的状态。相反，这样的活动对教师的要求更高，教师要在全面观察的同时，了解每一个幼儿的发展特点，预判有些幼儿，尤其是特殊幼儿，可能出现的问题，并及时提供支持。同时，它要求教师有一双发现问题的眼睛，可以及时看到幼儿的需求。

除此之外，特殊幼儿由于存在认知能力、动手能力弱，感知觉不准确，思维刻板，同伴接纳度低等状况，可能不知道如何进行正确的活动操作而游离于区角活动之外，或者出现被同伴拒绝、发生同伴冲突的现象。教师要重点关注班级中特殊幼儿区角活动的状况，判断自己在什么情境下给特殊幼儿提供相应的支持，什么情境下进行一对一指导，什么情境下进行语言或动作指导，等等。

（二）善用环境的“暗示”

所谓环境的“暗示”，是指将融合幼儿园班级区角活动规则蕴含在环境创设之

中，让环境对幼儿活动起到积极的作用，让环境来告知幼儿该区角的活动规则。例如，教师根据活动内容和区角面积制定进区规则，设定人数上限。可以采用进区卡、特定的椅子数量、投放适量材料等方法，来解决进区人数的限定问题，提醒幼儿遵守该区角的游戏规则。

善用环境的“暗示”

（三）提供丰富的结构化图示

引导幼儿掌握和遵守各区角的活动规则不能只依靠环境“暗示”，对于有些规则，教师可以通过图画形象地表示出来，贴在恰当的位置，提醒幼儿遵守。尤其对于认知能力较弱的特殊幼儿来说，以图画的方式说明区角规则或者区角中某活动的操作步骤，更容易提升其区角活动参与度。在区角材料的使用及整理上，图示法效果非常好。在给图形分类的活动中，教师可在每个分类盒子上贴上相应的标识，这样不用提醒，幼儿便自然知晓分类的要求了。

提供丰富的结构化图示

（四）发挥区角中的民主性

区角是体现幼儿自主决定、自由选择，发挥自主性学习能力的地方，是真正属于幼儿的“游戏乐园”和他们发挥个性、特长的场所。因此，在区角设置、材料投放、区域规划、环境布置等方面，可根据幼儿的兴趣以及幼儿提供的建议来整体开展。教师要尊重幼儿在区角中的游戏方式、操作内容等，只有在幼儿需要教师支持的情况下，教师才可以介入。

同时，各区角的规则制定、区角管理等方面也可以让幼儿全面参与，尤其是在规则制定中，经过幼儿参与讨论后制定的规则更容易受到幼儿的接纳。良好的活动习惯不是一朝一夕就能形成的，它会有各种各样的反复。活动中要不断发现新问题，不断补充新的规则，使区角活动规则日益合理和完善。教师可利用来园、离园、谈话活动等时间，开展团体讨论，对幼儿进行区域活动常规教育，使他们了解区角活动常规的意义，督促他们自觉执行。

区角中的民主性

五、融合幼儿园班级区角活动案例

班级	小班	课型	音乐表演区活动
主班教师		配班教师	
领域	艺术	课程时长	20分钟

（一）设计思路

在音乐表演区开展了一段时间的活动后，幼儿的参与性、积极性都有一定的减弱。和他们讨论后发现区角里的乐器种类较少，他们感到没什么可玩的。为了能吸引幼儿，教师开始变换方式方法，丰富乐器，扩展幼儿对乐器的认识。教师投放各类材料，激发他们的兴趣，吸引他们的注意力，引导每名幼儿用适合自己的方式和速度在音乐表演区中享受音乐带来的乐趣。

（二）学生情况

本班共20名幼儿，其中男生12名，女生8名，普通幼儿16名，特殊幼儿4名。根据幼儿的综合能力表现与课堂常规表现及本节课教学内容的难度，将幼儿分为3组。

分组	幼儿	课堂参与	常见情绪、行为问题	备注
A组	普通幼儿	能积极参与课堂活动，根据课程内容进行课堂互动。	无明显情绪和行为问题。	
B组	花花、小左	能参与课堂活动，进行简单的课堂互动。	花花喜欢参与音乐活动，在活动过程中能保持情绪稳定。小左能在感兴趣的情况下参与活动。	
C组	奇奇、豆豆	能在一步指令下参与课堂活动，能在语言提示下参与课堂互动。	奇奇经常在课堂上注意力分散，需要配班教师及时给予辅助，才能提高课堂参与度。 豆豆规则意识弱，常常不能遵守课堂秩序，需要教师及时辅助才能回到课堂活动中来。	

（三）学习目标

A组	①尝试用废旧物品制作各种乐器。 ②主动探索生活中不同材料发出的声音。 ③享受创作的乐趣。
B组	①尝试用废旧物品制作各种乐器。 ②主动探索生活中不同材料发出的声音。 ③在教师的帮助下享受创作的乐趣。
C组	①在教师的帮助下尝试用废旧物品制作各种乐器。 ②能够在教师的引导下探索生活中不同材料发出的声音。 ③活动中能保持情绪稳定。

续表

（四）教学重难点	
重点：尝试用废旧物品制作各种乐器。 难点：主动探索生活中不同材料发出的各种声音。	
（五）活动准备	
物质准备：易拉罐、饮料瓶、薯片筒、酸奶盒、药盒、大米、绿豆、黄豆、红豆等辅助材料，旧筷子、木珠子，音乐《你笑起来真好看》。	
（六）活动过程	设计意图
1．课前准备 秩序整顿： 师："小手放放好，小脚并并拢，大眼睛看老师，竖起耳朵仔细听。"	课前准备及课堂常规的养成，培养良好的学习习惯。 采用儿歌的形式让幼儿理解课堂规则。
2．游戏活动 ①出示自制的乐器沙锤、鼓，请幼儿随音乐打节奏。 ②团体讨论：乐器不够了，我们该怎么办呀？ 师："现在有的小朋友没有乐器，我们怎样才能保证每个人都有一种乐器？" 幼1："再做一些乐器。" 幼2："还可以再买一些乐器。" 幼3："到活动区拿其他的乐器。" ③教师提议请幼儿自己来做乐器。出示准备好的不同的材料，请他们选择自己喜欢的材料制作乐器。 ④动手制作乐器，教师巡视指导，适时地给予帮助。 ⑤说说自己的乐器叫什么名字，是用什么材料做成的。 师："谁能来介绍一下，你做的乐器是什么？是用什么材料做成的？" 幼1："我在薯片筒里装的是豆子。" 幼2："我做的是沙锤。用饮料瓶做的。里面装的是大米。" 幼3："我做的也是沙锤。是用饮料瓶，装的是黄豆。" ⑥请幼儿用自制的乐器随音乐《你笑起来真好看》打节奏。 总结分享：说说用自制乐器打节奏和用真正的打击乐器打节奏有什么不同。 师："刚才我们用自己制作的乐器一起来随音乐打节奏，这和以往我们用打击乐器打节奏有什么不同？" 师："有什么不一样的？" 师："我们做的乐器为什么发出不同的声音呢？" 师："因为瓶子的材质不一样，声音就不一样。"	和幼儿进行团体讨论，让幼儿大胆发言。 充分尊重幼儿的选择意愿。让A组幼儿自主完成；B组幼儿尝试自主完成，教师给予适时指导；C组幼儿在教师的辅助下完成。

续表

（七）课后反思

思考与实践

1. 融合幼儿园班级区角活动的特点是什么？

2. 融合幼儿园班级区角活动的组织原则有哪些？

3. 如何理解融合幼儿园班级区角活动开展时要注意促进普通幼儿与特殊幼儿的融合？

4. 如何理解融合幼儿园班级区角活动设置的计划、随机相结合原则？

5. 融合幼儿园班级区角活动的组织形式有哪些？

6. 融合幼儿园班级区角活动的自选活动和自由活动有什么区别？

7. 融合幼儿园班级区角活动的指导要点有哪些？

8. 结合所学，设计一个融合幼儿园的小班班级区角活动方案。

9. 结合所学，设计一个融合幼儿园的中班班级区角活动方案。

10. 结合所学，设计一个融合幼儿园的大班班级区角活动方案。

拓展阅读

1. 黄瑾. 幼儿园教育活动设计与指导［M］. 2 版. 上海：华东师范大学出版社，2014.

2. 甄丽娜. 幼儿园教育活动设计与指导［M］. 2版. 北京：北京师范大学出版社，2021.

3. 王雯，李梦圆，彭佳雪. 幼儿园区角活动中幼儿深度学习支持策略探析［J］. 蚌埠学院学报，2020（4）：68-73.

4. 王微丽. 幼儿园区域活动：环境创设与活动设计方法［M］. 北京：中国轻工业

出版社，2014.

5. 吴邵萍. 幼儿园开放性区域活动指导. 3～4岁［M］. 北京：教育科学出版社，2015.

6. 甄丽娜. 玩具呈现方式对婴幼儿社交行为的影响研究［J］. 教育探索，2012.

7. 董旭花. 幼儿园区域活动68问［M］. 武汉：长江文艺出版社，2020.

8. 董旭花，刘霞，赵福云等. 幼儿园自主性学习区域活动指导：生活操作区・美工区・益智区・科学区［M］. 北京：中国轻工业出版社，2014.

9. 董旭花，阎莉，刘霞. 幼儿园区域活动现场指导艺术：透视38个区域故事［M］. 北京：中国轻工业出版社，2015.

10. 朱忠琴. 区域活动中师幼互动策略的探究［M］. 长春：吉林大学出版社，2018.

11. 崔哲. 幼儿园区域环境创设与活动开展［M］. 北京：中国轻工业出版社，2017.

基础练习

一、选择题

1. （单选题）《幼儿园工作规程》中提到的对幼儿进行全面发展教育的重要形式是什么？（　　）

A. 活动　　B. 游戏　　C. 操作　　D. 训练

2. （多选题）融合幼儿园区角活动的意义是什么？（　　）

A. 促进幼儿的自主性学习

B. 满足不同发展水平幼儿的游戏和教育需求

C. 促进普通幼儿与特殊幼儿的同伴交往

D. 提高幼儿的探索能力

E. 促进教师的专业化发展

3. （多选题）融合幼儿园班级区角活动材料投放的原则有哪些？（　　）

A. 开发利用自然资源、废旧资源

B. 材料的安全性和艺术性相结合

C. 材料的目标性和探究性相结合

D. 材料的层次性和动态性相结合

4. （多选题）区角中投放的材料不是一成不变的，而是要根据活动目标和幼儿的发展需求，定时或不定时地（　　）。（　　）

A. 清洗　　B. 更换　　C. 调整　　D. 补充

5. （多选题）融合幼儿园班级区角活动的组织原则有哪些？（　　）

A. 促进普通幼儿与特殊幼儿的融合

B. 教育指导要过程重于结果

C. 活动设置要计划、随机相结合

D. 活动规则要提前建立并确保遵守

6. （多选题）开展融合幼儿园班级区角活动时普通幼儿与特殊幼儿是什么关系？（　　）

A. 相互帮助　　B. 相互学习　　C. 共同进步　　D. 竞争关系

7. （多选题）哪些材料适合投放到融合幼儿园班级区角中？（　　）

A. 自然资源，如树叶、花、种子等　　B. 环保且卫生的废旧物品

C. 生活中的常见物品

D. 各类操作工具、如美工剪刀、双面胶、颜料等

E. 各类图书、积木等　　F. 康复类教具

二、简答题

1. 区角活动的定义是什么？

2. 融合幼儿园班级的区角类型有哪些？

3. 融合幼儿园班级区角活动的特点是什么？

4. 融合幼儿园班级区角活动的组织形式有哪些？

三、论述题

1. 试论融合幼儿园班级区角活动的自选活动和自由活动的区别。

2. 如何理解融合幼儿园开展班级区角活动时要注意促进普通幼儿与特殊幼儿的融合？

3. 如何理解融合幼儿园班级区角活动材料的层次性和动态性相结合？

实践训练

1. 根据融合幼儿园班级区角活动的组织形式和教学方法，设计一份教育活动方案。

2. 分组到普通幼儿园和融合幼儿园进行参观，并分析各个班级区角设计的优缺点。

学习评价与反思

1. 区角活动的含义是什么：________________________________

____

2. 融合幼儿园班级区角活动材料的投放原则是什么：________________

____

3. 融合幼儿园班级区角活动的组织原则是什么：__________________

____

4. 其他评价与反思：____________________________________

____

第五单元　融合幼儿园个别化教育活动的设计与指导

单元导入

《幼儿园教育指导纲要（试行）》指出："幼儿园的教育是为所有在园幼儿的健康成长服务的，要为每一个儿童，包括有特殊需要的儿童提供积极的支持和帮助。"这要求教师积极地利用资源，为特殊幼儿提供专业性的支持，体现教育的公平。面对各具差异的幼儿，个别化教育活动的正确开展是促进特殊幼儿发展的一个有力的支持，它可以让每名幼儿都得到高质量的学习体验。那么在融合幼儿园中应该如何设计个别化教育活动呢？

单元思维导图

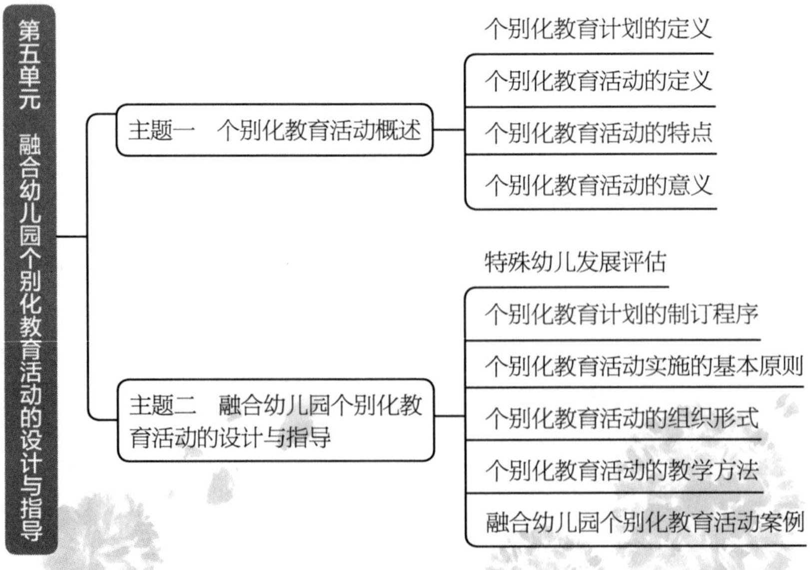

学习目标

1. 理解个别化教育计划的理念，了解个别化教育计划的定义。
2. 掌握个别化教育活动的定义，理解个别化教育活动的特点与意义。
3. 了解个别化教育计划的制订程序。
4. 能够根据情况完成一份个别化教育活动方案的设计。

|典型案例|

月月是幼儿园中让教师“头疼”的一个小朋友。从入园开始，月月就不能很好地遵守规则，上课的时候总是心不在焉，乱跑乱跳，注意力完全没有放在课堂上。但月月非常喜欢音乐，有时候遇到自己喜欢的音乐会跟着节奏摆动小手。

对于月月这样的特殊幼儿，教师应该怎样对她实施教育呢？什么样的教育能促进她的发展呢？

主题一 个别化教育活动概述

导入语……▶

随着个别化教育计划越来越受到重视与推崇，个别化教育活动实施的意义逐渐凸显。个别化教育活动是个别化教育计划的一部分，同时也是融合幼儿园为每一名幼儿提供的融合教育的有力支持，它可以保障特殊幼儿在普通学前教育环境中接受满足其特殊需求的教育。因此，教师需要理解个别化教育活动的内涵，把握个别化教育活动的特点，明白个别化教育活动的意义。那么应该如何理解个别化教育活动的基本内涵呢？

一、个别化教育计划的定义

（一）个别化教育计划的由来

个别化教育计划是专门为某个幼儿制订的教育计划。1975年，个别化教育计划第一次出现在美国的《所有残疾儿童教育法》中。该法律要求必须为3～21岁的特殊儿童制订适合其需要的个别化教育计划（Individualized Education Plan，IEP）。这一思想的提出具有重要意义。随着特殊教育发展及观念更新，个别化教育计划在我国得到接受和重视。我国《教育部关于加强残疾儿童少年义务教育阶段随班就读工作的指导意见》提到，为每个残疾学生制定个别化教育教学方案，落实“一人一案”，努力为每名学生提供合适的教育。

（二）个别化教育计划的定义

关于个别化教育计划，没有统一的定义。有学者从教学实施的过程出发，提出了个别化教育计划以文本形式呈现学生受教育的总体规划，描述了学生的教育需要，确定了学生要达到的教育目标，规划了学生的教育安置形式，明确了教学过程和进步的评价标准。①有学者从制订主体出发，认为个别化教育计划是一份由学校与家长共同制订的，针对学生个别需要的书面教育协定，它应该记载学生的评定结果，该年度提供

① 肖非：《关于个别化教育计划几个问题的思考》，载《中国特殊教育》，2005（2）。

的教育安置、相关服务及教学目标。[①]有学者从其性质出发，指出个别化教育计划作为“特殊教育的基石”，是融合教育环境中教育对象接受满足其特殊需要的教育的重要保障，它运用专业团队合作的方式，根据特殊学生个性化特点制订的特殊教育及相关服务的计划。[②]

综上所述，个别化教育计划是由学校和家长以及一些专业人员共同制定的针对儿童个别化需要的书面教育协定。个别化教育计划立足于儿童的特殊需求，依据鉴定评估结果、教育诊断和课程内容而制订。其内容包括要达到的教育目标、教育安置形式、教学进程、评价标准、相关服务等。制订的人员包括教师、家长、儿童本人、社会人员或专业人员（评估人员和物理治疗人员）等。

二、个别化教育活动的定义

幼儿园教育活动是指根据幼儿园教育目标，教师以各种形式有目的、有计划地组织和引导幼儿参与生动、活泼的活动的教育过程。融合教育情境下，个别化教育活动是在上述幼儿园教育活动的基础上，教师针对有特殊教育需要的幼儿采用集体、小组或个别形式促进其全面发展的活动。依据个别化教育计划，幼儿园以课程落实活动，以活动落实目标。幼儿园的教学多数基于活动，因而其具有开展个别化教育活动的优势。

三、个别化教育活动的特点

（一）支持性

个别化教育活动具有支持性的特点。它遵循幼儿的发展特点，设计相应的活动，多方主体合作，为幼儿提供资源支持，对环境、课程计划、教学设计、教学资源等方面进行调整，支持幼儿发展自己的优势能力，补偿缺陷，促进参与。个别化教育活动为幼儿提供行为支持、情感支持，保障幼儿健康成长；为家长提供支持、咨询和专业化的策略，使其了解幼儿的发展，提高家庭教育的质量；为教师提供支持，医教结合，家校沟通，促进专业合作。

① 刘春玲、江琴娣：《特殊教育概论》，59页，上海，华东师范大学出版社，2008。

② 辛伟豪、刘春玲：《伦理规范与行为准则：培智学校教师个别化教育计划专业伦理调查研究》，载《中国特殊教育》，2017（1）。

（二）目标性

个别化教育活动具有针对性和目标性的特点。活动的每一步设计都是为教学目标服务的，都为幼儿的身心健康发展提供支持。同时，个别化教育活动的目标是多样性的，有主有次，有先有后。每一个目标都是清晰可操作的，都是可以通过教学实现的，也都是符合幼儿需求的。在个别化教育活动过程中，教师要时刻明确幼儿发展中的长期和短期目标，还要注重将幼儿的个别化教育计划目标融入教学过程中去。

（三）系统性

个别化教育活动的系统性特征主要体现在，教师要对幼儿有全面、系统的了解，包括幼儿各个方面的发展情况、兴趣、愿望、家庭、成长环境等。此外，个别化教育活动不是短暂的活动，整个教育活动是衔接的，每个阶段的教育活动的制定与实施是系统而严密的。教师要考虑到幼儿在当前最需要的能力，在未来的环境中最需要拥有的能力，要呈现给幼儿丰富的、连续的知识体系以及具有层次性的目标计划。教育活动是多主体人员相互协作、各学科相互联系的系统。

四、个别化教育活动的意义

（一）满足个别化需求

个别化教育计划立足于对幼儿的科学评估，注重幼儿的个别化教育需求，一切教育活动的出发点和落脚点都是幼儿的全面发展。个别化教育活动充分尊重和理解幼儿，允许幼儿按照自己的速度去学习，满足幼儿身心发展的特殊性需求，因材施教，提供最合适的教育。

（二）体现教育公平

教育公平是指每个社会成员都具有平等受教育的权利。其内涵主要包括：教育权利平等，所有儿童都相对平等地享有教育资源；教育机会均等，所有儿童都有受教育权。教育公平贯穿于儿童受教育的整个过程，包括起点公平、过程公平和结果公平。特殊幼儿进入融合幼儿园拥有了受教育的机会。在其进入这个场所之后，则要关注幼儿是否得到最适合的发展。每一个幼儿都具有自身的独特性，教育的作用在于提供适合的支持，挖掘幼儿的潜能，补偿其缺陷。个别化教育活动制定、实施和评价是教育过程和结果公平的体现。

（三）提供客观依据

《障碍者教育法》
六原则

个别化教育计划是一个书面计划，落实在个别化教育活动的实践中。首先，个别化教育计划提供每名特殊幼儿的全面发展状况，是教师有针对性地开展教学的重要依据。它可以保证对特殊幼儿的教学过程是满足其身心发展需要的高质量教学。其次，根据个别化教育活动的实施情况，家长可以评估幼儿的发展程度，并在一定程度上实现对孩子的期望，可以客观地看待自己的孩子，既不盲目自信，也不消极悲观。再次，它可以作为幼儿园评价教师工作开展和成效的依据，增强教师的积极性与效能感。最后，幼儿园通过对教育活动的评价，为接下来进一步制订幼儿教育计划提供依据。

思考与实践

1. 融合幼儿园为什么要实施个别化教育计划？
2. 简述个别化教育计划的制订时间与适用的范围。
3. 个别化教育计划的定义是什么？
4. 融合幼儿园个别化教育活动的定义是什么？
5. 简述个别化教育计划与个别化教育活动的关系。
6. 个别化教育计划的制订人员主要有哪些？
7. 个别化教育计划最重要的功能是什么？
8. 举例说明个别化教育活动的特点。
9. 简述个别化教育计划可以为学前融合教育的实施提供哪些依据。
10. 简述融合幼儿园开展个别化教育活动的意义。

▶ 主题二 融合幼儿园个别化教育活动的设计与指导

导入语……▶

每一所融合幼儿园的实际运作情况都不同，其资源条件存在差异，个别化教育计划的制订程序并不是完全固定的，再加上特殊幼儿的独特性，要如何保证个别化教育计划的系统性与科学性呢？要做好融合幼儿园个别化教育活动的设计，教师必须做好个别化教育活动的前期准备工作，了解制订个别化教育计划的基本程序。教师要在把握基本原则的前提下，确定个别化教育活动的组织形式与教学方法，最终呈现出科学的、适宜的个别化教育计划设计。那么融合幼儿园个别化教育活动的程序有哪些呢？

一、特殊幼儿发展评估

评估的目的主要是确定幼儿的发展程度，了解幼儿的能力或知识的掌握水平，为教师的教学提供参考，切忌分类贴标签。

（一）正式评估

正式评估主要由有资质使用相应工具的专业人员进行，如医生做诊断、鉴定，具有授权和资质的专业人员进行心理测量。正式评估一般包括以下几方面的评估。

1. 智力测验

智力测验是通过正式的工具以测量的方式来衡量一个人的智力水平和适应行为。常见的智力测验工具有韦克斯勒儿童智力量表、斯坦福-比奈智力量表、考夫曼儿童评估量表、希-内学习能力倾向测验等。

2. 成就测验

成就测验多采用斯坦福成就测验、韦克斯勒个人成就测验、伍德科克阅读掌握测验等。

3. 认知能力测验

认知能力测验多采用工作记忆测验、注意力测验、威廉斯创造力测验等。

4. 情绪与行为测验

情绪与行为测验多采用阿肯巴克儿童行为量表、儿童行为评估系统、儿童孤独症筛查量表等。

5. 感官功能测验

它主要包括视觉、听觉、触觉、嗅觉、平衡觉、精细动作和粗大动作等方面的测量。

值得注意的是，以上的每一个测验不仅要看总分，还要记录幼儿各方面的能力，如智力测验中常识部分要评价幼儿的知识范围。

（二）非正式评估

非正式评估在一定程度上依赖于正式评估的结果。基于已有的鉴定与评估，幼儿园在特殊幼儿入园后需要做进一步的教育评估。

1. 评估内容

评估内容包括了解幼儿的出生史、发育史、病史、家族史等，此外还包括认知能力、沟通能力、行动能力、情绪、人际关系、感官功能、健康状况、生活自理能力、学业能力、学习水平等方面的发展。幼儿园评估幼儿在这些方面的优劣势、潜能、今后可能遇到的障碍以及能够达到的水平，从而确定教学的起点。

2. 评估方法

非正式评估的方法主要包括评估人员或教师针对幼儿一日活动状况实施的观察法、为了解幼儿的家庭适应状况与家长进行的访谈法，以及与幼儿身心发展水平相关的调查法、实验法与测评法等。具体如下：观察法，可以在日常生活情境中进行观察，也可以设置特定的情境进行观察，还可以在与幼儿互动的过程中观察其表现。访谈法，可以开展与家长的会谈，了解幼儿日常的表现以及出生发育史、家庭生活状况、与其他幼儿的差异、家长的期望等情况。调查法是指通过调查，如问卷、访谈、调查表，获取幼儿身心发展的相关资料。实验法是指通过实验室或者自然实验评量幼儿的行为表现。测评法指采用多个领域测评的工具，确定幼儿的起点，评价教学的有效性。

二、个别化教育计划的制订程序

个别化教育计划的制订程序主要包括组织个别化教育计划委员会、拟定个别化教育草案、召开个别化教育计划会议、确定个别化教育计划。

（一）组织个别化教育计划委员会

为了使管理和实施更清晰，必须明确由谁去做个别化教育计划。表5-1为一些负责人员的职务及工作内容，在实践中，可根据现有的资源进行调整。

表5-1　个别化教育计划委员会职务及工作内容

职务	工作内容
主席	①协调个别化教育计划小组活动的开展、人员的参与。 ②组织并主持个别化教育计划会议。 ③对计划制订与实施最终裁决。
行政人员	①汇报幼儿园教育安排。 ②解决个别化教育计划小组成员的有关问题。 ③监督个别化教育计划实施和支持的落实。
班级教师	①提供幼儿入园表现。 ②提供课程设计的有关资料。 ③提供课程教学计划。 ④说明幼儿接受普通教育的能力及障碍。 ⑤参与个别化教育计划目标的制定。
资源教师	①阐述幼儿的特殊教育需求。 ②解释有关的评估资料。 ③参与个别化教育计划目标的制定。
家长	①提供孩子的出生史、发育史和教育史。 ②说明孩子在家的各种表现。 ③说明孩子接受教育的能力和障碍。 ④表达对孩子的适当的期望。 ⑤参与个别化教育计划目标的制定。
专业人员	①提供并解释特殊的评估资料。 ②给个别化教育计划提供建议。 ③给相关服务提供建议。

（二）拟定个别化教育草案

1. 收集并整理基本资料

专业人员对幼儿进行正式评估，教师作出教育评估，收集并整理评估的材料。

2. 分析幼儿优势和劣势

幼儿存在个体差异，每个幼儿既有优势领域，也有劣势领域。教师应发掘与利用幼儿的优势领域来弥补其劣势领域。比如，在教师的鼓励下，幼儿有学习的动机与兴趣就是优势领域，注意力不集中、情绪不稳定是劣势领域。确定幼儿的优势与劣势领域，可以为教师在潜能优先、缺陷其次的原则基础上，明确幼儿的特殊教育需要，也为后续制定相关服务或教学实施指明方向。

3. 确定特殊需求

教师确定幼儿的特殊需求需要考虑以下三点：首先，考虑幼儿在园所学习以及生活的障碍，需要提供何种必要的协助，对环境和学习活动进行何种调整；其次，考虑幼儿的优势和劣势领域的发展，把握潜能优先、缺陷其次的原则，提高其适应幼儿园生活、社会生活的能力；最后，对幼儿的需求进行排序，考虑幼儿当下最急需发展的能力，包括生理需要和自我发展等。在考虑以上三点之后，教师确定教学内容和需要的支持服务。教学内容包括园所的学业性课程、五大领域的活动性课程等，也包括个别化的课程，如生活自理、社交沟通等方面。支持服务包括辅具使用、物理治疗、行为改变等内容。教师确定幼儿的所能与所需之后，接下来就可以制定长期和短期目标了。

4. 拟定长期目标

长期目标，可以是一个学年或者一个学期的目标。长期目标使用一般性的、明确的、可操作的、可评量的叙述。比如，在社会适应领域，长期目标可以制定为，在家中、幼儿园中和其他餐饮场所能完成用餐活动。长期目标不单单是一个领域里的目标，它需要将各个领域联系起来，具有整合性和系统性，可以使幼儿全面发展。

5. 拟定短期目标

短期目标同样坚持用明确的、可测量的、具体的、可描述的叙述。教师要明晰达到的行为目标是什么，在什么样的情境下，达到什么样的标准算通过。简单模板为：谁+在什么情况（情境、条件、协助、提示）下+做什么+做多好（时间、百分比）。长期和短期目标是有层次的，短期目标与长期目标呼应，短期目标不断累积最终能达到长期目标。短期目标可以看作长期目标的细目与具体表现，幼儿分阶段地完成目标直至完成一个长期目标。长期和短期目标都要制定具体的评估日期。

长期和短期目标举例

6. 教学规划

根据长期和短期目标、课程内容等方面，教师确定各个领域的教学起点、组织形式、教学内容，制订教学计划。

（三）召开个别化教育计划会议

个别化教育计划会议的流程如下：说明本次会议的目的、介绍出席的人员、出示评量结果、展示制定的长期和短期目标、综合讨论、确定内容、签名。

（四）确定个别化教育计划

1. 调整与修改

根据个别化教育计划会议的结果，教师可以结合专家、家长、资源教师等团队人员的意见，对拟定的个别化教育计划进行调整和修改。同时，个别化教育计划并不是一成不变的，教师可以在实施的过程中根据幼儿的具体表现、活动实施状况、幼儿的发展需要等，对幼儿及时进行过程性评价，根据评价结果进一步调整个别化教育计划中的相关内容，从而更好地指导下一个阶段目标的制定。这也是一个教学反思的过程。

2. 相关人员提供专业服务

它主要包括幼儿必要的康复训练、语言治疗、职业治疗等服务，确定专业服务的负责人、制定专业服务的时间安排表。

家长参与个别化教育计划制订的意义

三、个别化教育活动实施的基本原则

（一）适切性原则

虽然个别化教育计划是由特殊教育发展而来的，但它并不只是针对残疾幼儿，而是为每一名有特殊教育需求的幼儿提供支持。个别化教育活动的实施以最近发展区为基础，适合幼儿的心理与身体发展特点，适合幼儿的兴趣、愿望与社会需求，同时把握课程与学科的特点，考虑现有的资源和园所本身以及地方文化特点。对于有特殊教育需要的幼儿来说，个别化教育活动要提供给他们最为适切的高质量教育。

（二）多样化原则

个别化教育活动坚持教学目标多样化，使各个领域实现知识的整合。活动材料多样化，如视觉材料、听觉材料、多媒体辅助材料、手工材料等；教学方法多样化，如讨论法、讲授法、启发法等；强化多样化，如口头表扬、微笑、贴纸等。

（三）情境性原则

幼儿园中的个别化教育活动都是在特定的情境中进行的，切忌让幼儿机械地进行训练。幼儿园可以有计划地利用家庭、幼儿园、社区等生活情境，引导幼儿在实际情境中巩固所学知识，要尽力为幼儿争取在实际生活情境中学习与巩固知识的机会。教师要创设与教学活动相适应的、丰富生动的情境，也可以在教学过程中保持敏锐性，随机地利用情境。

四、个别化教育活动的组织形式

个别化教育活动不是一个孤立的活动，它的组织形式有集体活动形式、小组活动形式和个别活动形式三种。

（一）集体活动形式

在集体教学中实施个别化教育活动是指在共同要求下把握好个别适应。这要求幼儿园改变传统的讲授法，尽量使用多种活动形式，让全体幼儿有参与学习活动的机会，同时要设计不同层次的学习任务、多观察幼儿，及时指导。是否采用集体活动形式，要考虑该学习目标是否可以放在为多数幼儿拟定的课程教学中完成。该组织形式需要教师在集体教学中对教学目标、教学内容、教学资源、教学过程、作业设计等方面进行个别化设计，如调整位置、降低难度、安排同伴协助、开展游戏活动、提供适当提示、增强自信心等。

（二）小组活动形式

当集体活动形式不能满足幼儿的特殊教育需求时，教师可采用小组活动形式。在小组区角活动中，幼儿可以用自己的方式去互动、游戏、探索等。教师需要有目的地安排活动区域、投放活动材料，安排合作成员，进行任务分配。教师要引导小组成员友爱互助、合作分工、平等参与，在观察、模仿中获得能力发展。

（三）个别活动形式

根据幼儿的需求，在需要进行补救或者扩展时教师可采用个别化活动形式。它是由教师与幼儿进行的一对一式的活动。采用个别活动形式，是为了达到个别化的效果。针对一些专门的目标，在其他活动中无法完成时，教师可采用个别活动形式。

五、个别化教育活动的教学方法

（一）支架式教学法

支架原指工人在修筑房屋时用的脚手架，在工人够不到的时候它被用来提供辅助，最后撤出。支架式教学运用了这种比喻。教学中包括教师的教和幼儿的学，教师的教就是那个脚手架，来辅助幼儿建构自己的知识体系。它具体指教师根据幼儿的能力、兴趣、爱好，围绕教育活动的主题，分解学习的任务，调整任务的难度和目标，鼓励幼儿自主探索，并给予适当提示和提问引导。幼儿的学在哪里，教师的教就在哪里。教师教的内容、方式与幼儿学的水平、能力相一致。教师怎么教、提供多少辅助要根据幼儿的发展水平。教师要了解幼儿的最近发展区，通过支架使幼儿从现有水平不断地跳到新的水平。

支架式教学的基本程序是搭建支架（根据幼儿的学习能力分解学习任务，建立概念框架）、进入情境（将幼儿引入一定的问题情境）、幼儿独立探索、合作学习，最后进行效果评价。支架是个别化的支持，教师可以为每一个幼儿提供差异化的教学，有针对性地引导和辅助，使幼儿能够挖掘最大的潜能，补偿缺陷，更好地完成自己的学习任务。教学走到幼儿发展的前面，幼儿的发展不受限制。随着目标完成，教师再搭建新的支架。

建立数字的概念，
感知数量关系

（二）情境教学法

情境教学法是创设符合幼儿生活实际和年龄特征，生动、丰富且具体的教学情境，让幼儿在情境中体验、操作、感受并获得经验的教学方法。[①]

融合幼儿园的活动过程离不开生活化的、社会化的真实情境。借助生活情境中熟悉的要素，幼儿可以更好地掌握知识、理解知识。教师在活动组织过程中要有构建多元化教学情境的意识，改变单一的教学情境安排，根据教学目标以及幼儿学习的特殊需要对教学活动进行情境化设计。教师需要精心创设结构化、生活化、幼儿友好型的教学情境，将家庭、园所、社区范围内真实的生活情境与片段纳入融合教育教学活动中，这对于全体幼儿学习质量提升具有促进作用。[②]

养成刷牙的好习惯

（三）同伴影响法

同伴影响法最初由心理学家皮亚杰提出，认为儿童在与同伴合作、学习的过程中

① 黄英杰、杨朝：《情景教学法在幼儿绘本教育活动中的应用策略》，载《陕西学前师范学院学报》，2021（4）。

② 邓猛、景时：《特殊教育最佳实践方式及教学有效性的思考》，载《中国特殊教育》，2012（9）。

可以互相影响，将学习的效果变得更好。在环境中，同伴是使幼儿的社会性和认知得以发展的重要因素，同伴在交往中传递了知识，培养了品质，提高了能力。

同伴影响法需要教师做好一定的准备，如根据幼儿的学习能力异质分组。选择助学同伴需要征求幼儿及其家长的同意，一方面提高特殊幼儿的能力，另一方面为普通幼儿的合作能力、交往技能、亲社会行为等方面带来积极影响。同伴形式可以是一对一的相对固定的形式，比如普通幼儿轮流与特殊幼儿做同伴一个月或者几个星期，也可以是小组结为同伴团体的形式。这样的小组同伴可扩大幼儿之间的交往范围，帮助幼儿获得更多可以观察学习的榜样。

探索积木新玩法

（四）协同教学法

协同教学是指由两个或两个以上的教师以及辅助人员组成教学团体，共同拟定计划、分工实施教学，尽可能地满足幼儿的教育需求。它可以充分发挥教师的差异，教学实施有主有次，发展教师的个性。协同教学可以运用于集体教学、小组教学之中，在活动中，教师平等地参与，协同不是帮助，是各有分工。教师互相协商课程、教学以及相应的评估，尽可能满足幼儿的教育需求。①

认识水果（二）

六、融合幼儿园个别化教育活动案例

中班绘本《我爸爸》

班级	中班	课型	小组
主班教师		配班教师	
领域	语言	课程时长	40分钟
（一）设计思路			
在集体的语言教学活动中，教师通常难以根据特殊幼儿语言发展特点进行针对性的语言干预。小组教学恰好可以解决这一问题。绘本阅读是所有幼儿都感兴趣的一类活动，因此，通过绘本进行语言学习，有助于特殊幼儿提高理解、倾听和表达等能力。绘本《我爸爸》，通过简单朴实的语言和精心设计的排比句式，用幼儿的口吻和眼光来描绘一位既强壮又温柔的爸爸。绘本中使用的语言符合特殊幼儿的语言学习特点，是有效的语言学习素材。			

① 杨凤金：《协同教学在美国融合教育中应用的研究》，硕士学位论文，华东师范大学，2013。

续表

（二）幼儿情况

参与本次活动的幼儿包括普通幼儿朋朋和齐齐，特殊幼儿晨晨。他们的课堂常规表现如下所示。

幼儿	课堂参与	社交表现	备注
朋朋	能积极参与课堂活动，根据课程内容进行课堂互动。	朋朋性格开朗，包容性强，愿意照顾和帮助他人。	
齐齐	能参与课堂活动，根据课程内容进行课堂互动。	齐齐性格较为急躁，缺乏耐心，不愿意与晨晨玩耍。	
晨晨	能遵守课堂常规，在语言提示下简单地参与课堂互动。	晨晨有中度智力障碍，语言表达能力较弱，难以进行完整句子的表达，乐意与他人玩耍。	

（三）环境设置

（四）学习目标

朋朋	认知目标：理解故事内容，感受故事中爸爸的形象特点。 行为目标：能熟练地用“像……一样”的句式进行语言表达，并能够进行故事的复述。 情感目标：感受父子之间浓浓的亲情。
齐齐	认知目标：理解故事内容，感受故事中爸爸的形象特点。 行为目标：能熟练地用“像……一样”的句式进行语言表达。 情感目标：感受父子之间浓浓的亲情，能够与同伴进行合作游戏。
晨晨	认知目标：理解故事内容，感受故事中爸爸的形象特点。 行为目标：能通过模仿或在教师的帮助下用“像……一样”的句式进行语言表达。 情感目标：感受父子之间浓浓的亲情。

（五）教学重难点

重点：理解故事内容。
难点：能熟练地用“像……一样”的句式进行语言表达。

续表

（六）活动准备	
经验准备：了解爸爸的职业、爱好等。 物质准备：《我爸爸》绘本。	
（七）活动过程	设计意图
1．课前准备 组织课堂： 播放儿歌，组织幼儿坐下，做一组手指操。	通过手指操活动幼儿的手指，在轻松愉快的音乐下开始一节课。
2．活动部分 ①谈话导入。 请幼儿分别介绍一下自己的爸爸。 ②阅读绘本，讨论绘本中爸爸的特点。 A.认识布朗的爸爸。 教师出示绘本中爸爸的形象，请幼儿分别猜想一下这会是一个怎样的爸爸，如他的职业、爱好、年龄等。 B.理解绘本内容，感受爸爸“真的很棒”。 教师出示绘本中爸爸走钢丝的图片，让幼儿描述该图片。 教师总结：“他是一位勇敢的爸爸，他会像杂技演员一样走钢丝。” 教师出示绘本中爸爸赛跑的图片，让幼儿描述该图片。 教师总结：“爸爸赛跑特别厉害，他跑得像飞毛腿一样快。” 教师依次出示爸爸吃饭、举重、游泳等相关绘本图片。 引导幼儿说出：“我爸爸吃得像马一样多。” “我爸爸游得像鱼一样快。” “我爸爸像大猩猩一样强壮。” “我爸爸像河马一样快乐。” “我爸爸像房子一样高大。” “我爸爸像泰迪熊一样柔软。” “我爸爸像猫头鹰一样聪明。” ③学习“像……一样”的句式。 用“像……一样”这一句式夸一夸自己的爸爸。 能够将这一语句表述结合肢体表演展示出来。 ④理解爸爸对自己的爱。 教师出示绘本的最后一页（父子相拥的图片），请幼儿谈谈从图片中感受到了什么？ 请幼儿回忆跟爸爸做过的最开心的一件事。 对爸爸说一句话，表达自己对爸爸的爱。 ⑤画一画我的爸爸。 ⑥完整欣赏绘本。	将绘本中爸爸的形象与自己的爸爸相联系，引起情感共鸣。 以图片的直观方式，帮助幼儿，尤其是语言表达能力较弱的特殊幼儿，进行语言表达。 以绘本中的图片素材，进行该句式的练习，可以激发幼儿更多的想象和表达的主动性。 结合自己爸爸的特点，进行知识迁移。 绘画可以帮助幼儿更深层次地感受爸爸对自己的爱。

续表

<table>
<tr><td>3．活动延伸
幼儿将在课堂上所画的爸爸的图画带回家，送给爸爸，并对爸爸说一句赞扬他的话。</td><td>深化故事中父子的情感，让幼儿勇敢表达对爸爸的爱。</td></tr>
<tr><td colspan="2">（八）课后评价</td></tr>
<tr><td colspan="2">

姓 名	能够看图说话	理解绘本内容	会用“像……一样”的句式表达	课堂常规（安静地听指令、关注教师、情绪稳定等）

注：0分，不能完成任务；1分，在肢体协助下完成任务；2分，在口头提示下完成任务；3分，独立完成任务。</td></tr>
<tr><td colspan="2">（九）课后反思</td></tr>
<tr><td colspan="2"></td></tr>
</table>

思考与实践

1. 开展个别化教育活动之前为什么要进行特殊幼儿的发展评估？
2. 从评估的人员和程序来分，特殊幼儿的评估方式主要有哪些？
3. 对特殊幼儿的正式评估的内容有哪些？
4. 对特殊幼儿的非正式评估的内容有哪些？
5. 非正式评估的方法主要有哪些？
6. 个别化教育计划的制订程序有哪些？
7. 个别化教育计划需要包括哪些内容？
8. 举例说明个别化教育活动实施的基本原则。
9. 个别化教育活动的组织形式有哪些？
10. 个别化教育活动有哪些教学方法？

拓展阅读

1. 雷江华，刘慧丽. 学前融合教育［M］. 北京：北京大学出版社，2015.

2. 王萍. 学前特殊儿童教育［M］. 北京：清华大学出版社，2019.

3. 张文京，严小琴. 特殊儿童个别化教育：理论、计划、实施［M］. 重庆：重庆大学出版社，2015.

4. 王辉. 特殊儿童教育诊断与评估［M］. 南京：南京大学出版社，2015.

5. 王燕华，付传彩. 融合幼儿园中个别化教育计划的制订及实施［M］. 北京：北京大学出版社，2017.

6. 张文京. 特殊儿童个别化教学设计与实施［M］. 重庆：重庆出版社，2008.

7. 葛增国，范里. 个别化教育的计划与实施：以仁爱学校数字化实践为例［M］. 南京：南京师范大学出版社，2020.

8. 刘全礼. 个别教育计划的理论与实践［M］. 北京：中国妇女出版社，1999.

9. 冯伟群. 幼儿园个别化学习活动的设计与开展［J］. 学前教育研究，2016（4）：67-69.

10. 刘敏，李伟亚. 学前融合教育中IEP实践模式的探索：基于一所公立幼儿园的融合教育个案研究［J］. 幼儿教育，2014（Z3）：68-74.

11. 姚鑫莉. 幼儿个别化教育的探索：幼儿园综合性主题教育的深化研究［J］. 上海教育科研，2001（9）：42-44，23.

12. 于素红. 美国个别化教育计划的立法演进与发展［J］. 中国特殊教育，2011（2）：3-8.

13. 宋秉莹. 听障儿童个别化教学指导手册［M］. 兰州：兰州大学出版社，2020.

14. 姜新生. 个别化教学策略［M］. 北京：北京师范大学出版社，2010.

基础练习

一、选择题

1. （单选题）个别化教育计划的英文简称为（　　）。（　　）

A. IFP　　　　B. IEP

C. ITP　　　　D. IFSP

2. （多选题）融合教育情境下个别化教育活动是指针对有特殊教育需要的幼儿采用（　）、（　）或（　）形式促进幼儿全面发展的活动。（　　）

A. 集体　　B. 小组

C. 个别　　D. 分层

3. （多选题）个别化教育活动的特点有哪些？（　　）

A. 支持性　　B. 目标性

C. 系统性　　D. 全面性

4. （多选题）非正式评估的方法有哪些？（　　）

A. 观察法　　B. 访谈法

C. 实验法　　D. 智力测验

5. （多选题）以下哪些是儿童的优势领域？（　　）

A. 在语言提示下可以完成指令　　B. 情绪不稳定

C. 对颜色感兴趣　　D. 缺乏亲人照顾

6. （多选题）短期目标可以看作长期目标的（　）和（　）。（　　）

A. 细目　　B. 结果

C. 具体表现　　D. 条件

二、简答题

1. 如何确定幼儿的特殊需要？

2. 简述融合幼儿园个别化教育活动的组织形式。

3. 简述支架式教学的基本程序。

三、论述题

1. 试论融合幼儿园个别化教育计划的制订流程。

2. 试论融合幼儿园个别化教育活动的意义。

实践训练

1. 根据融合幼儿园个别化教育活动的步骤，设计一份个别化教育活动方案。

2. 到融合幼儿园调研个别化教育活动的开展情况，分析存在的问题及其产生的原因，收集可借鉴的经验，并提出可行的改进建议。

学习评价与反思

1. 个别化教育计划的发展：________________________________

____

2. 特殊幼儿发展评估的内容：______________________________

____

3. 个别化教育活动的教学方法：____________________________

____

4. 其他评价与反思：______________________________________

____

第六单元　融合幼儿园的环境创设

单元导入

“其身正，不令而行；其身不正，虽令不从”，身处于一个健康积极、向上向善的环境中，人们会不断塑造自己不一样的人格、不一样的精神、不一样的风骨、不一样的血脉，幼儿亦如此。融合幼儿园在进行环境创设时，不仅要关注普通幼儿，而且要关注特殊幼儿，使所有幼儿都能在一个真、善、美的环境中健康成长。那么，融合幼儿园教师应该如何进行环境创设呢？

单元思维导图

- 第六单元　融合幼儿园的环境创设
  - 主题一　融合幼儿园环境创设概述
    - 融合幼儿园环境创设的定义
    - 融合幼儿园环境创设的原则
    - 融合幼儿园环境创设的理论基础
    - 融合幼儿园环境创设的意义
  - 主题二　融合幼儿园室内环境创设
    - 主题墙饰环境创设
    - 班级区角环境创设
  - 主题三　融合幼儿园公共活动场所环境创设
    - 走廊、楼道环境创设
    - 公共游戏区域环境创设
  - 主题四　融合幼儿园心理环境创设
    - 人际环境创设
    - 文化环境创设
  - 主题五　融合幼儿园资源教室环境创设
    - 资源教室环境创设的基本要求
    - 资源教室硬件环境创设
    - 资源教室软件环境创设

学习目标

1. 掌握融合幼儿园环境创设的基本概念及价值。
2. 掌握融合幼儿园室内环境创设的基本要求。
3. 掌握融合幼儿园公共活动场所环境创设的基本要求。
4. 了解融合幼儿园心理环境创设的具体内容。
5. 掌握资源教室环境创设的基本要求。

|典型案例|

贾老师是某融合幼儿园的实习教师。贾老师刚到中一班时，发现班上的主题墙设置得非常漂亮，但是中一班的幼儿对此并不感兴趣。贾老师很困惑，为什么成人觉得非常漂亮的主题墙，幼儿却不喜欢呢？这个问题困扰了贾老师很久，直到班级主题墙更换，贾老师才找到原因。主班教师杨老师让贾老师按照自己的想法重新设置符合教学主题的主题墙。贾老师很快就投入紧张的工作中，同时积极邀请班级的幼儿参与主题墙的设置，询问幼儿的想法。没多久，崭新、漂亮、生动、有趣的主题墙便设置好了。这次，幼儿们对主题墙表现出很高的兴趣，每天都会到主题墙前面看看，有时会讨论很久，有时会大声向其他小朋友或者家长介绍自己的作品。这让杨老师非常惊讶，她找到贾老师说："以前，我都是参考图片来设计主题墙。每次设计完，孩子们总是在开始一两天感兴趣，之后就不再关注了。你是怎么做到让他们一直保持兴趣的呢？"

主题一 融合幼儿园环境创设概述

学前教育相关文件对环境创设的要求

导入语…

《幼儿园教育指导纲要（试行）》指出："幼儿园的教育是为所有在园幼儿的健康成长服务的，要为每一个儿童，包括有特殊需要的儿童提供积极的支持和帮助。"教育部2016年颁布实施的《幼儿园工作规程》指出，要"创设与教育相适应的良好环境，为幼儿提供活动和表现能力的机会与条件"。环境与我们每个人的行为息息相关，在幼儿的成长过程中，环境是幼儿最早、最有效的启蒙老师。那么，应该如何理解融合幼儿园的环境创设呢？

一、融合幼儿园环境创设的定义

（一）幼儿园环境的含义

自古以来，人类从未停止对环境的探索。环境是有机体赖以生存的一切空间以及其中直接或间接对有机体的生存和发展产生影响的各种物质、能量和知识的总和。人类的生活环境，包括自然环境和社会环境，它包括了从古至今对人的生存和发展产生影响的一切过去的、现在的和将来的人、事、物。按环境的属性，可以将环境分为自然环境和人文环境；按环境的性质，可以将环境分为物理环境和化学环境；按照环境的要素，可以将环境分为土壤环境、大气环境、水环境以及生物环境等。

幼儿园环境有广义和狭义之分。广义的幼儿园环境是指幼儿园教育和保育赖以进行的一切物质条件和精神条件的总和，既包括幼儿园内部环境，又包括幼儿园外部环境。狭义的幼儿园环境是指幼儿园内部环境，即幼儿园内幼儿身心发展所必须具备的一切物质条件和精神条件的总和。[①]物质环境包括幼儿园的室内环境、户外游戏场地的环境等，精神环境包括幼儿园人际关系环境、制度环境等。

① 赵娟、靳林、李敏：《幼儿园环境创设与玩教具制作》，5页，北京，北京师范大学出版社，2017。

（二）融合幼儿园环境创设的含义

幼儿园环境创设是指幼儿园及幼儿教师根据幼儿园教育要求以及幼儿身心发展规律，充分利用、挖掘幼儿生活中所处环境的教育因素，为幼儿创造有效与环境相互作用的情境，将环境因素转变为教育因素，以促进幼儿园教育目标的实现，促进幼儿的全面发展。

幼儿园环境创设要求教师能够利用环境对幼儿进行生动、直观、形象且综合的教育，在幼儿参与创设和利用环境的过程中，对幼儿进行全方位的信息刺激，激发幼儿内在学习的积极性，引导幼儿在与环境的互动中获得直接的情感体验和知识启迪，从而促进幼儿身心全面发展。

在此基础上，融合幼儿园环境创设是指幼儿园及教师根据幼儿园教育目标和幼儿身心发展规律，结合普通幼儿与特殊幼儿的发展需求，在充分利用、挖掘幼儿生活中所处环境的教育因素的同时，对幼儿园的物理环境和心理环境进行调整，为所有幼儿创造有效与环境相互作用的情境，将环境因素转变为教育因素，以促进特殊幼儿真正完全融入幼儿园环境之中，促进全体幼儿的健康发展。

融合幼儿园环境创设的目的是通过在幼儿园创设一种公平、尊重、可持续的环境，使全体幼儿在一个具有包容和接纳文化的教育环境中获得知识、启迪智慧，为所有幼儿的健康、快乐成长提供支持。

（三）融合幼儿园环境创设的构成

幼儿园环境从不同维度可以划分为不同的类型。从其存在形式看，可以划分为室内环境和户外环境。其中，室内环境包括教室、走廊、活动室、资源教室等，户外环境包括操场、园门、门厅等。从其组成性质来看，幼儿园环境可以分为物质环境和精神环境。幼儿园物质环境主要包括生活设施、教具、玩具、材料、设备等有形物质。幼儿园精神环境是由集体氛围、活动气氛、心理因素构成的一个复杂的环境系统，它与幼儿园的物质环境共同构成了幼儿园环境的整体。[①]

具体而言，幼儿园的物质环境是幼儿园整体环境中影响幼儿发展的一个重要因素，主要包括幼儿园室内和户外活动场地的大小和其他外观条件，家具、设备、器材的样式、色彩及大小，室内外活动场所的划分以及活动场所与家具、设备和器材的配

---

① 袁爱玲、廖莉：《幼儿园环境创设：理论与实操》，9页，上海，华东师范大学出版社，2017。

置关系等。[①]幼儿园的精神文化反映的是幼儿园里的人在生活方式、价值取向和行为规范上的团体意识和精神氛围，是联系和协调一所幼儿园所有成员（管理者、教师、幼儿等）的纽带，是幼儿园的灵魂。[②]幼儿园的精神环境包括幼儿园的人际关系环境和文化环境两个方面。

二、融合幼儿园环境创设的原则

融合幼儿园环境创设的原则是幼儿园管理者和教师在创设幼儿园环境时应该遵循的基本要求。这些基本要求对融合幼儿园环境创设的每一个步骤都有指导意义。

（一）安全性原则

幼儿园教育的前提是保证幼儿身心的健康与安全。安全性原则是指幼儿园进行环境创设时，既要考虑到普通幼儿与特殊幼儿的发展特点及需求，又要综合考虑幼儿园活动场所的安全因素，以避免意外伤害事故的发生，保证幼儿在园安全。融合幼儿园的环境创设，尤为强调环境的“无障碍”特点。例如，户外场所的绿植围墙，要考虑到肢体残疾幼儿的特殊需要，降低其高度，确保肢体残疾幼儿在休息时能够便捷地坐上去。[③]

（二）教育性原则

环境是幼儿园的“隐形课程”。因此，幼儿园环境也是幼儿园课程的一部分。幼儿园环境中的教育性原则是指教师在进行幼儿园环境创设时，需要注重将环境创设内容与幼儿园教学目标、教育内容等保持一致，使环境中的隐性教育要素潜移默化地影响幼儿的身心发展。因此，教师进行环境创设时，还要根据幼儿园教育目标的变化，对环境做系统规划，形成系列的、系统的环境。例如，幼儿园在设置学期计划、月计划、周计划等时，在确定要达到的教育目标后，应考虑设置怎样的环境来与目标相适应。

（三）趣味性原则

趣味性原则是指设计者要了解幼儿的身心发展特点和审美特点，尊重、理解幼

---

① 朱家雄：《幼儿园物理环境与空间的设计和布置（三）》，载《早期教育》，1995（2）。

② 莫源秋：《幼儿园需要建设什么样的精神文化》，载《教育导刊（下半月）》，2011（6）。

③ 赵昭：《苏北地区学前融合教育中空间适宜性的设计研究：以新沂古镇区第一幼儿园空间设计为例》，硕士学位论文，山东建筑大学，2020。

儿的审美要求，注重环境创设内容对幼儿的吸引力，在幼儿园环境的空间布局、内容选取和色彩搭配上设计出符合幼儿视觉感受并能激发其兴趣的环境氛围。例如，如果幼儿对某一绘本中的故事与角色特别感兴趣，教师就可以把该绘本中的故事情节、角色等要素作为某一阶段环境创设的主题，从而吸引幼儿对环境创设内容的注意力。同时，教师还可将幼儿感兴趣的情节等设计为“说一说”“练一练”“画一画”等任务，增强环境与幼儿的互动性。

（四）适宜性原则

适宜性原则指幼儿园环境创设要从保障与促进幼儿的身心健康发展出发，要与幼儿的发展水平、年龄特征、兴趣爱好、个性特征等相匹配、同步、协调，促进每个幼儿的全面和谐发展。[①]幼儿园小班、中班、大班的幼儿在身心发展特点上有着明显差异，因而，教师要根据幼儿不同的发展特征提供不同的发展环境。例如：对于处在精细动作发展敏感期的中班幼儿，教师要有意识地在教室里投放穿珠子、剪贴、编绳子等方面的材料，促进幼儿精细动作的发展；对于刚入园的小班幼儿，教师要注重主题墙的创设与幼儿生活的联系性，呈现小班幼儿熟悉的内容，提升他们的在园适应能力。

（五）参与性原则

幼儿园的环境既不独立于幼儿之外，也不独立于课程之外，幼儿、环境、课程三者应该以幼儿为中心，形成你中有我、我中有你的融合关系。[②]参与性原则是指在创设环境时，要避免教师成为环境创设的主体，教师应鼓励、支持幼儿参与幼儿园环境创设，为幼儿提供主动探索的机会，挖掘幼儿的潜能。例如，幼儿园开展关于民族服饰的主题活动，教师可以请幼儿及其爸爸妈妈一起收集关于民族服饰的图片，并进行关于民族服饰的手工制作，将幼儿制作的手工作品运用到班级的主题墙设置中。

（六）和谐平等原则

和谐平等原则主要涉及融合幼儿园的精神环境建设方面。首先，幼儿园要建立师幼、幼幼之间和谐、平等、融洽、健康的人际关系，为幼儿的快乐成长创造健康的心理环境。其次，教师对待幼儿的态度应是欣赏且接纳的，教学方式应多元且能激发幼儿学习的兴趣，这将有助于师幼之间形成安全、健康的心理环境。最后，教师在教

---

① 袁爱玲、廖莉：《幼儿园环境创设：理论与实操》，51页，上海，华东师范大学出版社，2017。

② 王海英：《儿童视野的幼儿园环境创设》，50页，北京，人民教育出版社，2019。

学时要尊重幼儿的身心发展规律和特点，尤其是特殊幼儿的身心发展特点，要因人而异，因材施教。在教学中需要特别关注特殊幼儿的参与和活动状况，促进特殊幼儿融入集体环境，帮助普通幼儿与特殊幼儿形成一种彼此互助、关爱的良好关系。

三、融合幼儿园环境创设的理论基础

（一）蒙台梭利教育的环境观

1. 蒙台梭利生平简介

玛利娅·蒙台梭利（Maria Montessori，1870—1952）是意大利女教育家，也是蒙台梭利教育法的创始人。

1870年8月31日，蒙台梭利出生在意大利安科纳（Ancona）地区的基亚拉瓦莱（Chiaravalle）小镇。父亲亚历山德鲁·蒙台梭利是性格平和、保守的军人，母亲瑞尼尔·斯托帕尼是虔诚的天主教徒。作为独生女的蒙台梭利深得父母的宠爱，受到良好的家庭教育，从小便养成了自律、自爱的独立个性，以及热忱助人的博爱胸怀。

蒙台梭利是20世纪享誉全球的幼儿教育家，她创立的独特的幼儿教育法风靡整个西方世界，深刻地影响着世界各国，特别是欧美国家的教育和社会发展。《西方教育史》称她是20世纪赢得欧洲和世界承认的伟大的科学与进步的教育家。

2. 蒙台梭利教育的环境观——有准备的环境

（1）有准备的环境的内涵

一方面，有准备的环境是对传统环境观的批判。蒙台梭利批评旧教育对环境的不重视，她认为要改变传统教育中限制儿童自由、压抑儿童本性的做法，就要从改变环境开始。基于此，蒙台梭利提出“通过提供适宜的环境让儿童的天性在活动中得到自由充分的发展”的主张。①

另一方面，有准备的环境遵循儿童发展的心理特征。第一，遵循儿童的心理胚胎期。蒙台梭利认为，儿童具有生理胚胎期和心理胚胎期，正在实体化的儿童是一个精神的胚胎，他需要特殊的环境。第二，遵循儿童心理的“可吸收”性。蒙台梭利认为，幼儿具有一种吸收性心理，他们能够积极吸收周围环境中的各种刺激和影响，获得自身发展所需的经验。第三，遵循儿童心理发展的敏感期。蒙台梭利认为，处在敏

① 郭法奇：《外国学前教育史》，185~186页，北京，北京大学出版社，2015。

感期的儿童，会以一种特有的强烈程度接触外部世界，他们很容易学会每样事情，对一切都充满活力和激情。第四，遵循儿童发展的阶段性。蒙台梭利将儿童的发展分为婴幼儿期（0~6岁）、儿童期（6~12岁）、青少年期（12~18岁）、成熟期（18~24岁）四个阶段，每个阶段的成长都需要一个适宜的环境，如果这个环境与儿童不相容，那么儿童就会出现各种心理畸变，如儿童有时会坐立不安地乱动、具有强烈的占有欲和权力欲、出现神游等。①

（2）有准备的环境的核心内容

第一，自由且有秩序的环境。蒙台梭利认为，儿童需要安静、自由并且有秩序的环境。只有在这样的环境中，儿童才会展现出他们的天性。这样的环境包含两方面的内容。一方面，儿童的身体和精神只有在适宜的环境中才能不受约束地自由成长。尤其是初生婴儿，更需要有秩序的、没有忽然变化的环境。另一方面，自由不是纯粹的自由，自由建立在纪律之上。纪律是自由的前提，自由是纪律的保障。良好的纪律能够给儿童带来更大的自由，蒙台梭利认为纪律应该是主动的、积极的，是可以激发儿童自身潜能的，而不应该是被动的、消极的、约束儿童成长的，纪律只有在自由的基础上才富有人性色彩。这就要求在教学活动中，教师要给予儿童充分的自由。②

第二，真实且自然的环境。一方面是真实的室内环境。蒙台梭利认为，环境的真实与自然，有助于儿童发展探索内在与外在世界的安全感，从而成为敏锐、有赏识力的生活者。③因此，在蒙台梭利教室中，所有教具都只有一套，教具是符合儿童身体尺寸的真实的物品。在这样的教室中，幼儿可以锻炼耐心和延迟满足。另一方面是真实的户外环境。蒙台梭利认为，人是属于自然的。因此，人的所有社会活动都要符合自然活动的表现。因此，蒙台梭利主张让儿童在户外成长，引导儿童观察自然的生命现象，让儿童懂得动植物需要他们细心照料才能得以生存，从而产生对生命的责任意识。④

---

①④ 李小飞、张萌萌：《有准备的环境：蒙台梭利的环境观述评》，载《教育观察》，2020，9（20）。

② 侯爽：《蒙台梭利“自由与纪律”教育思想对幼儿园一日常规的启示》，载《教育导刊（下半月）》，2020（9）。

③ 袁爱玲：《幼儿园教育环境创设》，13页，北京，高等教育出版社，2010。

第三，符合儿童发展需要的环境。蒙台梭利认为，儿童的活动主要通过教具进行。儿童要进行活动，就要有活动材料及活动环境，这样的环境能激发儿童活动的兴趣和愿望。只有使用教育材料进行活动，儿童才能专心致志地学习。①

因此，蒙台梭利创造了四类符合儿童发展需要的教具。一是日常生活练习教具，用来锻炼儿童的小肌肉运动能力、手眼协调能力以及照顾自己和环境的能力；二是感官训练教具，用来培养儿童的专注力、内在秩序等能力；三是知识性训练教具，用来满足儿童的学习愿望，为儿童未来学习知识打好基础；四是艺术训练教具，用来培养儿童对艺术的兴趣，锻炼儿童的艺术表现力。

第四，充满关心和爱的环境。蒙台梭利认为教室中的环境应该是温暖、和谐、轻松的，这样的环境很容易吸引幼儿积极参与其中。在这样的教室中，教师尊重、理解儿童，根据儿童的需要设计教学活动。同时，这样的教室环境融入了教师对儿童的爱和关怀，使儿童时刻被他人的爱、关怀、理解所包围，为儿童提供一种安全、和谐的精神环境氛围。

（二）瑞吉欧教育的环境观

1. 瑞吉欧·艾米利亚的奇迹

瑞吉欧是位于意大利东北部的一座城市。自20世纪60年代以来，洛利斯·马拉古齐（Loris Malaguzzi）和当地的幼教工作者一起举办并发展了该地的学前教育。数十年的艰苦创业，使意大利在蒙台梭利之后，又形成了一套独特与革新的哲学和课程假设、学校组织方法以及环境设计的原则。人们称这个综合体为“瑞吉欧·艾米利亚教育体系”。

瑞吉欧的教育价值取向是以儿童为中心，充分肯定儿童的价值。其教育目标是创造一个和谐的环境，使这个环境中的每一名幼儿、每一位教师都感到自在、愉悦。②

2. 瑞吉欧教育的环境观

第一，环境是幼儿的“第三位教师”。在瑞吉欧教育工作者眼中，除了每个班有两位教师外，环境是幼儿的“第三位教师”。当环境具有“教师”的意义时，便不再

---

① 曹能秀、王凌：《外国儿童心理发展和教育的理论》，46～47页，昆明，云南民族出版社，2011。

② 袁爱玲：《幼儿园教育环境创设》，14页，北京，高等教育出版社，2010。

是没有生命的完全物化的东西，而成为富有人格魅力且充满教育力量的教师。[①]

一方面，环境不是被动的，而是由幼儿和教师根据自身的需要不断修正的。幼儿园里所有的事物以及所使用的物品、器具都不是被动的物质，而是靠幼儿和成人积极的组合从而成为有意义的情境。另一方面，环境不是一成不变的，能够根据幼儿和成人的需要而改变。[②]

第二，环境是课程设计和实施的要素。瑞吉欧教育认为，环境生成课程，课程主题来源于幼儿与环境的互动。幼儿在情境中随意发挥，容易引发教师生成课程。环境既是教育的背景，也是教育的手段，又是教育自身。有目的、有计划地创设并利用良好的教育环境，可较好地实现教育目标。因此，从课程设计到具体课程的实施，环境一直是教育者所考虑的因素。[③]

第三，环境是幼儿与幼儿之间、幼儿与成人之间、幼儿与物之间互动的关键。马拉古齐曾说："教育乃是由复杂的互动关系所构成，也只有'环境'中各个元素的参与，才是许多互动关系实现的决定性关键。"[④]要实现幼儿与幼儿之间、幼儿与成人之间、幼儿与物之间的互动，必须有环境的支持与介入。在瑞吉欧的学前教育机构中，大到教育机构的地理位置，小到教室里每一个物件的摆放，都充分地为幼儿的各种互动提供便利条件，确保环境成为幼儿互动的保障。

第四，环境是最佳的记录方式。幼儿园环境创设的重要区域，如走廊墙壁、教室主题墙等，均会成为展示或记录幼儿生活、学习的载体。同时，环境也会记录幼儿与教师共同参与环境创设的整个过程。这样的记录对教师来说非常重要，它可以重现教师的教学过程，帮助教师进行教学反思，丰富教师的教学经验，促进教师成长。环境记录对幼儿也很重要，当幼儿的作品或想法展示在环境中时，幼儿会了解到自己是被重视的，将更加积极地投入活动中。环境记录对家长同样重要，环境中展示的幼儿的各类作品可以向家长展示幼儿在园的学习与成长过程，帮助家长了解孩子的发展状况。

---

①④ 张金梅：《谈谈环境的教育价值：从瑞吉欧环境创设获得的启示》，载《学前教育研究》，2002（1）。

② 袁爱玲：《幼儿园教育环境创设》，15~16页，北京，高等教育出版社，2010。

③ 郭海燕：《环境创设在幼儿园生成课程中的作用：瑞吉欧环境创设思想的启示》，载《基础教育参考》，2005（4）。

（三）陈鹤琴“活教育”的环境观

1. 陈鹤琴生平简介

陈鹤琴（1892—1982），浙江上虞（今绍兴市上虞区）人，我国著名儿童教育家、儿童心理学家、教授，我国现代幼儿教育的奠基人。他是我国第一个使用近代科学方法研究儿童心理、进行教育实验的教育家。

陈鹤琴针对当时的教育提出了“活教育”理论，提出使教师“教活书，教书活，活教书”，使学生“读活书，读书活，活读书”的理念。陈鹤琴重视科学实验，主张我国儿童教育的发展要符合国情，顺应儿童身心发展规律，呼吁建立儿童教育师资培训体系。此外，陈鹤琴还编写幼稚园（今称幼儿园）、小学课本及儿童课外读物数十种，设计并推广玩具、教具和幼稚园设备。陈鹤琴一生主要从事一系列开创性的幼儿教育研究与实践，为我国幼教发展作出了卓越贡献。

2. 陈鹤琴“活教育”的环境观

（1）环境与儿童发展

陈鹤琴认为，儿童有三种基本能力：一是可以接受外界的刺激；二是这种刺激可以在大脑中保留着；三是儿童受到那种刺激，到一定的时期，会发生相应的反应。这三种能力是儿童做人的基础。在这三种能力中，外界环境中的刺激是核心，好的刺激会促使幼儿在未来良好行为、意志品质的形成，而坏的刺激则会在幼儿未来人生中的某一个阶段对其身心发展产生不良影响。总之，有怎样的环境就会有怎样的刺激，并进而得到怎样的发展。幼儿园是幼儿接受教育最初的场所，幼儿园及教师需要为幼儿创设良好的环境。幼儿与良好的环境接触了，他们的知识和能力会越来越充分。其中，游戏的环境、艺术的环境与阅读的环境是幼儿园教育中必不可少的。①

（2）以儿童为中心的课程观

陈鹤琴认为，幼儿园的课程要以儿童为中心。他在《我们的主张》一文中指出，我们应当把幼儿园的课程打成一片，成为有系统的组织。那么，儿童的环境包括什么呢？儿童的环境不外乎两种，自然的环境和社会的环境。自然的环境就是各种动植物的现象；社会的环境就是个人、家庭、集体等的交往。②

---

① 秦元东：《为儿童创设良好的环境：论陈鹤琴关于幼稚园环境创设的思想》，载《学前教育研究》，2002（6）。

② 袁爱玲：《幼儿园教育环境创设》，24页，北京，高等教育出版社，2010。

陈鹤琴认为，所有的课程都要从实际生活与经验中选出来，切合生活的课程内容应是幼儿的一饮一食、一草一木的接触、灿烂的玩具用品。①课程内容要充分考虑到儿童的前经验，课程内容应选取儿童周边的环境，极易调动儿童的积极性和主动性，激发儿童的激情和活力，促使儿童自主发现、自主探索、自主尝试，不断获得关于周围世界的新认识。同时，源自儿童真实生活的课程不以获取新奇的、可炫耀的知识为目标，它应该充分揭示儿童日常生活的意义。这种来源于生活环境中的课程内容，充分尊重儿童的年龄特点、兴趣和爱好，是建立在儿童需要的基础上的，真正体现了儿童在学习活动中的主体地位。

（3）幼稚园环境创设的原则

第一，让儿童自己动手、动脑。陈鹤琴明确指出，通过思想和双手所布置的环境可使他对环境中的事物更加认识，也更加爱护。②教师在进行环境创设时，让儿童参与环境创设，师生共同商讨，既可以有效发挥儿童的主体性，又可以让儿童获得成就感，珍惜劳动成果。

第二，环境布置要经常变化。幼稚园的环境不是一成不变的，而是动态的、灵活的，教师要根据时间的变化、儿童的兴趣需要等及时对环境进行调整。

第三，环境设置体现“以儿童为中心”。幼稚园环境创设要充分考虑儿童的特点，教师要清楚地认识到儿童是幼稚园环境真正的主人，是环境的使用者。在环境创设时，要以儿童发展为基本原则，充分考虑儿童的年龄特点和身心发展规律，充分考虑儿童的兴趣需求，使儿童在舒适、自由和宽松的环境中健康成长。

四、融合幼儿园环境创设的意义

我们所在的环境会影响我们的行为、情绪、社会交往以及处理问题的能力，甚至我们的健康都会受到环境的影响。幼儿园环境对幼儿的学习和发展起着重要的作用。

（一）良好的环境有利于幼儿进行自我教育

《幼儿园教育指导纲要（试行）》指出：“幼儿园的空间、设施、活动材料和常规要求等应有利于引发、支持幼儿的游戏和各种探索活动，有利于引发、支持幼儿与周围环境之间积极的相互作用。”幼儿园要注重环境创设的质量，因为幼儿园的物质

①② 袁爱玲：《幼儿园教育环境创设》，25页，北京，高等教育出版社，2010。

环境、人际关系、文化氛围等均对幼儿良好行为与道德、探究精神的形成起着重要作用。幼儿年龄小，思想幼稚单纯，鉴别和控制力比较差，在行动上带有较多的盲目性和非理性的因素；而在某些不确定的环境里，又不能规定幼儿应该如何说、如何做，不可能为他们的言行规定一个统一的、固定的模式。[①]规范的幼儿园环境设计可以引导幼儿规范自己的行为。例如：设置正确使用普通话的主题墙，可以通过一种无形的力量影响幼儿的语言使用规范；在洗漱间张贴正确洗手的步骤，可以帮助幼儿获得健康知识、养成良好的生活习惯。

（二）良好的环境有利于培养幼儿的亲社会行为

幼儿的亲社会行为是指幼儿表现出来的一系列对他人和社会有利的行为，包括帮助、分享、同情、合作等行为。培养幼儿的亲社会行为，不仅会促进幼儿的身心健康发展，也会对幼儿的同伴交往产生积极影响。社会领域学习的一个重要特征是以观察学习为主，观察的对象就是周围环境中的事件以及周围人对事件的反应。因此，利用环境促进幼儿亲社会行为的发展成为培养幼儿亲社会行为的一条重要原则。[②]

（三）良好的环境有利于丰富幼儿的情感

幼儿园良好的环境尤其是良好的人际环境有利于丰富幼儿的情感。幼儿语言能力尚不成熟，虽然幼儿有着丰富的情感，但难以表达内心的感受，通常会通过不同的情绪表达自己的感受。因此，绝对不能忽视幼儿情绪情感的培养。教师在一日生活中要注意观察幼儿的情感变化，及时为幼儿提供必要的帮助，让幼儿感受到师幼、同伴关系中的温暖，提升人际交往能力，营造积极的人际环境氛围，从而促进幼儿情感的培养。

（四）良好的环境有利于幼儿创造力的培养

创造力是人类区别于其他生物的根本特征和标志之一。尽可能地挖掘人类的创造潜能，使人类的创造力发展从自发走向自觉，是现在教育改革的一大趋势。因此，开发幼儿创造力对其毕生的发展有重要意义。[③]幼儿创造力的开发需要合适的土壤，在实际教学活动中，教师如果以自己的思想和经验为中心，进而控制幼儿的思想和行为，会使师幼关系变得紧张，长此以往会扼杀幼儿的创造力。反之，则相反。积极的物理

---

① 胡小青：《幼儿园环境设计研究》，硕士学位论文，东南大学，2005。

② 张明红：《3～6岁儿童亲社会行为的培养》，载《幼儿教育》，2015（10）。

③ 袁爱玲、廖莉：《幼儿园环境创设：理论与实操》，201页，上海，华东师范大学出版社，2017。

和精神环境能够给幼儿营造一种轻松、愉悦的氛围，以及一种激发创造能力的促进性环境。幼儿在这样的环境里会放松自己，最大限度地发挥自己的创造力。

（五）良好的环境有利于培养幼儿的自尊和自信

幼儿期是人身心发展非常迅速的阶段，也是培养自尊和自信最重要的时期。良好的人际关系环境和宽松的心理氛围有利于幼儿自尊和自信的培养。幼儿拥有强大的观察能力和感受能力，教师从内心尊重幼儿，会和幼儿产生一种情感上的共鸣，让幼儿感到自己是被尊重的。幼儿被尊重的需要得到满足，就会由己及人，进而尊重他人。在教学活动中，教师要经常给予幼儿鼓励和支持，营造安全、轻松、愉快的氛围。幼儿在这样的环境中敢说、敢讲，获得成功的体验，使自己的自尊心得到满足，从而更加坚定自己不断克服困难的信心。因此，良好的人际关系所营造的宽松、接纳、愉悦的心理氛围有利于幼儿自尊和自信的培养。

思考与实践

1. 请你说一说幼儿园环境的含义。
2. 请简述蒙台梭利有准备的环境的内涵。
3. 请你说一说蒙台梭利有准备的环境的具体内容。
4. 请你说一说融合幼儿园环境创设的意义有哪些。
5. 请简述融合幼儿园环境创设的原则。
6. 请简述陈鹤琴幼稚园环境创设的原则。
7. 融合幼儿园环境创设的构成有哪些？
8. 请简述瑞吉欧教育的环境观。
9. 请简述陈鹤琴以儿童为中心的课程观对其环境观的影响。
10. 请简述融合幼儿园环境创设的含义。

▶ 主题二 融合幼儿园室内环境创设

导入语…▶

“白沙在涅，与之俱黑。”环境在幼儿个性发展、社会性发展等方面发挥着重要的作用。幼儿园丰富的主题墙饰环境、多元的区角活动、丰富的材料投放等都会对幼儿的成长产生影响。因此，融合幼儿园教师在教学活动中需要充分利用环境的教育作用。那么，应该如何创设幼儿园室内环境呢？

一、主题墙饰环境创设

（一）主题墙饰环境创设概述

1. 主题墙饰环境创设的含义

融合幼儿园主题墙饰环境创设是班级内近期开展的活动主题的重要展示平台。在突出主题的基础上，教师会根据幼儿的学习特点，融合健康、语言、社会、科学、艺术等领域，将相关教育活动内容以图画、文字、手工作品等方式进行呈现，帮助幼儿迁移、整合教学活动内容。同时，主题墙饰环境创设是师幼互动、幼儿间互动、家园互动的过程。墙面装饰内容与教学活动相连接，可以串联起幼儿、教师、家长与教学内容之间的联系，是家园合作的重要渠道。在现实教学中，幼儿园主题墙的内容会随活动主题的不断展开而深化、丰富和调整，是一种幼儿“友好型”学习辅助方式。

融合幼儿园主题墙的创设是幼儿园常规工作中的重要环节，同时也是班级环境创设的重要内容。主题墙既可以呈现近期学习的内容，帮助幼儿把自己的成长记录下来，同时也可以架起幼儿、教师与家长三者之间互动的桥梁。主题墙可以向家长展示幼儿近期的学习内容，让家长明确自己需要协助教师教育教学的方面，做好幼儿园教育在家庭中的延伸。此外，在主题墙创设中，幼儿积极参与其中，不仅可以巩固所学内容、锻炼动手能力，而且能成为班级环境创设的主人。通过创设中的参与，幼儿实现与环境的有效对话，使主题墙成为重要的学习媒介。

2. 主题墙饰环境创设的分类

幼儿园主题墙饰从不同角度，可以分为不同类型。根据使用功能，可以分为展示性墙饰、装饰性墙饰、教育性墙饰。根据制作方式，可以分为涂绘墙饰、手工墙饰、综合墙饰。根据空间分布，可以分为室内墙饰和室外墙饰。这里主要介绍根据使用功能划分的三种墙饰。

（1）展示性墙饰

展示性墙饰主要用来展示教师以及幼儿的活动成果，如展示幼儿在集体活动中的作品（绘画作品、手工制作作品等）。展示墙的环境创设，要充分体现以幼儿为主体的教育原则。这样既让幼儿参与墙面环境创设的过程，又让幼儿在欣赏自己作品的同时，可以欣赏到其他幼儿的作品，极大地调动幼儿在活动中的创造性、积极性和审美性。同时，还可以激发幼儿的成就感，培养自信的行为品质。

（2）装饰性墙饰

创设装饰性墙饰的目的是美化幼儿园环境。大多数幼儿园通常采用一些抽象的装饰画或者具有代表性的儿童画作为墙面的装饰。[①]装饰墙在幼儿园的墙面环境设计中不宜过多，过多会喧宾夺主。另外，装饰墙并不仅仅具有装饰的功能。幼儿园在对装饰墙进行设计时，要考虑墙面的教育性。例如，可以将地区文化融入其中，同时结合幼儿的审美特点，创设出符合幼儿审美需要的墙面环境。

（3）教育性墙饰

教育性墙饰是幼儿园课程的必要补充，以及课后的学习延伸，能够为幼儿的学习和游戏营造浓郁的氛围，将幼儿带入与教学活动相一致的环境和意境之中，从而丰富幼儿的知识，陶冶幼儿的情操，培养幼儿的审美能力，获得更好的教育效果。[②]例如，教师根据幼儿园教育计划中的垃圾分类主题，开展了关于垃圾分类的主题活动，但是一节课的时间并不能帮助幼儿了解全面的垃圾分类知识。在此情况下，教师可以在教室设置关于垃圾分类的主题墙，设计垃圾分类的练习或者知识讲解等，引导幼儿通过观察以及与墙面内容的互动进行学习，获得关于垃圾分类的知识。通常情况下，按照教育的性质，可以将教育性墙饰划分为品德类教育墙饰、知识类教育墙饰、欣赏类教育墙饰等。

---

① 赵怡蓉：《幼儿园主题墙饰审美性的研究：以昆明地区为例》，硕士学位论文，云南师范大学，2015。

② 赵娟、靳林、李敏：《幼儿园环境创设与玩教具制作》，127页，北京，北京师范大学出版社，2017。

（二）主题墙饰环境创设的特点

1. 注重主题墙的互动性

幼儿的学习以直接经验为主，而直接经验必须通过幼儿的亲身体验、直接感知和亲自操作才能得到。互动性墙面环境的显著特征是可操作性，只有在操作的基础上，互动性才能有进一步的延展。[①]在互动性墙面环境创设中，应体现以幼儿的兴趣为中心的创设理念。一是墙面内容应是幼儿熟悉且感兴趣的，这样可以大大增强幼儿与主题墙内容的互动性。因此，集体活动后，教师有针对性地将幼儿在活动中感兴趣的内容呈现在墙面设计中，是一种适宜的主题墙创设方式。二是互动性墙面内容的创设应体现幼儿的参与性。一方面，幼儿参与制作内容有利于复习和巩固所学内容；另一方面，墙面内容可以体现幼儿动手参与的要求。例如，在垃圾分类的主题墙创设中，教师设计一个练习区，引导幼儿正确投放墙面上画出的垃圾。这不仅可以增强幼儿与环境内容的互动，而且可以增强幼儿对环境的关注。

2. 注重主题墙创设的幼儿主体性

幼儿是环境的主人。幼儿参与环境创设的过程本身就是其学习的过程。教师应该重视幼儿参与主体墙环境创设的过程，给幼儿创造参与环境创设的机会，抓住教育契机。同时还要考虑不同年龄段幼儿所能参与的范围、参与的方式、参与的程度，不能盲目追求幼儿的高参与度而忽视幼儿的发展规律。[②]

3. 注重主题墙的动态生成性

主题墙环境是动态的、开放的、不断发展的，需要根据幼儿园教育目标的变化以及幼儿身心发展的需求随时更新。教师在进行主题墙环境设计时，要留有空白，根据教学活动以及幼儿兴趣、需要的变化，随时对主题墙环境作出调整。这就要求教师有敏锐的观察力和倾听能力，及时捕捉幼儿的兴趣点，抓住教育契机，关注幼儿新的教育生长点，及时反映到主题墙环境设计中，实现环境的动态生成。[③]

①③ 赵光伟：《从墙面环境创设看〈3～6岁儿童学习与发展指南〉的落实：以河南省级示范园为例》，载《上海教育科研》，2020（2）。

② 孙丽丽：《幼儿园班级墙面环境创设研究》，硕士学位论文，南京师范大学，2014。

（三）主题墙饰环境创设的设计要素

幼儿园主题墙饰环境创设的设计要素是指构成主题墙墙面环境的本质要素。主题墙墙面环境要素是在主题墙墙面环境的创设中由教学目标以及幼儿的身心发展特点、审美特点等决定的。[①]对于幼儿园主题墙饰环境创设的设计要素，不同研究者有不同的划分方式（表6-1）。

表6-1　国内不同研究者对幼儿园主题墙饰环境创设中设计要素的研究

研究者	时间	设计要素
肖希[②]	2015	题材、色彩、布局、材料、吊饰
贾楠[③]	2018	题材、内容、色彩、材料、布局、形式
常畅[④]	2008	内容、呈现形式、色彩
张云彩[⑤]	2016	内容、材料、呈现方式
管倚[⑥]	2005	内容、色彩、形象
孙丽丽[⑦]	2014	类型、内容、呈现方式、材料

由表6-1可知，研究者对幼儿园主题墙饰环境创设中设计要素的研究主要集中在题材、内容、色彩、材料选择、呈现方式这五个方面上。本书将主要介绍其中的内容、色彩、材料选择以及呈现方式四个方面。

1. 内容

融合幼儿园主题墙饰环境创设所面对的群体是幼儿，教师在进行主题墙饰环境创设时，要考虑创设内容的教育性。为发挥其功能，教师在创设之前应规划好墙饰的各区域，包括与教育活动相适应的主题互动墙、常规性互动墙、各个活动区域的背景

①③　贾楠：《幼儿对班级墙面环境不同要素偏好的特点研究》，硕士学位论文，沈阳师范大学，2018。

②　肖希：《大班幼儿喜欢的活动室墙面环境创设研究》，硕士学位论文，四川师范大学，2015。

④　常畅：《幼儿园活动室墙面环境创设现状研究》，硕士学位论文，湖南师范大学，2008。

⑤　张云彩：《幼儿园大班主题墙创设探究：以大连市某幼儿园为例》，硕士学位论文，辽宁师范大学，2016。

⑥　管倚：《幼儿园墙面环境创设及其教育功能的研究》，硕士学位论文，华东师范大学，2005。

⑦　孙丽丽：《幼儿园班级墙面环境创设研究》，硕士学位论文，南京师范大学，2014。

墙、互动信息墙和以装饰性为主的墙饰五大类别。[①]

此外，融合幼儿园主题墙的内容设计要彰显个性，赋予主题墙生命，达到“让墙说话”的效果。一面成功的主题墙不仅仅在于色彩和造型的搭配，也在于能形成一种独特的风格，画面和构图和谐统一，能突出主题，同时彰显个性。主题鲜明、内容鲜活、个性彰显的主题墙才能激发幼儿的审美情趣。[②]

2. 色彩

对色彩的感知是幼儿认识世界的一个主要途径。对于幼儿而言，对色彩的联想多为具象联想[③]，因此，在融合幼儿园的主题墙环境中，不能忽视色彩对幼儿的影响。

幼儿普遍喜欢明亮、暖色调的色彩。教师在进行环境创设时，对色彩的选择运用是关键。在色彩的运用和搭配上，教师要充分考虑幼儿的特点，选择幼儿喜欢的明亮的暖色，避免使用灰暗、深沉的颜色。此外，由于部分幼儿，特别是特殊幼儿注意力容易分散，易被外界环境所吸引。因此，在主题墙色彩选择上应避免出现颜色过于鲜艳以及多种颜色杂用的状况。教师应根据教学内容和幼儿的兴趣选择一个明亮的主色调，在此基础上，根据色彩的美学搭配，选择两三种相适应的色彩作为辅助色。

色彩的象征

3. 材料选择

特殊幼儿与主题墙饰互动的重要物质基础是材料，融合幼儿园主题墙饰环境创设离不开材料的支撑。融合幼儿园主题墙饰环境创设的材料多种多样（表6-2），这为教师在墙面环境创设中进行内容的多元呈现以及墙面风格的创造性设计提供了更好、更多、更适宜的选择。

---

① 孙爱莲、时长斌：《幼儿园班级墙面环境创设策略探究》，载《教育教学论坛》，2020（52）。

② 赵怡蓉：《幼儿园主题墙饰审美性的研究：以昆明地区为例》，硕士学位论文，云南师范大学，2015。

③ 洪萤：《色彩心理学在幼儿园空间设计中的应用研究》，硕士学位论文，南昌大学，2019。

表6-2 融合幼儿园主题墙饰创设材料的分类①

材料分类	具体内容
材料来源	①生活中的废旧材料。 ②周围环境中的零星材料。 ③幼儿园按需要购置的材料。
收集途径	①幼儿自己寻找的材料。 ②家长帮助收集的材料。 ③教师自己收集的材料。 ④幼儿园新配备的材料。 ⑤幼儿园已有的材料。
材料的材质	①纸类。 ②布类。 ③塑料橡胶类。 ④木类。 ⑤金属类。
材料成型情况	①原材料。 ②半成品材料。 ③成品材料。 ④辅助材料。
材料最终表现形式	①操作所用材料。 ②制作展示所用材料。

此外，教师在选择材料时，还要考虑材料的适用性以及教育性，同时，要注意环保，使废旧材料变废为宝。

4. 呈现方式

同一所幼儿园里，不同的班级之间，在相同的学期、相同的时段里，所呈现的主题墙饰会因为幼儿的教育需要或兴趣的差异性而不同，也会因为幼儿的年龄不同致使所使用材料、内容设计风格等不同。

教师在进行主题墙饰环境创设时，应该结合幼儿的环境偏爱特点，在呈现形式、色彩、材料、技法、内容组合等方面进行灵活、多元、创新的设计。例如，呈现形式中平面内容的立体化表达会更加吸引幼儿对内容的注意力；明亮、多彩的色彩组合更容易提升幼儿对主题墙内容的注意力；绘画、插接、剪贴、穿编、镂空、浮雕等材料

① 张云彩：《幼儿园大班主题墙创设探究：以大连市某幼儿园为例》，硕士学位论文，辽宁师范大学，2016。

制作技法更容易激发幼儿的创造性，提升审美能力；卡纸、皱皮纸、布料、废旧物品等多元呈现材料，可以丰富幼儿对主题内容的无限想象。对于不同年龄段班级主题墙的装饰风格，教师可以根据大、中、小班幼儿学习内容的差异性以及认知程度的不同，选择体现不同年龄特点的装饰风格。例如，小班幼儿的主题墙饰不宜复杂，应采用符合该年龄段幼儿审美与认知特点的简约型风格，增加立体物体的呈现方式，以吸引幼儿的注意力。大班幼儿在园时间长，知识和经验比小班和中班幼儿丰富。教师可以选择结构鲜明、复杂度高的设计，将幼儿在园所学习过的绘画与手工制作方法、了解到的装饰材料等用于主题墙创设。这不仅可以丰富大班幼儿的认知经验，而且可以帮助其巩固所学的内容。

总之，墙面环境是幼儿园非常重要的教育资源，教师要通过创设和利用墙面环境，发挥其教育功能，尤其是墙面与幼儿之间的对话功能，让墙面与幼儿真正互动、真正对话。

二、班级区角环境创设

（一）班级区角环境创设概述

1. 班级区角环境创设含义

区角活动的基础性知识见第四单元。区角活动作为融合幼儿园教育教学活动的重要组成部分，贯穿于幼儿园一日生活的始终。班级区角环境创设是指教师将班级的空间划分成不同的区域，根据每个区域的不同性质、幼儿的身心发展特点，结合班级主题教学活动对所划分的各个区域进行规划和设计。班级区角环境创设具体内容见表6-3。

表6-3　班级区角环境创设具体内容①

分类标准	具体内容
设计水准	根据幼儿的年龄和兴趣设计。
空间设置	①班级活动区域多样化。 ②每个区域都有特定的教育目标。
材料投放	提供丰富多样的材料。
活动方式	①以幼儿为中心。 ②提供幼儿主动探索、自由选择的机会。

① 冯宁：《“幼儿为本”理念下幼儿园班级活动区环境创设及使用现状研究》，硕士学位论文，沈阳师范大学，2018。

2. 班级区角环境创设的目的

良好的区角环境可以引导幼儿通过动手操作、直接感知、亲身体验，不断与环境、材料、同伴、教师互动，主动建构知识经验，不断发现新问题并解决问题，从而实现自我成长。区角活动的价值蕴藏在环境之中，并且需要幼儿与之有效互动才能实现。①

因此，融合幼儿园班级区角环境创设的目的是通过创设一个开放的、可持续的区域环境，不仅给全体幼儿提供丰富的知识资源和游戏资源，而且给特殊幼儿提供与环境互动的机会，激发特殊幼儿的内在潜能，促进特殊幼儿各种能力的发展。

（二）班级区角环境的规划与设计

1. 班级区角环境设计的原则

（1）区角的创设要服务于教育目标

融合幼儿园班级区角的设置与环境创设要注意到各个领域目标的均衡性。例如：健康领域可以设置体育活动区，环境创设时要注重空间的宽敞性与安全性；语言领域可设置图书区、语言活动区，环境创设风格要舒适、温馨，其中的桌椅摆设要有利于幼儿间的互动；艺术领域可设置绘画手工活动区、音乐表演区，教师要注重为幼儿准备丰富、多元的绘画材料、表演道具等；科学领域可设置科学活动区、建构活动区、益智活动区，该区角适合于安放在安静的区域，需教师明确环境中的活动规则；社会领域可设置角色扮演活动区，教师在进行环境创设时，要注重呈现多种社会生活情境和丰富的人物角色，激发幼儿参与表演与互动的兴趣。同时区角的数量不宜过多，最多不超过5个。

（2）布局要合理、美观

幼儿的区角活动一般要借助桌子、柜子、游戏材料等进行，以自发的小组自主游戏为主，常常分布在教室四周的各个空间②，活动区的布局便会涉及大小、动静、采光、取水等问题。

教师在设置活动区时要注意大小区分，对于幼儿人数较多的活动区如建构活动区，应当划分较大的区域。音乐表演区、娃娃家等这些比较热闹的区域要和阅读区等

① 吴丽珍：《创设开放式区域环境，支持幼儿自主学习》，载《福建教育》，2017（29）。

② 张彬宏：《幼儿园活动室内区域活动空间设计研究》，硕士学位论文，西安建筑科技大学，2018（6）。

安静的区域分开，做到动静区分。同时，还要注意活动区的采光问题，如阅读区、美工区等要放在光线好的区域。除此之外，区角环境的创设还要保证美观和实用。教师要根据幼儿的审美特点以及区角的活动特点对各区角环境进行美化，美观且具有吸引力的区角更容易调动幼儿参与的积极性。

（3）要为区角活动创设“标识性环境”，加深幼儿对规则的体验

所谓“标识性环境”是指教师和幼儿因地制宜，根据某种约定俗成的学习、生活习惯与规则来创设的环境，它对幼儿参与区角活动有明确的标识和指示作用。比如，为了控制进区的人数，教师在活动区的入口处粘贴若干脚印图案，提醒幼儿判断自己是否还能够参加该区角的活动，这种为标识区域人数而创设的环境即是一种“标识性环境”①。“标识性环境”是幼儿教师的“隐形助教”，有利于教师对幼儿区角活动的观察与指导。最简单的“标识性环境”便是制定活动区规则。

规则是一种行为规范，教师在制定活动区规则时，可以邀请幼儿参与，这样有利于幼儿在之后的区角活动中自觉遵守规则。此外，活动区规则的制定要留有余地，帮助幼儿在日后的活动中探索出不同的规则，让幼儿深刻体验规则的重要性，培养幼儿的规则意识。

（4）营造有准备的环境，根据教学目标和幼儿需要灵活调整

有准备的环境是幼儿喜欢的，能唤起幼儿对环境的亲切感，引导幼儿积极与环境互动。教师应该在班级区角为幼儿提供有准备的环境。

第一，有准备的环境不能仅限于班级固定的区域设置，要根据主题活动教学目标和幼儿需要随时调整。比如，中班幼儿进行了关于爱护身体的健康教育活动，教师可以在表演区投放相关材料，也可以单独开设一个医院角，帮助幼儿认识各种“药品”。第二，有准备的环境应该辅助教学活动的开展。班级区角环境应该和教学活动相互配合以实现教学目标。②例如，在戏剧活动“小种子”结束后，幼儿对小种子从圆滚滚的状态长成一棵小树苗的过程极为感兴趣。教师可以在科学活动区种下生长周期短的植物的种子，带领幼儿定期观察和记录其生长过程。同时，在阅读区投放《小种子》绘本，引导幼儿拓展对种子生长的认知。在该活动中，集体戏剧活动与区角活动

---

① 庄宏玲：《幼儿园区域活动环境创设的策略》，载《学前教育研究》，2011（5）。

② 吴燕圆、耿欣雨：《幼儿园区域环境创设的现状与思考》，载《教育观察》，2020，9（4）。

彼此配合，共同为幼儿呈现了小种子生长的过程。第三，有准备的环境还应该实现区角空间布局的相容与转换。融合幼儿园班级区角之间的界限可以是多种多样的，有平面的，也有立体的，通常通过悬挂、粘贴不同的指示牌或装饰物来区分不同的区角。在设置各区角的空间位置时，要具有一定的相容性，即教师在布置区角时，应尽量把特点相同的安排在一起。与此同时，各区角之间还要有一定的转换性，幼儿在区角活动时，可能产生将某个区角的活动延伸到另外一个或几个区角的需要。例如：幼儿在角色扮演活动“医生与病人”中，可能会想到去建构活动区搭建一个医院；在科学活动区观察植物后，可能就想在绘画手工活动区把它画出来。因此，教师在布局时，要考虑到幼儿进出区角的方便性以及区角的相互关联性。

（5）创设情境区角，促进幼儿对知识的建构

人对知识的建构会受到特定情境中社会实践活动的影响，情境问题和情境任务为学习主体探索和发现问题明确方向，在情境化的活动区学习中，知识蕴含在一个又一个的富有挑战的情境中。教师通过在活动区创设生动活泼的情境，能够引发幼儿的态度体验，激发和满足幼儿的发展需要。[①]

在教室创设的具有挑战性的情境中，幼儿并不会因为困难而退缩，他们会迎难而上，探寻解决问题的方案，在发现问题和解决问题的过程中获得成就感，增强自我效能感。同时要注意的是，活动区所创设的情境一定要和幼儿的生活经验有关，如教师在角色扮演活动区创设超市购物的情境，大大激发了幼儿参与游戏的兴趣。生活化的情境能够让幼儿产生熟悉感和安全感，促进游戏和教学目标的实现。

（6）创设实用的区角物质环境

强调活动区环境的实用性，就是要保证创设的区角物质环境有效地融入幼儿的区角活动中，让幼儿较多地与物质环境互动，发挥物质环境的作用和价值，要避免只是美化所创设的物质环境的做法。幼儿的区角活动不仅局限于桌面和地面，他们还可以在墙面上进行活动，这就增加了幼儿活动区域的面积，让墙面具有实际用处，不再大面积留白。因此，要多运用环境创设的经验将墙面、标识以及吊饰进行改造，使其融入幼儿的区角活动中。[②]比如，教师可以将美工区留白的墙面用于幼儿涂鸦，这样既可

① 方咪：《幼儿园数学区角环境创设研究》，硕士学位论文，湖北师范大学，2019。

② 时英恺：《幼儿园大班区域活动物质环境创设研究：以长春市某幼儿园为例》，硕士学位论文，长春师范大学，2019。

以锻炼幼儿手眼协调能力，又使区域留白墙面具有了实际意义。

2. 融合幼儿园班级区角环境设计的步骤

（1）科学的区域划分

确定集体活动区域时，一方面要考虑集中教学活动中教师的位置。教师站在哪个位置方便教学，可以兼顾到所有幼儿？一般来说教师都会选择让幼儿面对黑板开展活动。另一方面就要考虑到桌椅的摆放。集中教学活动和进餐环节一般要用到桌椅，在安排集体活动区域时，就要确保桌椅摆放有序，方便幼儿进出。同时，还要为班级物品预留出位置，如钢琴等。有的融合幼儿园的教室也是午睡室，还要摆放小床。集体活动区域确定后，就可以确定区角活动区域了。一般情况下，区角活动区域安排在教室的四周，不影响集体活动的位置。

需要注意的一点是，不管是集体活动区域还是区角活动区域，都要考虑到班上特殊幼儿的实际情况，尤其是要方便行动不便的幼儿活动，必要时还要安装辅助设施。①

（2）根据区角特点选取区角位置

划分好集体活动区域和区角活动区域后，就要具体安排区角的位置了。教师要根据以下几点预设区角，一是普通幼儿与特殊幼儿的年龄、兴趣点，二是班级教育教学总目标、阶段目标，三是主题活动内容。选取区角位置时要注意以下几点。

第一，为了使各个区角互不影响，培养幼儿的专注力，区角在布局上要尽量动静分开，把活动量小、相对安静的区角和活动量大、比较嘈杂的区角尽量分开，如绘画手工活动区和音乐表演区的距离尽可能远一些，以避免实际活动中，幼儿之间相互干扰。

第二，根据区角的特点确定具体位置。例如：在建构活动区幼儿要动手搭建，就要选择平坦宽阔的区域；在绘画手工活动区要用到桌子和美工材料，就要放在可以摆放桌子和矮柜的地方；语言活动区涉及图书阅读，就要尽量选择光线好的地方。

第三，要方便幼儿在各个区角中进出。同时，出于安全考虑，还要避免出现“盲区”，即教师看不到的地方。

（3）区角布置

分隔各个区角，可以用以下几个办法。一是放置矮柜，矮柜除起到分隔区角的作

① 甄丽娜：《幼儿园教育活动设计与指导》，137页，北京，北京师范大学出版社，2016。

用外，还可以放置材料、展示作品；二是粘贴标识，在区角入口处粘贴具有区角活动特征的标识，最好采用图文结合的方式，方便幼儿快速找到自己感兴趣的区角；三是悬挂挂饰，根据区角活动空间的高度，还有教室的整体规划，悬挂和区角活动相关的挂饰，在分隔区角的同时还可以起到装饰作用。①

完成区角分隔后，就要布置每个区角的内部环境。要根据区角的实际特点摆放物品，区角一般要放置具有陈列、展示功能的架子、柜子等。在绘画手工活动区、益智活动区要放置桌子、椅子；语言活动区的环境要轻松、舒适，最好有柔软的地毯、沙发等；功能游戏活动区要方便特殊幼儿行动，并且要安置所用到的器材或康复类教具；角色扮演活动区要根据不同的活动内容设计场景，如小超市要有货架、收银台等。

最后一步就是投放材料。教师投放的材料不是一成不变的，而是生成性的，是不断更新、调整的。教师所投放的材料，以及材料摆放的位置都要有一定的暗示性②，让幼儿一看到材料就能产生浓厚的兴趣，产生探索的欲望。

思考与实践

1. 请你说一说主题墙饰环境创设的设计要素。
2. 如何对班级区角进行环境创设？
3. 简述班级区角环境创设的含义。
4. 简述班级区角环境创设的目的。
5. 简述班级区角环境设计的原则。
6. 简述主题墙饰环境创设的分类。
7. 主题墙饰的呈现方式有哪些？

① 王微丽：《幼儿园区域活动：环境创设与活动设计方法》，33～34页，北京，中国轻工业出版社，2014。

② 甄丽娜：《玩具呈现方式对婴幼儿社交行为的影响研究》，载《教育探索》，2012（2）。

▶ 主题三
融合幼儿园公共活动场所环境创设

导入语…▶

除室内环境外，户外公共活动场所、走廊和楼道等，也是幼儿园教育不可忽视的重要部分。幼儿园在进行环境创设时，要考虑幼儿园的整体布局，创设有利于幼儿健康成长的环境。那么，幼儿园应该如何创设公共活动场所的环境呢？

一、走廊、楼道环境创设

走廊和楼道的环境是不同于班级环境和户外环境的特殊存在，也是幼儿一日生活、活动必不可少的一部分。走廊和楼道的环境创设对幼儿的在园生活起着很重要的作用。

（一）走廊的环境创设

1. 走廊要连贯通畅

幼儿园走廊要连贯通畅，尽量保证走廊的宽度在1.2米以上。边上的围栏最好是密封型的，围栏高度不能低于1米。围栏在体现建筑特点上有一定的作用，因而其造型要多样且具有幼儿园特点。当走廊宽大时，在不影响通道功能的前提下，可安排适当的活动区域，两边的墙面上可根据区域环境进行相应的装饰、布置。当走廊仅作为通道时，也应在墙面上装饰一些符合幼儿认知特点、富有童趣性的图案。

2. 既满足幼儿审美需要又有空间留白

幼儿的审美情趣是幼儿在日常生活和学习过程中形成的对美的理解、感受和评价。教师要结合幼儿的身心发展特点满足幼儿的审美需要，使他们获得全面发展。幼儿一日活动中有大部分时间是在走廊里做游戏，走廊成为他们活动频率较高的地方。教师可以用多种材料制作吊饰来装点走廊。例如，师幼共同利用废旧材料制作吊饰，如剪贴画、拓印画等，激发幼儿的创作兴趣。此外，要有一定的空间留白，让幼儿自己动手布置走廊的环境。

3. 合理规划走廊的墙面

相对于活动室的墙面，走廊的墙面可以由教师根据教学的需要进行灵活创设。教师可以将其设计成幼儿游戏活动的背景墙，也可以将其作为活动室主题墙的衍生物，还可以是幼儿作品的展示墙。因此，教师在规划时要从幼儿的需要出发，在墙面材质上尽量选择能反复使用、便于擦洗的瓷砖或者钢化玻璃，在版面设置上尽量避免碎片化，而要成片规划，这样便于教师的操作和幼儿的活动。[①]

4. 有效利用天花板

教师可以赋予走廊天花板吊饰的功能。幼儿园走廊天花板的吊饰设计不仅要满足幼儿的审美需要，而且要在吻合幼儿审美情趣的前提下，适当结合教育活动，使幼儿接受一些教育。教师可以将幼儿动手制作的纸工（剪纸）、染工（扎染）、绘画等作为吊饰，让幼儿体验到创作的快乐和成功的喜悦。[②]

（二）楼道的环境创设

1. 增加无障碍设施

上下幼儿园的楼梯对于普通幼儿来说可能是轻而易举的事情，但是对于一些有肢体残疾、视力障碍的特殊幼儿来说就会困难重重。因此，幼儿园应该在楼梯上设置扶手、设置可供休息的直线形台阶和梯段等，增强特殊幼儿的安全感和归属感。

2. 减少互动性和操作性装饰物

楼道环境和走廊不同，要尽量避免互动性和操作性的装饰物，以避免幼儿因长时间在楼梯上逗留而发生拥堵或者危险的事故。但是，也可以发挥楼道墙面潜在的教育作用。比如，幼儿园可以在楼道的墙面上张贴名人名言、体现幼儿园融合教育特色的装饰物等。

总之，无论是走廊还是楼道，教师都应该在环境创设时，抓住教育契机，让这两类环境成为传播教育与文化的有效方式。除了上述环境创设要求之外，教师还应该在这两类环境创设时，关注共同的创设要点。例如，要体现幼儿园的理念与文化，走廊和楼道墙面上所绘制或呈现的图案、作品内容等体现直观性、趣味性，还要考虑幼儿在其中活动时的安全性，真正让这两类环境成为幼儿园教育中的重要组成部分。

二、公共游戏区域环境创设

公共游戏区域环境指融合幼儿园户外环境，一般包括公共游戏场地、种植区、饲

---

① 袁爱玲、廖莉：《幼儿园环境创设：理论与实操》，119页，上海，华东师范大学出版社，2017。

② 刘芸：《幼儿园走廊吊饰设计与幼儿发展》，载《知识窗（教师版）》，2011（9）。

养区和沙池区等。

（一）公共游戏区域环境创设的要求

1. 体现幼儿的主体性

幼儿是幼儿园户外环境创设面向的主要对象，所以，幼儿园户外环境创设要以幼儿为主体，避免仅以成人的喜好和思维对户外环境进行创设。融合幼儿园在进行户外环境设计时，要考虑普通幼儿和特殊幼儿的教育与活动需求，以幼儿为主体，创设幼儿熟悉的、喜爱的，符合幼儿身心发展需求的，满足幼儿各种活动需要的环境。

2. 注意环境与幼儿的互动性

互动性强调环境创设和幼儿发展间的互动关系，幼儿是户外活动的主体，在创设过程中必须成为创造者和参与者。因此，在进行户外环境创设时，教师要引导幼儿主动参与对环境的设计，鼓励幼儿表达对环境的想法与创意，并积极提出对环境空间的建议。此外，幼儿与环境的互动还体现在公共区域内环境创设内容的可操作性上，它需要幼儿通过参与或操作，完成环境中的相关任务。这有利于激发幼儿对环境的兴趣与关注。

3. 注意环境的舒适性

幼儿园的户外景观应该做到美观大方、富有变化、根据幼儿的身高进行各种游戏设施的设计。其设计还应凸显简单、自然的特点，不必在幼儿园中放过多的设计要素和装饰，以便幼儿能够轻松愉快地玩耍。幼儿园户外环境是幼儿接受教育的第二课堂，在户外景观设计中，应该突出教育性。幼儿园应加强户外空间管理，如对每种植物进行标记，帮助幼儿认识植物，并通过图形的方法帮助幼儿认识户外景观中的所有事物。①

4. 保证环境的安全性

幼儿好动，且没有自我保护能力，尤其是融合幼儿园极有可能存在行动有障碍的幼儿。因此，在设计户外环境时，必须重视游戏设施及其材料的安全性。比如，在攀爬设施下放置厚垫子，游戏器械体积、高度要符合幼儿生理特点。此外，要注意户外环境污染问题。幼儿身体的免疫功能弱，幼儿园要保证户外环境创设中所使用材料的

① 戴晴：《城市幼儿园户外空间趣味性设计研究：以徐州市区为例》，硕士学位论文，江西师范大学，2017。

环保与卫生，注意个人卫生和材料的卫生，定期对材料进行清洗和消毒。

5. 关注环境的融合性

幼儿园进行户外环境创设是为了促进幼儿的发展，在规划环境时，要注意关注幼儿的个别差异，遵循融合性原则，为不同年龄、不同性别、不同个性、不同能力发展水平的幼儿提供适宜的发展空间。在特殊幼儿的融合教育方面，可以采取寓教于玩的方式，提高特殊幼儿的锻炼兴趣，如采用同伴支持等方式，为特殊幼儿创造与普通幼儿交流的机会，增强其安全感，使他们真正融入户外环境。[①]还要注意户外环境的无障碍性，保障户外环境成为全体幼儿活动的适宜场所。

（二）公共游戏区的布局和创设

幼儿园公共游戏区和幼儿生活直接联系，有着丰富的教育资源。对幼儿来说，其大脑、身体等方面的快速发展需要丰富的环境刺激。公共游戏区作为幼儿园环境的重要组成部分，对幼儿各方面的发展具有重要价值。适宜的公共游戏区能够为幼儿创造诸多有价值的学习机会。有研究指出，经常参与户外游戏的幼儿，他们的视觉、语言表达能力和社会能力比不常参加户外活动的幼儿强。因此，重视户外环境的创设，具有十分重要的意义。[②]

1. 户外游戏区的环境创设

游戏是幼儿的主要活动方式，也是幼儿的学习方式。户外是幼儿进行自发、自主游戏的重要场所。在户外游戏区，幼儿可以挑战自我、发展潜能，进行想象、创造和社会交往。[③]所以，幼儿园和教师必须重视户外游戏区的环境创设。

（1）尊重幼儿主体，培养探索能力

切实落实“幼儿是环境主人”的理念，彰显幼儿本位，基于幼儿视角创设环境，引导幼儿进行自主探索和创造。让幼儿参与到户外环境创设之中，询问幼儿的创设想法，如问他们“你觉得这里怎样？”等问题，以此获取幼儿对环境创设的观点。特殊幼儿活动时，应当给他们自主选择游戏活动或者设施的机会，让他们自主探索，不要

---

① 马洁：《幼儿园户外游戏环境的规划与创设》，载《基础教育研究》，2019（6）。

② 贾宗萍：《我的环境我做主：幼儿参与下的幼儿园户外环境改造》，载《早期教育（教育教学）》，2020（10）。

③ 袁爱玲、廖莉：《幼儿园环境创设：理论与实操》，170～171页，上海，华东师范大学出版社，2017。

过多干预。伴随着幼儿的参与行为增多，幼儿对于环境的认同感和归属感也会增强，尤其对于特殊幼儿以及新入园幼儿适应幼儿园集体生活极为重要。

（2）关注个体差异，投放难度适宜的材料

幼儿在户外活动时会表现出对户外游戏材料难易程度的不同反应：材料过于简单，幼儿会对活动和游戏失去兴趣，产生厌烦情绪；材料难度远远超出幼儿能力范围，幼儿会在多次尝试失败后产生畏难情绪；材料难度适中，幼儿会在活动和游戏结束后表现出自信，产生胜任感。因此，幼儿园在投放户外活动材料时，要考虑幼儿身心发展的阶段性特征，要考虑特殊幼儿的特殊性，根据幼儿的最近发展区，投放具有一定挑战性的活动材料。同时，不以年龄发展作为唯一标准，投放材料时还要考虑幼儿的个别差异性。

（3）有效整合资源，开拓活动空间

幼儿是天生的游戏者，对他们而言，通常被成人忽视的零碎小物，隐蔽狭窄的楼群间隙都蕴含着游戏的可能。当幼儿园的空间资源有限时，教师首先应该考虑如何利用幼儿园有限的空间资源巧妙地营造适宜的户外活动环境整合重复的资源。提高幼儿园现有空间资源的利用率，通常成为幼儿园首选的解决方案。①

（4）丰富户外场所的自然因素，创设生态化户外活动环境

根据幼儿身心发展的需要，幼儿园户外活动环境应该是包含丰富的自然元素的，是学习与体验、观察与探究的自然环境，而不是单纯的人工环境。但是，强调构建自然的环境并不是否定人工环境，而是要在人工环境中加入自然环境因素，创设丰富的自然环境，使幼儿在自然环境中观察、思考，感受生命的强大，培养对生命的初步认识，在自然环境中健康成长。

2. 种植区和饲养区的环境创设

（1）创设种植区和饲养区的必要性

第一，培养幼儿的动手能力。在种植区和饲养区，幼儿可以参与植物的播种、施肥、浇水、除草、采摘等一系列管理活动，参与小动物的喂养工作等。在这些活动的过程中，幼儿通过运用工具，如小铲子、水桶等，进行反复劳作，了解简单的种植和

① 周祥佳：《儿童视角下幼儿园户外活动特征研究：以S幼儿园大班为例》，硕士学位论文，辽宁师范大学，2020。

饲养技能，动手能力得到很大提升。

第二，让幼儿了解生物多样性和环境之间的相互关系。在种植区和饲养区的活动中，幼儿可以了解到生物多样性、自然科学等知识，如种子在什么样的情况下才能发芽、蚕宝宝是如何长大的、西红柿从哪里来等。幼儿还可以了解到自己与环境的相互关系，了解动植物与人类的关系。

第三，培养幼儿对生命的敬畏。幼儿通过亲自参与照料种植区和饲养区的植物和动物，萌发对植物和动物的深厚情感。在这个过程中，幼儿亲身经历了生命从播种/出生到成长、成熟直至衰老、死亡的过程，感受生命伟大的力量，逐渐萌发对生命的敬畏。

生态园里探索
科学的奥秘

（2）种植区和饲养区的环境创设

第一，场地设置。种植区要设在光照充足、取水方便的地方。如果幼儿园面积允许，可以为每个班级设置一块专属的种植区，教师和幼儿共同商讨为其做上班级标志，幼儿自主决定要种植的植物，并自主管理。如果幼儿园户外面积有限，可以利用种植箱、盆栽等开展种植活动。饲养区可以设置成简易的小动物房，采用镂空设计，便于幼儿观察。

此外，为了方便特殊幼儿的观察，应该适当降低围栏或者设置脚踏石，满足有特殊教育需要的幼儿的需求。

第二，工具材料投放。无论是播种和田间管理，还是饲养区幼儿观察、喂养小动物，都需要为幼儿准备合适的工具材料（表6-4和表6-5）。

表6-4　种植区工具材料投放①

种植植物选择	种子、植株和种植工具	观察记录工具
①易于生长、易于管理，对土壤肥料要求不高的农作物。 ②生长周期相对较短的农作物。 ③身边常见的农作物。	①颗粒大、健壮、饱满、无虫害的种子。 ②健壮的植株。 ③适合幼儿使用的工具。	放大镜、记录纸和笔等。

① 董旭花、韩冰川、张海豫：《幼儿园户外环境创设与活动指导》，54页，北京，中国轻工业出版社，2018。

表6-5　饲养区工具材料投放[①]

饲养动物选择	食物和饲养工具	观察记录工具
①外形美观，叫声悦耳。 ②性情温顺，适合幼儿抚摸、拥抱的小型动物。	①适合小动物吃的食物，如胡萝卜、青菜等。 ②清扫动物房的工具，如小扫把、小簸箕等。	记录纸或本、笔。

3. 沙池区的环境创设

（1）玩沙的必要性

第一，促进幼儿精细动作发展。沙是结构化程度最低的一种游戏材料，沙子的流动性、可塑性为幼儿带来无限的创意和探究机会。喜爱沙和水是幼儿的天性。玩沙为幼儿提供丰富的感官刺激。在铲、舀、拍、筛、挖、灌等玩沙动作中，幼儿精细动作得到发展[②]，从而促进手眼协调能力和小肌肉动作的发展。

第二，促进幼儿认知发展。幼儿玩沙时，有机会探索事物的变化过程。例如，了解干燥的和潮湿的沙子的差异，也可以通过堆、铲等途径了解沙子的特性。幼儿玩沙时，也可以体验皮亚杰的物质守恒操作。例如，当把不同型号的容器运用到玩沙活动中时，他们会发现“多于”“少于”“相等”等概念。玩沙的过程是幼儿之间互动频率较高的一个过程。他们会与同伴分享玩沙时的发现、经验与成果等，在彼此的分享与交流中，增加幼儿的词汇量并提高他们的语言技能。[③]

第三，促进幼儿社会技能的发展。在玩沙活动中，幼儿会面临分享、妥协、折中和谈判等问题。沙戏是一项与幼儿发育相适宜的，能促进其社会性发展的活动，即便旁观，也为幼儿提供了模仿他人以及与同伴分享、合作、交流的机会。幼儿从中可以学到探究和建构经验的新方法，还可以在交流与互动中学习社会交往技能。[④]

① 董旭花、韩冰川、张海豫：《幼儿园户外环境创设与活动指导》，56页，北京，中国轻工业出版社，2018。

② 马洁：《幼儿园户外游戏环境的规划与创设》，载《基础教育研究》，2019（6）。

③ 刘丹、王成刚：《“沙戏”活动蕴含的价值探析》，载《早期教育》，2005（4）。

④ 袁爱玲、廖莉：《幼儿园环境创设：理论与实操》，189页，上海，华东师范大学出版社，2017。

（2）沙池区的环境创设

第一，沙池要有深度，临近水源。幼儿园沙池的设计是有标准及巧妙之处的：一是沙池的深度为50～60厘米，方便幼儿开展挖掘等创意游戏；二是沙子应该选择中粗沙，这样的沙具有塑形特性，又不会渗水太严重，切记沙中不能有太多杂质；三是为防止沙子流失，沙池边缘应高出沙子表面；四是为保证沙池的排水性能，在沙池底部应铺一层石子衬底，并设有排水沟或孔；五是在沙池的周边设有水源，方便幼儿在游戏中运水和引水，以及游戏后清洗和整理；六是设置一个空间足够大的沙池，满足幼儿游戏需要。[①]

第二，玩沙工具要多样且便于储藏。游戏材料对于幼儿的游戏起着重要作用，幼儿园应该在沙池区投放多种多样的玩沙工具供幼儿使用和探索。单一的工具容易使幼儿失去兴趣，因此，应该根据幼儿的兴趣变化和年龄发展特征投放多种多样的材料，以保持幼儿玩沙的兴趣，保证幼儿玩沙的质量。比如，对大班幼儿投放生活场景图，引导幼儿扮演建筑大师，提升幼儿玩沙的兴趣。

沙水泥巴游戏区
玩具材料投放表

思考与实践

1. 为什么楼道要减少互动性和操作性强的装饰物？
2. 请说一说走廊和楼道环境创设的具体要求。
3. 请具体阐述沙池区和种植区的环境创设。
4. 简述融合幼儿园走廊环境创设的要点。
5. 简述融合幼儿园楼道环境创设的要点。
6. 简述融合幼儿园公共游戏区域环境创设的要求。
7. 融合幼儿园种植区和饲养区对幼儿成长的意义有哪些？
8. 简述饲养区的环境创设。

① 张宇丹：《幼儿园沙水游戏组织与指导的思与行》，载《新课程（综合版）》，2019（11）。

主题四 融合幼儿园心理环境创设

导入语…▶

幼儿园心理环境不仅会影响幼儿身心的健康成长，也会影响到幼儿园教师的成长以及幼儿园的教育质量。幼儿园在加强物质环境创设的同时，也要加强心理环境的建设，充分发挥幼儿园“软环境”的教育作用，促进普通幼儿、特殊幼儿、教师以及幼儿园的整体健康发展。那么，融合幼儿园应该如何建设健康的心理环境呢？

一、人际环境创设

幼儿园心理环境由人际环境和文化环境两部分组成。其中，人际环境包括师幼关系、同伴关系、干群关系、同事关系和家园关系。师幼关系和同伴关系是幼儿在幼儿园与他人所形成的两种主要关系类型。民主平等的师幼关系是幼儿身心健康发展的关键，友好合作的同伴关系能增强幼儿的安全感和信任感；和谐的干群关系是整个幼儿园的精神枢纽；合作的同事关系有利于教师的专业成长和心理健康；积极的家园关系是幼儿健康成长的关键。①

（一）建立民主平等的师幼关系

师幼关系是幼儿园教育过程中最基础、最重要的人际关系。良好的师幼关系会对幼儿的学习和生活产生重要的促进作用。教师是幼儿学习的引导者、支持者和合作者，意味着教师和幼儿的地位是平等的。教师和幼儿之间民主、平等的关系，会促进幼儿和幼儿之间形成民主、平等的关系。②教师的行为对幼儿有示范性。示范性是师幼关系不同于其他关系的重要体现，幼儿是未成熟的个体，难以对一些是非标准作出自己的判断，而教师作为幼儿的引导者，其表现和做法会对幼儿产生潜移默化的影响，影响幼儿对道德的判断以及对事物的看法。③因此，教师要在平等的师幼关系基础上，

① 袁爱玲：《幼儿园环境创设》，32页，长沙，湖南大学出版社，2015。

② 袁爱玲、廖莉：《幼儿园环境创设：理论与实操》，217页，上海，华东师范大学出版社，2017。

③ 郝晨晨、徐慧明：《从中庸之道论师幼关系中幼儿教师的角色定位：兼谈对“幼师亲吻男童”事件的思考》，载《教育观察》，2020，9（40）。

言传身教，做好幼儿的榜样。

一些简单的对话，一个爱的拥抱，一个轻轻的抚触，就让教师找到了同幼儿的共鸣之处。其实幼儿需要的是教师对他多一点关心、耐心和爱心。

（二）建立友好的同伴互助关系

同伴关系对幼儿发展的影响是非常显著的，良好的同伴关系有利于幼儿的心理健康，也为幼儿将来适应社会创造条件。同伴交往对个体的发展和成熟有着其他类型的交往不可替代的作用。幼儿和父母以及教师的交往活动，由于所处地位和角色的不同，他们间的信息传递多是单向的自上而下的；同伴交往活动则不同，由于幼儿在身心各方面处于基本相同的水平，所以交往各方是一种平等关系，彼此间的信息传递是双向且平行的，交往活动能以一种轻松、民主、愉悦的状态开展。这样的交往环境能促进各自的心理都得到发展。

（三）建立友好的教师合作关系

教师和教师之间友好的合作关系不仅有助于教师自身能力的提高，也有助于幼儿和幼儿之间友好的同伴互助关系的建立。《幼儿园教师专业标准（试行）》要求幼儿教师要“具有团队合作精神，积极开展协作与交流”。教师合作是教师专业发展的重要向度，教师的专业发展离不开教师间的合作。[①]教师是否信任自己的同事，会影响到教师之间的合作。因此，幼儿园要营造教师之间互相信任的氛围，促进教师之间友好合作关系的建立。幼儿园的管理者要做到公平、公正，倡导教师之间以项目、课题教研为主导的真诚合作，避免恶意竞争。同时教师要注意自己的言行，教师的言行会影响到教师之间合作关系的建立和可持续。

（四）建立教师和家长之间友好的沟通关系

幼儿教育是家庭教育和幼儿园教育的总和。幼儿良好的能力、情绪情感等需要幼儿园、家庭、社会形成合力，共同促进其发展。因此，家长与教师之间良好的沟通是幼儿身心健康发展不可或缺的重要方面。家长与教师之间应当多沟通、多交流、多合作，彼此信任，做到教育理念一致。[②]

---

① 崔允漷、郑东辉：《论指向专业发展的教师合作》，载《教育研究》，2008（6）。

② 袁爱玲、廖莉：《幼儿园环境创设：理论与实操》，222页，上海，华东师范大学出版社，2017。

二、文化环境创设

幼儿园文化环境由物质文化、制度文化和精神文化三部分组成。

（一）物质文化环境的创设

幼儿园物质文化是对幼儿身心发展产生影响的一切物质因素的总和。构建幼儿园物质文化环境，应该明确园所文化的真实内涵。例如，融合幼儿园所创设的融合文化应由与平等、公平、差异、多元、支持等有关的要素组成。将这些文化要素以一种符合幼儿身心特点和理解水平的方式融入幼儿园整体环境创设中，即物质文化环境的形成过程。

1. 营造积极向上的文化氛围

幼儿园整体物质环境创设应符合幼儿的认知特点、审美水平，并体现环境对幼儿的教育性，以及二者之间的互动性。环境创设中选择的内容、色彩、呈现方式等应是积极且阳光的。以色彩选择为例，红色代表热情、活泼，橙色代表快乐、光明，黄色代表明朗、希望，所以，幼儿的活动室采用橙黄色为整体基调，代表幼儿积极向上、充满希望的精神。此外，在幼儿园的走廊和楼道里，悬挂或张贴幼儿的作品、开展节气主题活动等，体现幼儿的活动参与性与活力，在幼儿园营造一种积极向上的文化氛围。

2. 丰富区角游戏材料

物质文化建设中必不可少的一项便是物质材料的投放。幼儿园和教师要为幼儿提供充足、丰富且多样的物质材料。幼儿园区角是幼儿园教育活动扩展的重要组成部分，也是承载幼儿主动探寻的空间。教师应尊重幼儿个体差异，设置符合幼儿年龄特征和发展需要的区角环境，让幼儿能在区角文化的特色环境中找到自己的兴趣爱好，激发求知欲望和探索欲望。

3. 丰富墙面装饰，营造融合的文化环境

特殊幼儿与普通幼儿的差异以及彼此间沟通的缺乏，往往导致普通幼儿对特殊幼儿在认知上产生偏差，进而在行动上产生歧视。融合幼儿园可以在走廊、楼道的墙面，班级的主题墙以及户外公共游戏区环境创设时，张贴融合教育的标语、图示，墙面上绘制普通幼儿和特殊幼儿融洽相处、互助互帮、相互支持的画面等，在全园营造融合文化环境。

总之，在融合幼儿园物质文化建设中，要注重系统专业规划，软硬得当，在健全基础设备与康复设施的同时，着重加强幼儿园环境的人文化与融合性，提升园所整体的亲和力与包容力，使幼儿园成为特殊幼儿生命的乐园，将融合文化提升到新的高度。①

（二）制度文化环境的创设

制度文化是幼儿园长远发展的根本保障，是幼儿园文化的重要组成部分，是促进教师发展的保障。它提供了幼儿教师教育教学行为的对照标准，包括规范、制度、流程、准则等。

1. 完善教研制度，让有形的教研制度在无形的环境氛围中得到提升

幼儿园要建设园本教研管理制度，形成常规化的幼儿园教研管理制度，包括教职工培训制度、教研交流制度、教研成果交流制度等，灵活运用制度约束教职工的行为。例如，幼儿园要加大关于特殊教育的各种形式的业务培训的力度，从园长到骨干教师都要担负起培训教师的重任。幼儿园通过采取多种形式的园本培训，如基础入门培训、骨干提高培训、教学和科研的专项培训等，及时突破教学、康复、干预、研究等层面上的薄弱环节，帮助教师提高特殊教育技能、融合教育技能，提升教师对特殊幼儿的教育质量。

2. 健全保障机制，以质量管理体系推动幼儿园质量文化建设

质量文化是幼儿园教育走向高质量发展不可或缺的价值导向，是幼儿园教育质量保障从制度规制走向文化自觉的必然选择。幼儿园质量管理体系是维护幼儿园质量文化的保障，所以，幼儿园要构建融合教育规划与决策体系，科学引领融合教育质量文化建设。首先，要系统了解幼儿园融合教育管理的现状，明确园所特殊教育质量管理的优势及不足，以便有针对性地进行质量管理与质量文化建设；其次，幼儿园要对融合教育文化进行科学自评；最后，园领导层是规划与决策系统的轴心，需要转变质量观念，提高质量领导力，制定具有全局性、针对性、科学性的特殊教育和融合教育制度。②

总之，融合幼儿园在制度文化建设中，要坚持以幼儿与教师的发展为本，尊重幼儿的个体差异和教师专业成长规律。无论对幼儿成长还是教师发展，都要少一份约

---

① 毋改霞、易连云：《特殊教育学校校园文化建设的价值旨归与路径建构》，载《中国特殊教育》，2014（1）。

② 姚伟：《价值与路径：高质量发展背景下幼儿园质量文化建设探寻》，载《东北师大学报（哲学社会科学版）》，2020（6）。

束，多一份信任、体谅与支持，同时尽可能吸收幼儿与教师参与相关制度的建设，建构合伦理的民主、自由、平等的发展性制度。[①]

（三）精神文化环境的创设

幼儿园精神文化反映的是幼儿园里的人们在生活方式、价值取向和行为规范上的一种团体意识和精神氛围。幼儿园精神文化具有导向作用，它是联系和协调一所幼儿园所有成员（包括管理者、教职工、幼儿等）的纽带，是幼儿园的灵魂。[②]

1. 以精神文化为核心，创造教师专业发展环境

教师的精神面貌代表了幼儿园的精神面貌，所以，幼儿园要为教师专业发展创造学习的机会和环境，使教师的特殊教育思想、观念、行为等不断更新，打造学习型、研究型教师队伍。这样，既可以丰富教师的精神世界，也可以提高教师的综合素质，从而促进幼儿园教育质量的提升，促进幼儿园浓厚精神文化氛围的形成。

2. 建立和合有序的精神文化环境

文化和合是指文化中或文化间诸多元素、要素的相互冲突、融合，并在冲突、融合的动态过程中各元素、要素和合为新生命、新事物的总和。“和”就是并存的对立的不同的事物的矛盾统一而达到平衡协调，这是推动事物发展和产生新质的根本；“和”指和谐、和睦、和平、祥和等；“合”指融合、联合、结合、合作等；“和”“合”联用，就更强调了协调、团结、融通、凝聚的含义。[③]幼儿园要在教师之间形成团结协作的精神风貌，在幼儿之间建立彼此接纳、支持的同伴文化，以和合理念为基调，培养教师之间融洽的情感，从而对幼儿起到好的榜样示范作用，共同促进幼儿的身心健康成长。这也是融合教育的本质所在。

思考与实践 ····▶

1. 请你说一说融合幼儿园文化环境创设的具体内容。
2. 请你说一说融合幼儿园物质文化环境创设的具体内容。

---

① 毋改霞、易连云：《特殊教育学校校园文化建设的价值旨归与路径建构》，载《中国特殊教育》，2014（1）。

② 莫源秋：《幼儿园需要建设什么样的精神文化》，载《教育导刊（下半月）》，2011（6）。

③ 葛健慧：《和合文化与幼儿园精神文化建设》，载《好家长》，2011（Z1）。

3. 请你说一说融合幼儿园精神文化环境创设的具体内容。
4. 请你说一说融合幼儿园制度文化环境创设的具体内容。
5. 请你说一说融合幼儿园人际环境创设的具体内容。
6. 请你说一说融合幼儿园心理环境的构成。
7. 为什么要建立民主平等的师幼关系？
8. 如何建立友好的教师合作关系？
9. 融合幼儿园应该如何建立完善的质量管理体系推动幼儿园质量文化建设？
10. 请你阐释“和合有序”的精神文化环境中“和”“合”的含义。

主题五 融合幼儿园资源教室环境创设

导入语…

资源教室是指在普通幼儿园设置的专门为特殊幼儿提供适合其需要的个别化教学的场所或教室。这种教室一般聘请专门推动特殊教育工作发展的资源教师，并配置各种教材教具、教学媒体、图书设备等。在融合幼儿园建设资源教室，是学前融合教育得以顺利进行的有效保障之一。资源教室的功能主要有三个：为特殊幼儿提供服务，为融合班的普通教师及特教教师提供服务，为幼儿家长提供服务。[①]那么，幼儿园应该如何创设资源教室的环境呢？

一、资源教室环境创设的基本要求

（一）以满足特殊幼儿发展需求为中心

融合幼儿园资源教室的地址选择、环境设置、设备设施的投放等都要以特殊幼儿的发展为中心。创设资源教室环境，要充分考虑不同类型、不同残疾程度幼儿的生理发展特点。例如：对于行动有障碍的幼儿，要考虑无障碍的需求；考虑到发展性障碍幼儿注意力易分散的特点，要注意避免色彩、物品等过于繁杂而影响幼儿注意力集

① 毛荣建、刘颂、孙颖：《特殊幼儿学前融合教育》，25页，北京，知识产权出版社，2019。

中。同时，要关注特殊幼儿的心理发展需求，保护他们的自尊心。例如，资源教室墙面或其他醒目位置展示的制度文件、幼儿作品，以及某些厂家的设备名称，要避免出现可能给特殊幼儿贴上“负面标签”的文字。①

（二）安全实用且经济环保

安全实用、经济环保是融合幼儿园资源教室建设的基本标准。无论是资源教室的外部环境还是内部环境，都要首先保证安全性。例如：发生紧急事件怎么办？投放的设备材料是否将尖角的位置包装好，防止幼儿撞伤。在资源教室建成投入使用后，要定期排查资源教室的安全问题。

（三）舒适方便

对于方便特殊幼儿的设计，所有幼儿都会感到方便有趣。对于幼儿的行为，幼儿园的环境设计能起到支持的作用即可。例如：每间资源教室都是丰富多彩的，每一个幼儿都能有所爱、有所取；每个区域都有提供给幼儿的私密小空间，特别是特殊幼儿，其需求比普通幼儿更加全面和细致。因此，全体幼儿的舒适方便是环境设计的灵魂所在。②

二、资源教室硬件环境创设

（一）划分功能区

教师要对资源教室的区域进行划分，积极利用其教育资源为特殊幼儿服务（表6-6）。例如：在康复训练区，可以根据幼儿康复的需求投放感统训练、运动康复、语言康复等设施或材料；在教学资源区投放幼儿园主题教育计划、各类教具学具等。但是，必须明确的是融合幼儿园资源教室的建设要满足两类幼儿的需求，一类是普通幼儿，另一类是特殊幼儿。因此，教师在对资源教室的环境进行设计时，要考虑幼儿园全体幼儿，特殊幼儿是其中的考虑重点。

---

① 杨希洁：《特殊教育资源教室环境建设和设备配置原则》，载《现代特殊教育》，2016（5）。

② 赵昭：《苏北地区学前融合教育中空间适宜性的设计研究：以新沂古镇区第一幼儿园空间设计为例》，硕士学位论文，山东建筑大学，2020。

表6-6　融合幼儿园资源教室功能分区[1]

区域名称	主要功能
接待区	接待家长、教师、有特殊需要的幼儿、普通幼儿、专家学者、外来咨询者等。
办公区	资源教室办公区的主要功能是档案管理、业务工作管理、处理日常事务。
咨询区	①对幼儿进行初步判断、教学评量。 ②各种生理功能的测查与测试。 ③心理咨询。
观察区/训练区	①观察幼儿行为、学习、动作、状态。 ②对幼儿进行辅导教学。
康复训练区	①小组康复训练。 ②个别康复训练。 ③与家长、教师配合进行康复训练。
教学资源区	①储存、保管各类教育教学资源。 ②收集、整理、研制教具、学具、玩具等资源。
阅读区	①家长、教师查阅相关资料、书籍。 ②召开小型会议，研究工作安排。 ③教研活动、集体备课。
信息资源采集编辑区	用专用设备进行信息采编、整理、制作、储存等工作。

（二）配备专门针对特殊幼儿教育的设备资源

在资源教室的建设中，为保证能提供教育和康复等多样化服务，要做到：首先，资源配备要与课程内容相适应，要有丰富的教具、学具、图文资料、多媒体学习资料等资源；其次，要有针对特殊幼儿的实际需要配备的相应康复器材、辅助器具等资源；最后，要注重根据幼儿学习特点开发自制教具、学具，提供学习和生活支持。[2]具体设备配备建议见表6-7。

① 许家成、周月霞：《资源教室的建设与运作》，17～18页，北京，华夏出版社，2006。

② 奎媛、雷江华：《北上广资源教室政策的比较与启示》，载《中国特殊教育》，2016（12）。

表6-7　融合幼儿园资源教室设备配备建议

资源类型	具体资源
基础设备	①桌椅：教师桌椅、幼儿桌椅、特制桌椅等。 ②柜子：教具柜、档案柜、学具柜等。 ③置物架：玩具架、图书架、作品架等。 ④办公设备：电脑、电话等。 ⑤视听设备：电视机、音响等。
康复设备	康复仪器，如语言康复仪、感统设备等。
教具资源	①幼儿园常规教具，如蒙氏教具。 ②教师自制教具。
学具资源	①幼儿园常规学具。 ②教师自制学具。 ③家长、幼儿自制学具。 ④捐赠及引进的学具等。
图书资源	①特殊教育专业书籍及期刊。 ②教育政策、法规等。 ③教育学书籍。
音像资源	①音乐。 ②多媒体软件。
测量工具	①各类量表。 ②视力、听力测量工具。 ③问卷。 ④测量参考资料。

三、资源教室软件环境创设

融合幼儿园资源教室的环境创设，不仅需要完整的功能分区和各类设备等硬件环境，而且需要制度等软件环境建设。

（一）组建资源教师团队，注重教师能力的提升

资源教室要以教育为主、康复为辅。[①]资源教师是指承担资源教学、评估和计划的制订、咨询、日常管理和行政事务的资源人士，是资源教室方案实施中最主要的人力资源，是特殊教育和普通教育沟通的桥梁，其基本素养和专业能力决定资源教室的

① 彭霞光：《随班就读支持保障体系建设初探》，载《中国特殊教育》，2014（11）。

功能和质量。[①]资源教师作为资源教室方案的实施者，其工作不仅包括教学常规工作，还涉及各部门沟通协调等。资源教师的多重角色要求他们不仅要有扎实的特殊教育专业理论和实践经验，还需要其他方面综合的跨专业知识，注重自我专业成长和人格精神培育。[②]因此，融合幼儿园要注重资源教师队伍的建设，为有效促进特殊幼儿健康成长提供坚实的专业基础保障。

（二）健全资源教室制度建设，形成坚强的制度保障

制度能够明确规定特殊教育和融合教育的相关职责，使特殊教育和融合教育有序进行。资源教室作为融合教育的重要场所，需要相关制度来保证其有序管理和正常运作。因此，融合幼儿园的管理者要改变自身的观念和态度，更新对待“残疾”和“特殊幼儿”的认知，管理者科学的观念和态度关系到后续相关工作的进行。此外，幼儿园领导者要引导、带领幼儿园全体人员建立融合教育制度、资源教室的相关运作制度，明确教师的责任和义务，为幼儿园推进融合教育建立坚强的制度保障，提高资源教师和幼儿园其他教师的工作积极性。

（三）加强资源教室课程建设，促进特殊幼儿发展

课程建设是融合幼儿园资源教室提升质量、发挥作用的关键。针对特殊幼儿的特点和发展需求，幼儿园可以设计、开发、整合补偿性课程，为他们的康复训练、基础能力发展等提供系统、专业的支持与指导。融合教育背景下，资源教室服务范围不断拓展，课程在为特殊幼儿提供一般性支持的同时，也致力于促进普通幼儿的身心健康与能力发展。因此，在现有课程基础上，融合幼儿园可创新课程设计，开发和实施相关融合课程、德育课程、生命教育课程、亲子教育课程等多元化课程，为融合教育建构重要载体。[③]

思考与实践 ····►

1. 请你说一说资源教室对融合幼儿园教学活动的重要性。
2. 请你说一说融合幼儿园资源教室的功能区有哪些。

---

① 李娜、张福娟：《上海市随班就读学校资源教室建设和运作现状的调查研究》，载《中国特殊教育》，2008（10）。

② 奎媛、雷江华：《我国台湾地区资源教室的发展与启示》，载《中国特殊教育》，2016（5）。

③ 程硕：《提升资源教师服务效能的策略研究》，载《现代特殊教育》，2020（13）。

3. 请你说一说融合幼儿园资源教室的软件环境创设。

4. 请你说一说资源教室的含义。

5. 请你说一说融合幼儿园资源教室环境创设的基本要求。

6. 请你说一说融合幼儿园资源教室硬件环境创设。

7. 为什么要加强资源教师队伍的建设？

8. 如何加强资源教室课程建设？

9. 如何健全融合幼儿园资源教室制度建设？

10. 请你说一说融合幼儿园资源教室的功能。

拓展阅读 ⋯⋯▶

1. 朱莉·布拉德. 0—8岁儿童学习环境创设：第3版［M］. 陈妃燕，苏丹，译. 南京：南京师范大学出版社，2020.

2. 袁爱玲. 幼儿园教育环境创设［M］. 北京：高等教育出版社，2010.

3. 赵娟，靳林，李敏. 幼儿园环境创设与玩教具制作［M］. 北京：北京师范大学出版社，2017.

4. 苏珊·斯泰茜. 幼儿园探究性环境创设：让孩子成为热情主动的学习者［M］. 康丹，陈凯丹，译. 北京：中国轻工业出版社，2019.

5. 董旭花，张升峰，臧冬玲，等. 幼儿园环境创设［M］. 北京：中国人民大学出版社，2018.

6. 董旭花，韩冰川，张海豫. 幼儿园户外环境创设与活动指导［M］. 北京：中国轻工业出版社，2018.

7. 袁爱玲，廖莉. 幼儿园环境创设：理论与实操［M］. 上海：华东师范大学出版社，2017.

8. 彭霞光. 随班就读支持保障体系建设研究［J］. 中国特殊教育，2014（11）：3-7.

9. 李娜，张福娟. 上海市随班就读学校资源教室建设和运作现状的调查研究［J］. 中国特殊教育，2008（10）：66-72.

10. 奎媛，雷江华. 我国台湾地区资源教室的发展与启示［J］. 中国特殊教育，2016（5）：3-9，22.

11. 杨希洁. 特殊教育资源教室环境建设和设备配置原则［J］. 现代特殊教育，2016（5）：8.

12. 许家成，周月霞. 资源教室的建设与运作［M］. 北京：华夏出版社，2006.

基础练习 ……▶

一、选择题

1. （单选题）教育部2016年颁布实行的《幼儿园工作规程》指出：“创设与教育（　）的良好环境，为幼儿提供（　）的机会与条件。”（　　）

A. 相配合；能力发展

B. 相适应；活动

C. 相适应；活动和表现能力

D. 相配合；表现能力

2. （单选题）融合幼儿园环境创设是指幼儿园及教师根据（　），结合普通幼儿与特殊幼儿的发展需求，在充分利用、挖掘幼儿生活中所处环境的教育因素的同时，对幼儿园的（　）进行调整，为所有幼儿创造有效与环境相互作用的情境，将环境因素转变为（　），以促进特殊幼儿真正完全融入幼儿园环境之中，促进全体幼儿的健康发展。（　　）

A. 教育目的和身心发展规律；心理环境；环境因素

B. 教育目的和身心发展规律；整体环境；教育因素

C. 幼儿园教育目标和幼儿身心发展规律；物理环境；教育因素

D. 幼儿园教育目标和幼儿身心发展规律；物理环境和心理环境；教育因素

3. （单选题）（　）是指幼儿园进行环境创设时，既要考虑到普通幼儿与特殊幼儿的发展特点及需求，又要综合考虑幼儿园活动场所的安全因素，以避免意外伤害事故的发生，保证幼儿在园安全。（　　）

A. 趣味性原则

B. 参与性原则

C. 直观性原则

D. 安全性原则

4. （多选题）融合幼儿园环境创设的原则有哪些？（　　）

A. 趣味性原则

B. 直观性原则

C. 和谐平等原则

D. 参与性原则

E. 安全性原则

5. （单选题）幼儿园主题墙饰从不同角度，可以划分为不同类型。根据使用功能，可以分为哪几种类型？（　　）

A. 教育性墙饰、涂绘墙饰、手工墙饰

B. 教育性墙饰、展示性墙饰、装饰性墙饰

C. 展示性墙饰、教育性墙饰、综合墙饰

D. 涂绘墙饰、综合墙饰、手工墙饰

二、简答题

1. 如何健全融合幼儿园资源教室制度建设？

2. 融合幼儿园主题墙饰环境创设的设计要素有哪些？

3. 简述融合幼儿园环境创设的意义。

4. 简述种植区和饲养区对幼儿成长的意义。

三、论述题

试论融合幼儿园教师如何进行环境创设。

实践训练

分组到融合幼儿园中观察幼儿园的环境创设，并分析当前融合幼儿园环境创设存在的问题及原因。

学习评价与反思

1. 融合幼儿园环境创设的基本概念及价值：________________________________

____

2. 融合幼儿园室内环境创设的基本要求：________________________________

____

3. 融合幼儿园公共活动场所环境创设的基本要求：__________________________

____

4. 融合幼儿园心理环境创设的具体内容：________________________________

____

5. 融合幼儿园资源教室环境创设的具体要求：____________________________

____

第七单元　融合幼儿园教育活动评价

单元导入

《幼儿园教育指导纲要（试行）》指出：“教育评价是幼儿园教育工作的重要组成部分，是了解教育的适宜性、有效性，调整和改进工作，促进每一个幼儿发展，提高教育质量的必要手段。”具体来说，教育活动具有一定的目标和指向性，教育活动评价可以体现教育活动取得的效果，是考查幼儿能否获得适宜的教育以及是否获得发展的重要方面。与此同时，当前阶段的教育活动评价也可以为接下来教育计划的调整与改进提供明确的方向，有利于更科学合理地设计下一阶段的教育活动。

单元思维导图

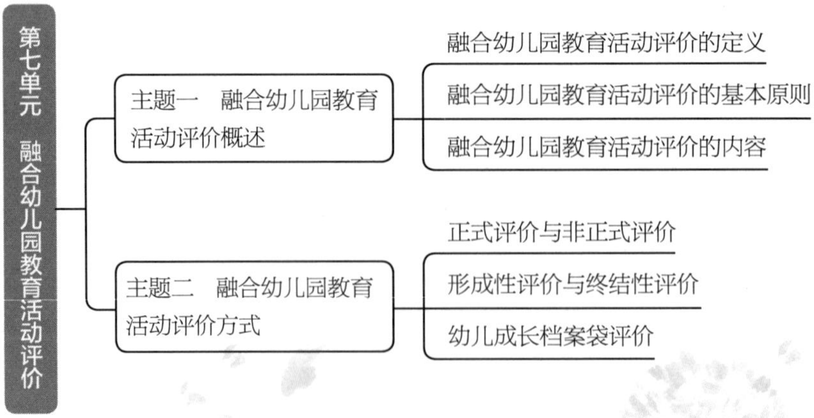

学习目标

1. 把握教育活动评价的基本原则，理解教育活动评价的内容。
2. 根据不同幼儿的差异性在不同的教育活动中选择适合的评价方式。

|典型案例|

童童与晨晨在某融合幼儿园就读。到了学期评价的时候，教师们都很苦恼。与其他幼儿相比，童童与晨晨有一定的差距，不能认知物品，不能完整地唱一首儿歌，上课的时候不能很好地听从教师的指令。但是，在他们就读的一个学期中，他们的进步却是很明显的。比如，哭闹行为少了，会自己用杯子接水喝了，上课时的注意力持久了，在教师的鼓励下可以参与活动了。对这样的幼儿应该怎样评价呢？应该以什么样的标准和方式评价他们呢？

主题一 融合幼儿园教育活动评价概述

导入语…

融合幼儿园教育活动评价是教师基于专业视角和培养目标审视教育活动的过程。它能够帮助融合幼儿园教师深入了解幼儿的现有水平和发展需要，为制订或调整教学计划提供重要依据，进而在反复实践中促进教师自身的专业成长。那么，如何理解融合幼儿园教育活动评价呢？

一、融合幼儿园教育活动评价的定义

融合幼儿园的教育活动评价是指以幼儿园的主题教育目标或者个别化计划为依据，通过科学的评价标准，采用多元化的评价方式，对幼儿在集体主题教学活动、小组教学活动、个别化教学与康复活动等过程中获得的发展进行评价和判断。

学前融合教育环境中具有不同发展水平和不同类别的幼儿，通过教育活动评价，教师可以了解不同的教学（集体教学、小组教学、个别化教学）过程中教师与不同发展水平幼儿的教育与学习行为，了解不同的教育与康复活动对异质性幼儿身心发展的意义。

对于教师的教学而言，科学的教育活动评价可以帮助教师及时发现教育与康复过程中的问题，并可以就相关问题有针对性地调整教学计划，为制定下一步的教学目标、制订个别化教育计划、创设教育环境、选择合适的教学内容等提供依据。

二、融合幼儿园教育活动评价的基本原则

融合幼儿园的教育活动评价，可以有效激发幼儿的学习动机、活动参与、同伴合作，并促进其良好的意志、行为品质的养成。同时，科学、适宜的教育活动评价还给不同发展水平的幼儿提供了体验成就感的机会，引导幼儿认同自我价值，勇于突破自我，发挥自我潜能。教师要注重把握教育活动评价的基本原则，以利于教育活动评价发挥理论参考价值与实践指导意义。基本原则主要包括以下几个。

（一）发展性原则

发展性原则是指在教育活动评价中要保持发展的眼光，评价要具有建设性、支持性与欣赏性，善于发现，查漏补缺，提高教育活动质量，最终以促进幼儿的发展为落脚点。因此，教育评价的目的不是分等级、分好坏。这就要求教师在评价时应该在客观、公平、公正的基础上进行正面评价，以激励为主，鼓励反思自我，积极调整教育活动设计，看到特殊幼儿的潜能，对幼儿适当期待。例如，多元智能理论中提到多项能力，教育评价不能仅限于某方面能力的表现，而是通过多元的评价方式，将幼儿不同领域的发展均作为评价内容。为了解幼儿不同能力的发展状况，教师要在日常教学中鼓励幼儿努力表现自我、相信自我、挑战自我。

（二）主体性原则

主体性原则是指坚持幼儿主体性的评价方式。评价教育活动要以幼儿发展为中心，看到幼儿在教育活动中的主动性、积极性与创造性。不以教育目标为唯一的导向，不为了评价而评价。教育活动的有效性应取决于幼儿的表现，关注幼儿在整个过程中的体验与表现，如特殊幼儿活动的参与形式与程度、与同伴的合作、活动中的情绪与反应以及自主性等。

（三）多元化原则

多元化原则要求评价标准、评价方式、评价主体均要多元化。评价标准并不是唯一的，不同的教学内容、不同发展水平的幼儿，都应有适合其身心发展特征的评价方式。有质的描述性评价，也有量的统计性评价，还有正式评价与非正式评价相结合的评价方式。教育过程中有动态的评价与静态的评价，也有形成性评价与结果性评价。评价的内容也具有多元化特征，认知发展、社会交往、自我意识、道德品质、规范意识、情绪表现等均可成为评价内容中的一部分。评价教师不仅评价教学目标是否完成，也评价环境的设计、组织形式、教师的行为等。评价的主体可以有管理人员，也可以有家长、教师以及幼儿本人。总之，多元化的评价方式、评价主体、评价标准等，能让融合幼儿园的教育活动评价真正促进幼儿的身心发展，提升教师的专业发展水平，推动学前融合教育向高质量的方向发展。

（四）科学性原则

为了解教育活动的适宜性与有效性，教育活动评价必须坚持科学性原则，不能只凭表面猜测来判定幼儿的能力与水平。在评价之前应该做好充足的准备，明确评价的目的、幼儿当前的需求、应该收集什么信息、合适的评价时间与地点、采用何种评价方式、如何进行评价数据的分析等。科学、合理的评价过程，能保证评价的客观性，并真实反映融合幼儿园教育活动的质量状况。

（五）个别化原则

融合幼儿园中的评价要面向全体、兼顾个体，教育要关注幼儿的全面发展与个性发展。每名幼儿都是一个独特的个体，教师应坚持个别化的评价原则，不用同一把尺子丈量所有幼儿。尤其是特殊幼儿，其能力水平、兴趣和需求等方面都与普通幼儿存在差异。教师需要采用不同的评价方式与标准，尊重差异，弹性化处理，关注特殊幼儿在教学活动中任何的细微变化与进步，正确、科学地看待幼儿的阶段性发展状况。对于普通幼儿来说，其取得的进步可能只是一小步，但对特殊幼儿来说任何不同程度的变化都可能是他们成长中的较大进步。因此，采用个别化的、适合于特殊幼儿的评价方式，更有利于为特殊幼儿制订后续的个别化教育计划提供依据和借鉴。

三、融合幼儿园教育活动评价的内容

有效的教育教学活动是师幼共同完成的。从教育活动的要素来看，可以分为评价教师的教与幼儿的学，以及教与学之间的教育媒介三部分。

（一）教师的教

教师的态度和行为直接影响到幼儿的发展，对幼儿有着深刻的影响。对教师的教的评价可以考虑从教师的态度、语言、关注、回应与支持等方面进行（表7-1）。对教师的教的评价不应该教条化，而应多元化。例如，使用质性描述与量化数据相结合的评价，进行多方位评价，让教学评价成为真正促进教师专业发展的动力，而不是负担。

表7-1　对教师的教的评价的指标与内容

评价指标	评价内容
教师的态度	对幼儿关怀、接纳与尊重
教师的语言	生动、准确、通俗易懂
教师的关注	面向全体幼儿，兼顾特殊幼儿
教师的回应	及时恰当
教师的支持	针对特殊幼儿的需求进行调整和辅助

（二）幼儿的学

第一，参与度。参与是特殊幼儿在学前融合环境中成功的第一步，它评价幼儿在教育活动中参与形式与程度如何，上课的注意力、主动性与积极性如何。第二，体验性。评价幼儿在课堂中的体验：幼儿在教育活动中情绪是否快乐，行为上有何表现。第三，互动性。在融合幼儿园中，特殊幼儿与普通幼儿的互动是双方能力发展的重要方式。该层面要评价幼儿与教师、同伴的互动形式、频率与程度。第四，能力表现。判断幼儿的能力表现，如认知发展以及社会交往、道德发展等社会性发展的各个方面。第五，学习习惯。了解幼儿的学习习惯，如学习能力、学习风格、学习特点等，以便进行今后的教学活动设计（表7-2）。

表 7-2　对幼儿的学的评价的指标与内容

评价指标	评价内容
参与度	课堂活动参与形式与参与程度
体验性	情绪状态、行为表现
互动性	与教师、同伴的互动形式、频率与程度
能力表现	认知能力、社会性发展各个方面
学习习惯	学习能力、学习风格、学习特点

（三）教与学之间的教育媒介

教师的教作用于幼儿的学的事物叫教育媒介，包括教学目标、教学环境、教学内容、组织形式、教学方法和评价方式。

1. 教学目标

有效的教学应与教师所设计的教学目标密切相关，评价教育活动的目标是评价教育媒介的第一步。教学目标是教学环境设计、教学内容制定、教学组织形式与教学方法选择、教学效果评价的重要依据和准则。对教学目标的评价的指标与内容见表7-3。

表7-3　对教学目标的评价的指标与内容

评价指标	评价内容
多样性	兼顾幼儿其他领域的发展，促进认知与情感的发展
操作性	简明规范，具体明确；可观察、测量与评价
导向性	发挥指导、检验和导向作用
层次性	主次分明，层次分明
针对性	符合幼儿的需求、兴趣、爱好，在幼儿最近发展区内

2. 教学环境

《幼儿园教育指导纲要（试行）》中指出：“环境是重要的教育资源，应该通过环境的创设和利用，有效地促进幼儿的发展。”活动评价主要评价环境是否结构化。对教学环境的评价的指标与内容见表7-4。

表7-4　对教学环境的评价的指标与内容

评价指标	评价内容
情境性	利用已有的情境、创设真实的情境、丰富生活经验
相宜性	幼儿有活动空间，活动方便； 时间安排合理有序，有利于目标的达成； 材料准备有利于启发和支持幼儿各项活动
资源多样性	同伴资源：特殊幼儿与普通幼儿交流互动，互帮互助； 家庭资源：与家长平等合作，提高家庭的参与程度； 文化资源：适合园所文化、本地文化特色，并发挥其教育作用

3. 教学内容

教学内容是教学活动中传递的主要信息。考虑到特殊幼儿的独特性，教学内容应具有针对性和个别化。对教学内容的评价的指标与内容见表7-5。

表7-5　对教学内容的评价的指标与内容

评价指标	评价内容
契合性	教育内容依据教学目标而设计； 符合幼儿的特点、需求； 调动幼儿的兴趣与爱好
挑战性	难易程度符合幼儿的能力与发展水平； 把握最近发展区，幼儿“蹦一蹦”能够达到； 调动已有经验，建构新的认知，获得新经验
丰富性	将其他领域有机地关联在一起； 内容开放多样，整合幼儿的各种经验，丰富幼儿的体验

4. 组织形式

并不是所有的特殊幼儿都需要参与和其他幼儿完全不一样的活动，也并不是所有的幼儿都必须参与小组或个别化教学活动。教师应根据幼儿的实际表现，考虑其能力水平、活动参与、时间安排、注意力分配等因素，评价集体教学、小组教学和个别化教学是否能够满足幼儿的需求，是否为最合适的教学组织形式。

5. 教学方法

教学方法是在教学过程中所采用的行为方法的总和，服务于教学目标与教学任务。对教学方法的评价的指标与内容见表7-6。

表7–6 对教学方法的评价的指标与内容

评价指标	评价内容
适宜性	为教学内容服务； 符合幼儿的心理发展特征； 适合各个领域活动的特点
有效性	完成教学目标； 丰富幼儿经验； 调动幼儿积极参与活动
多样性	灵活运用多种教学方法，采用不同的形式

6. 评价方式

教育评价中还需要对评价方式本身进行反思。反思评价方式是否科学，是否能够真实地反映幼儿的发展，是否能够促进教师的自我反思等，详见本单元主题二内容。

思考与实践

1. 简述融合幼儿园教育活动评价的目的。
2. 简述融合幼儿园教育活动评价的基本原则。
3. 融合幼儿园教育活动评价的内容主要包括哪三部分？
4. 对教师的教的评价的内容包括哪些方面？
5. 对幼儿的学的评价的内容包括哪些方面？
6. 教与学之间的教育媒介有哪些？
7. 评价教学目标的指标有哪些？
8. 评价教学环境的指标有哪些？
9. 评价教学内容的指标有哪些？
10. 评价教学方法的指标有哪些？

主题二 融合幼儿园教育活动评价方式

导入语…▶

在了解了融合幼儿园中教育活动评价的内容，把握评价的基本原则后，还要确定教育活动评价方式。教育活动的评价需要兼顾幼儿的差异性，同时需要根据不同的评价内容，选择灵活多样的评价方式，来保证评价的科学性和全面性。教师需要掌握多种不同的评价方式，理解不同评价方式的特点和适用范围。教师对评价方式的选择与使用，将直接影响教育活动效果与接下来教育活动的实施。

一、正式评价与非正式评价

正式评价与非正式评价在实际的教育活动评价中是相互嵌套、相辅相成的。由于教育活动具有一定的情境性，每名幼儿都是一个独特的个体，统一的标准无法涵盖教育活动的全部也不能充分了解幼儿发展的全部。除了正式评价之外，教师还要在教学过程中有机地进行非正式评价。幼儿评价可以分为对幼儿发展情况的正式评价以及教师和幼儿在日常互动中的非正式评价。

（一）正式评价

正式评价是指教师通过相对规范的评价程序和测验（通常是纸笔测验）工具，或通过一些正式举行的活动（如知识竞赛等）有针对性地了解幼儿情况的评价方式。[①]正式评价的评价标准唯一，程序严谨，评价的结果较为客观明确，结果一般以等级、量化数据呈现。教师根据实际情况选择正式评价方法，特殊幼儿和普通幼儿都可以使用，如纸笔测验法、情境问答法、看图说话法等。

正式评价的三个案例

（二）非正式评价

非正式评价是容易应用、值得重视的评价方法。幼儿园生活中的非正式评价能够对幼儿的言行等进行即时评价并提供反馈，从而有利于评价对象的改进。非正式评价

① 高凌飚、黄韶斌：《教学中的非正式评价》，载《学科教育》，2004（2）。

由于具有可以随时随地进行和涉及幼儿个体精神生活各个方面的特点，因此能够深入介入教育过程，促进教育目标的实现，还能够使教师全面了解幼儿的发展状况。[①]

非正式评价在正式评价的基础上产生，提供等级、量化数据等补充。非正式评价与正式评价相反，没有严格固定的程序，评价标准多样，没有完全固定的设计。非正式评价融入日常教学情境中，教师可通过观察、作品、测评、互动、访谈等灵活的评价方式，对幼儿的表现进行判断和反馈。

非正式评价的
三个案例

非正式评价的方法见表7-7。

表7-7　非正式评价方法

方法		概述
观察	事件记录	观察记录一次活动中某一个反应发生的情况，特定事件发生的数量，发生的总次数。例如，记录特殊幼儿对其他幼儿发起合作的事件。 注意：要正确辨别某一行为和事件，不适合高频率行为。
	瞬时记录	某一个瞬间抬头看幼儿是否发生特定行为或者事件。 注意：这可能会低估行为的发生率。
	固定时距记录	在固定的时间段里观察、记录幼儿行为或者事件。
	持续时间记录	记录幼儿的某一行为的持续时间。
作品	作品分析法	对活动中幼儿的作品进行分析，分析作品中蕴含的幼儿的行为、能力等，从而对幼儿的发展作出评价，如幼儿在沙盘游戏中完成的作品。 注意：作品要能够展示幼儿的体验，反映其学习情况、心理状态、发展水平等。
测评	永久成果记录	在一项活动结束之后，使用一定的测量工具进行评价，如数学小测验、检查表。
互动	交谈、提问	与幼儿交谈或对其提问，通过幼儿的回答，了解其掌握的水平。
访谈	家园联系	通过家长的反馈，了解幼儿在幼儿园中所获得的知识的全面情况以及知识在实际生活中的应用情况等。

① 万永奇：《好的教育评价及其实现》，载《湖南师范大学教育科学学报》，2021（6）。

二、形成性评价与终结性评价

从教学评价发生的时间来分类，可以分为形成性评价与终结性评价，强调教学过程与教学结果并重。

（一）形成性评价

形成性评价是在教学活动进行过程中，通过评价幼儿的行为表现、参与状况等，了解教育活动的进展和幼儿的发展状况，对其中出现的问题可以及时进行调整。教育活动过程具有复杂性和变化性，可能会出现没有预设到的情况，教师需要在教育活动的全程进行动态评价。形成性评价可以通过非正式评价的方式进行，通过观察、提问、作品分析等方法，了解幼儿的反应与表现，及时地调整教学，最终促进教学有效完成。

（二）终结性评价

终结性评价主要是在一个主题或一个单元结束之后对这一阶段目标完成情况进行评价，从时间上来看，是在教育活动结束之后。终结性评价一般采用正式评价的方式，提供这一阶段教学的质量、幼儿的学习成果以及能力状况等。终结性评价常常成为教育者或者教育部门考核的工具。形成性评价强调过程，终结性评价强调结果，两者结合起来，有利于评价的信息更多，范围更广，更有利于提高教学质量，促进幼儿发展。

三、幼儿成长档案袋评价

（一）幼儿成长档案袋评价的含义

幼儿成长档案袋评价是在20世纪80年代后出现的一种新的质性的评价方式。它是幼儿园中较为普遍使用的评价方式。它由教师、家长、幼儿有目的、有计划地收集幼儿学习过程中进步状况的资料，通过灵活的方式、丰富的资料全面、真实地记录幼儿的实际水平。教师可以利用档案袋记录幼儿发展水平，拓展教育活动，明确幼儿需求。幼儿通过收集、翻阅资料，体验自己的成长，提高自我管理能力。家长可以通过此方式加强与学校的沟通联系，提供幼儿在家庭中的反馈与表现等。幼儿成长档案袋评价既体现了形成性评价，记录幼儿动态化的发展，又体现了终结性评价，记录学习的结果。

（二）幼儿成长档案袋的基本内容

1. 幼儿基本信息

基本信息主要分为三部分。第一部分为一般性的健康资料，如出生年月日、身高、体重、视觉和听觉等感知觉情况。第二部分为出生史与家族史资料，包括幼儿的父母是否有血缘关系、是否有家族性疾病、母亲的妊娠史，幼儿的出生发育史，如出生方式、出生时的身高和体重等情况，了解幼儿与其他幼儿的差异。第三部分为特殊幼儿的诊断情况，包括智力、适应水平评估报告等。

2. 幼儿成长资料

幼儿的成长资料要尽量丰富，涵盖幼儿认知、语言、动作、社会性发展等方面。它并不意味着所有的资料都要装进去，要有计划、有意识地收集资料。建立档案袋时可采用比较牢固的文件夹、档案袋、硬纸盒等，以便不断充实和最后保存。

建立幼儿成长档案袋时，首先要把握评价的目的，其次要确定评价幼儿的哪些方面，最后要根据评价的内容采用相应的方式去收集。特殊幼儿的评价可结合其个别化教育计划，尝试将幼儿成长档案袋评价作为个别化教育计划制订与实施的一个步骤，个别化教育计划也是反映幼儿发展的资料。[①]

充实幼儿成长档案袋时，可以包括：幼儿的作品，如绘画作品、完成的沙盘照片、手工作品等；幼儿上课表现与自我评价，如观察记录表、活动照片、录像资料等；家长的反馈；教师对幼儿课堂表现及发展情况的记录，如学期总结、期末评语、随笔文字记录等。

保存幼儿成长档案袋时，采用有利于保存的文件夹或者档案盒。按照入学年份、班级等一定的分类标准进行保存，这样有利于查找资料。最后要做好幼儿资料的保密性。

思考与实践 ……▶

1. 融合幼儿园中教育活动评价方式有哪些？
2. 正式评价的含义是什么？

---

① 陈婷：《幼儿园随班就读儿童成长档案袋评价研究》，硕士学位论文，云南师范大学，2020。

3. 非正式评价的含义是什么?

4. 非正式评价的方法有哪些?

5. 形成性评价的含义是什么?

6. 终结性评价的含义是什么?

7. 幼儿成长档案袋评价的含义是什么?

8. 幼儿成长档案袋评价有何作用?

9. 幼儿成长档案袋中包含哪些内容?

拓展阅读

1. 朱家雄. 幼儿园教育活动设计与实施[M]. 北京：高等教育出版社，2008.

2. 冯敏玲. 幼儿园教育活动设计与实践[M]. 北京：中国人民大学出版社，2014.

3. 秦旭芳，陈铮. 幼儿园教育评价实践探析[J]. 沈阳师范大学学报(社会科学版)，2015，39(2)：135-138.

4. 黄瑾. 幼儿园教育活动设计与指导[M]. 上海：华东师范大学出版社，2007.

5. 陈婷. 幼儿园随班就读儿童成长档案袋评价研究[D]. 昆明：云南师范大学，2020.

6. 王琳琳，韩文娟，邓猛. 普通幼儿眼中的残疾：一项融合幼儿园的质性研究[J]. 中国特殊教育，2019(7)：8-14.

7. 虞永平，张辉娟，钱雨，等. 幼儿园课程评价[M]. 2版. 南京：江苏教育出版社，2009.

8. 邓猛. 融合教育实践指南[M]. 北京：北京大学出版社，2016.

9. 加里·麦西博夫，玛丽·霍利，西格尼·纳福特. 孤独症谱系障碍学生课程融合：应用TEACCH助力融合教育[M]. 于松梅，曾刚，译. 北京：华夏出版社，2019.

10. 安热勒·桑乔·帕塞. 幼儿园教师评价与支持[M].霍力岩，刘睿文，黄双，等译. 北京：教育科学出版社，2020.

11. 刘占兰，廖贻. 聚焦幼儿园教育教学：反思与评价[M]. 北京：北京师范大学出版社，2007.

基础练习

一、选择题

1. （单选题）下面哪一项是对融合幼儿园教育活动评价的正确理解？（　　）

A. 出于公平的考虑，对所有特殊幼儿和普通幼儿应坚持同样的评价标准

B. 可以在教育活动过程中进行教育评价

C. 只有特殊幼儿才需要个别化的评价

D. 教育活动评价坚持灵活性原则，不需要有标准

2. （多选题）幼儿教育活动评价的内容包括哪些？（　　）

A. 教师的教　　B. 幼儿的学

C. 教与学之间的教育媒介　　D. 幼儿的成绩

3. （多选题）教育活动评价中评价幼儿的哪些方面？（　　）

A. 参与和体验　　B. 互动　　C. 能力表现　　D. 学习习惯

4. （多选题）评价教学目标的目的是什么？（　　）

A. 有效教学与教育目标密切相关

B. 评价教育活动目标是评价教育媒介的第一步

C. 教育活动目标是教学内容制定的重要依据

D. 教育活动是教学环境设计、教学组织形式与教学方法选择的准则

5. （单选题）融合幼儿园应该通过环境的创设与利用来促进幼儿的有效发展。为了丰富幼儿的生活经验，应优先坚持环境的哪一项评价指标？（　　）

A. 相宜性　　B. 资源多样性　　C. 情境性　　D. 层次性

6. （多选题）以下哪些是教育活动评价中的非正式评价的特点？（　　）

A. 标准唯一　　B. 程序严谨　　C. 随时应用　　D. 没有固定程序

二、简答题

1. 简述融合幼儿园教育活动评价的基本原则。

2. 简述融合幼儿园教育活动评价的内容。

3. 简述非正式评价的方法。

三、论述题

1. 试论正式评价与非正式评价、形成性评价与终结性评价的特点与关系。

2. 试论如何创建幼儿成长档案袋。

实践训练

1. 实际观摩融合幼儿园中的教学过程，作出教育活动评价。
2. 调研某一所融合幼儿园对教育活动评价的方式以及态度和看法。

学习评价与反思

1. 融合幼儿园教育活动评价的基本原则：________________

____

2. 融合幼儿园教育活动评价的内容：________________

____

3. 融合幼儿园教育活动评价的方式：________________

____

4. 其他评价与反思：________________________

____

参考文献

学术论文类

1. 程秀兰，王莉，李丽娥，等. 孤独症儿童融合教育干预的个案研究［J］. 学前教育研究，2009（6）：34-38.

2. 董翌暄，朱宗顺. 融合教育背景下特殊需要幼儿发展评估的特点及趋势：基于美国加利福尼亚州预期发展结果档案的分析［J］. 现代特殊教育，2021（4）：49-54.

3. 高宏，郭志云. 对我国学前融合教育发展困境的文化反思［J］. 学前教育研究，2020（5）：80-84.

4. 关文军. 融合教育学校残疾学生课堂参与的特点及教师提供的支持研究［J］. 中国特殊教育，2017（12）：3-10.

5. 侯晶晶. 融合教育视角下社会主义核心价值观进校园的路径研究［J］. 中国特殊教育，2019（3）：20-24.

6. 胡碧颖，李克建. 学前融合教育质量：相关概念解析与评价工具的理论构想［J］. 中国特殊教育，2012（5）：3-7.

7. 季兰芬. 学前听障儿童融合教育中混龄活动的开展［J］. 现代特殊教育，2020（23）：24-26.

8. 兰忠兵. 学前儿童音乐教育有效开展的策略研究：评《学前儿童音乐教育》［J］. 学前教育研究，2021（5）：97.

9. 陆勤，魏佩君. 轻中度自闭症儿童学前融合教育的实践研究［J］. 现代特殊教育，2016（21）：68-70.

10. 缪学超. 瑞典发展学前融合教育的新举措及其启示［J］. 学前教育研究，2015（8）：14-20.

11. 欧阳新梅，张丽莉. 专业学习共同体：学前融合教育的有效支持模式［J］. 现代特殊教育，2019（22）：44-47.

12. 彭兴蓬，王晓甜. 融合教育背景下美国学前儿童学业成就课程设计［J］. 中国特殊教育，2017（8）：27-31，49.

13. 秦婉，肖非. 美国学前融合教育发展概况、特点及其对我国的启示［J］. 现代特殊教育，2019（11）：75-80.

14. 任加艳，张新立. 融合教育环境中听觉障碍幼儿同伴关系现状及其改善策略［J］. 学前教育研究，2016（4）：44-55.

15. 田鸿，罗静，季兰芬. 学前听障儿童融合教育范式实践研究［J］. 现代特殊教育，2017（19）：17-20.

16. 汪甜甜，邓猛. 融合教育背景下新任资源教师的身份建构研究：基于教师情绪的视角［J］. 中国特殊教育，2021（4）：20-26.

17. 王凯旋. 美术治疗在多动症儿童学前融合教育中的应用探索［J］. 现代特殊教育，2021（9）：69-70.

18. 王琳琳，邓猛. 学前融合教育背景下特殊幼儿同伴交往的混合研究［J］. 现代特殊教育，2021（2）：12-21.

19. 王琳琳. 推进学前融合教育教师专业化发展的困境与建议［J］. 现代特殊教育，2017（20）：71-76.

20. 王薇，程春，具孝珍，等. 学前融合教育经历时长对普通幼儿自尊感和自我效能感的影响［J］. 学前教育研究，2019（6）：58-68.

21. 王智云. 学前融合教育中的家园共育［J］. 学前教育研究，2018（12）：67-69.

22. 魏寿洪，牟映雪. 学前普通儿童与自闭症儿童社会互动现状及促进策略［J］. 学前教育研究，2017（6）：40-48.

23. 夏滢，周兢. 融合环境下听力损伤幼儿同伴交往特点研究［J］. 学前教育研究，2008（3）：41-45.

24. 张国栋，曹漱芹，朱宗顺. 国外学前融合教育质量：界定、评价和启示［J］. 中国特殊教育，2015（4）：3-8，23.

25. 赵梅菊，黄晶晶. 学前融合教育的实践与探索：以北京市A幼儿园为例［J］. 残疾人研究，2016（4）：48-54.

26. 朱海荣，季兰芬. 浅谈学前特殊儿童融合教育有效管理的策略：以江苏省苏州市为例［J］. 现代特殊教育，2016（13）：64-65.

学术著作类

1. 邓猛. 融合教育理论指南［M］. 北京：北京大学出版社，2017.

2. 邓猛. 融合教育实践指南［M］. 北京：北京大学出版社，2016.

3. 姜新生. 个别化教学策略［M］. 北京：北京师范大学出版社，2010.

4. 教育部基础教育司.《幼儿园教育指导纲要（试行）》解读［M］. 南京：江苏教育出版社，2002.

5. 雷江华，刘慧丽. 学前融合教育［M］. 北京：北京大学出版社，2015.

6. 雷江华. 特殊儿童发展与学习［M］. 北京：高等教育出版社，2015.

7. 林玫君. 儿童戏剧教育的理论与实务［M］. 上海：复旦大学出版社，2015.

8. 卢明. 学前融合教育：理论与实务［M］. 台北：华都文化事业有限公司，2011.

9. 马伟楠. 奥尔夫音乐教育理念与实践操作［M］. 北京：高等教育出版社，2015.

10. 庞建萍，柳倩. 学前儿童健康教育与活动指导［M］. 上海：华东师范大学出版社，2014.

11. 李季湄，冯晓霞.《3—6岁儿童学习与发展指南》解读［M］. 北京：人民教育出版社，2013.

12. 施燕. 学前儿童科学教育与活动指导［M］. 3版. 上海：华东师范大学出版社，2014.

13. 宋延军. 学前儿童艺术教育［M］. 重庆：西南师范大学出版社，2018.

14. 苏州市特殊教育指导中心. 苏州市特殊儿童学前融合教育指导手册［M］. 苏州：苏州大学出版社，2018.

15. 孙霞. 特殊儿童的美术治疗［M］. 北京：北京大学出版社，2011.

16. 王辉. 特殊儿童教育诊断与评估［M］. 2版. 南京：南京大学出版社，2015.

17. 王微丽. 幼儿园区域活动：环境创设与活动设计方法［M］. 北京：中国轻工业出版社，2014.

18. 王子恩. 学前儿童社会教育与活动指导［M］. 北京：清华大学出版社，2018.

19. 袁爱玲，廖莉. 幼儿园环境创设：理论与实操［M］. 上海：华东师范大学出版社，2017.

20. 张福娟，杨福义. 特殊儿童早期干预［M］. 上海：华东师范大学出版社，2011.

21. 张日昇. 箱庭疗法的心理临床［M］. 北京：北京师范大学出版社，2016.

22. 周兢. 幼儿园语言教育活动指导［M］. 北京：人民教育出版社，2008.

23. 周兢. 早期阅读发展与教育研究［M］.北京：教育科学出版社，2007.

24. 周志英. 学前聋儿融合教育［M］. 北京：中国轻工业出版社，2016.

25. 邹小丽，范雪贞，王林发. 绘本教学策略的探索与实践［M］. 重庆：西南师范大学出版社，2018.

26. 王俏华. 学前儿童发展［M］. 北京：北京大学出版社，2018.